金融犯罪研究丛书

涉民间借贷犯罪
刑法理论与实务

龙敏　著

上海人民出版社

总　序

　　金融是国家经济的命脉,也是现代经济的核心。金融在调节、控制整个国民经济的运作,实现国民经济稳定和发展方面发挥着重大作用,其重要性自不待言。而金融犯罪则是对我国社会主义市场经济秩序的严重危害,其不仅严重侵害了国家对金融的管理秩序,也严重损害了广大投资者的合法权益。所谓金融犯罪,是指发生在金融业务活动领域中的,违反金融管理法律法规及有关规定,危害国家有关货币、银行、信贷、票据、外汇、保险、证券期货等金融管理制度,破坏金融管理秩序,情节严重,依照刑法应受刑罚处罚的行为。作为一种法定犯,它是对既有金融法律、法规的违反;作为一种刑事犯,它是侵害金融管理秩序的毒瘤。金融犯罪问题的日渐突出,正引起各界的广泛关注和普遍重视。

　　近几年来,我国的金融犯罪形势较为严峻。从法院受理案件的情况看,金融犯罪的数量在逐年增加;涉案金额也越来越大;金融机构工作人员作案和内外勾结共同作案的现象突出;单位犯罪和跨国、跨地区作案增多;犯罪手段趋向专业化、智能化,新类型犯罪不断出现;犯罪分子作案后大肆挥霍、转移赃款或携款外逃的情况经常发生,危害后果越来越严重。因而无论从保护正常的金融秩序出发,还是从惩治和预防金融犯罪的角度考虑,对金融犯罪进行深入研究都具有现实性和必要性。然而,从总体上看,目前我国关于金融犯罪的研究较多地侧重于从犯罪学角度展开,即使是刑法学角度的研究,也往往偏向于注重对金融犯罪中各具体犯罪的构成特征进行探讨,对于金融犯罪构成中的一些共性问题的探讨研究仍显不足。随着经济全球化和我国金融市场的不断发展,金融领域的犯罪情况变化很大,现有的金融犯罪相关研究已经很难反映出金融犯罪新的特点和趋势,很多新类型金融犯罪案件经常带来法律适用上的困惑和难题。因此,就刑事法学领域看,在总结归纳国内外有关金融犯罪理论和实践的研究基础上,对金融犯罪作进一步系统而深入的研究显得十分必要。

华东政法大学刑法学科是全国较早开展金融犯罪研究的学科基地。早在1998年,本人就出版了专著《金融风险防范与犯罪惩治》,其后又于2005年相继出版了专著《金融犯罪理论专题研究》与《证券期货犯罪理论与实务》(该专著系2002年度国家社会科学基金项目——"证券犯罪研究"的结项成果并获得第二届全国法学教材与科研成果奖三等奖)。承蒙有关部门和专家的青睐,本人还有幸成功立项2005年度国家社会科学基金项目"金融犯罪研究"(批准号:05BFX040)课题。研究成果以专著《金融犯罪刑法理论与实践》的形式于2008年出版,并荣获第三届全国法学教材与科研成果奖二等奖、上海市哲学社会学著作类三等奖。该书自面世以来,受到了广大读者的欢迎,很快脱销。后来,鉴于刑事立法与司法解释发生了较大变化,金融犯罪刑法的研究在不断深化,同时为了对《刑法修正案(七)》中增设、修订的罪名予以系统论述,本人又利用再版的机会对该书进行修改、补充,出版了《金融犯罪刑法学专论》。2011年本人获得国家社会科学基金项目"涉信用卡犯罪研究"(批准号:11BFX107)的课题立项。作为对课题研究成果的总结,同时对《刑法修正案(八)》中涉及金融犯罪的规定及相关司法解释的适用问题作出较为全面的分析阐释,专著《金融犯罪刑法学新论》于2014年付梓出版。鉴于近年来本人重点研究涉信息网络金融犯罪的问题,作为首席专家,我于2014年成功获批立项国家社会科学基金重大项目"涉信息网络违法犯罪行为法律规制研究"(批准号:14ZDB147)。除此之外,华东政法大学刑法学科的其他老师也对金融犯罪进行了深入研究并取得了可喜的成绩。卢勤忠教授主持了国家社会科学基金项目"基金犯罪的刑事对策研究"并出版专著《基金犯罪研究》。毛玲玲教授主持了国家社会科学基金项目"近年金融领域刑事司法状态的实证研究",何萍教授主持了上海市浦江人才计划课题"洗钱与反洗钱动态研究"。刑法学科老师在各类刊物上发表关于金融犯罪论文共300余篇,其中核心期刊100余篇。

金融犯罪研究课程是华政较早开设的一门面向刑法学方向学生的专业课。目前,金融犯罪研究不仅发展成为全校性的专业限选课,深受同学们欢迎,也成为刑法学科继刑法学课程后又一门获评为上海市精品课程的课程。

随着金融领域的飞速发展,我国金融违法犯罪活动日益增多,犯罪手段也不断更新。时下,在传统形式的金融犯罪案件之外,司法实践中出现了一些疑难复杂案件,为了顺应当前金融犯罪研究趋势的需要,我们决定出版"金融犯罪研究系列丛书"。本系列丛书主要以我国《刑法》第三章"破坏社会主义市场经济秩序罪"中的第四节"破坏金融管理秩序罪"和第五节"金融诈骗罪"中的罪名为研究范围,对金融市场上的犯罪行为进行全方位、多层面的深入研究。

本系列丛书作为金融犯罪研究课程的配套书籍,不仅具有较高的教学理论价值,也有着丰富的实践指导意义,相信会受到法学本科学生及研究生的欢迎,也希望能对法学界、经济学界的研究人员以及法律实务工作者的相关工作有所裨益。

本系列丛书具有如下特点:

其一,结构上的"专"。本系列丛书在编排结构上基本采用专题形式,这些专题是对当前金融犯罪存在的问题进行筛选以后确定的,其并不涉及金融犯罪的所有问题和全部罪名,而是有重点地对金融犯罪中最为突出、理论和实践中争议较多的疑难问题和较为常见的犯罪作深入研究。

其二,程度上的"深"。理论研究的深化是学术得以存在和发展的生命力之所在。本系列丛书力求强调理论深度,站在研究前沿,对近年来我国刑法学界关于金融犯罪理论的研究予以深入分析,提出自己的看法,以期能够推动金融犯罪理论研究向纵深发展。

其三,视角上的"新"。在司法实践中,有关金融犯罪的认定和法条适用时遇到的一些新型法律问题,还有待理论上的指导。本系列丛书始终关注当前金融犯罪研究的学术动态和理论前沿,力求以最新的资料,运用最新的法律、法规和司法解释,采用最新的法律观念和刑法理念,研究和解决这些新问题,以期对司法实践有所裨益。

其四,内容上的"难"。本系列丛书所研究的内容侧重于理论和司法实践中争议较大、易生歧见的金融犯罪疑难问题,而对那些容易理解的法律规定则较少涉及。犯罪构成和界限确定是认定金融犯罪时明显突出的难点,而刑罚的适用则相对简便、机械。因此,本系列丛书的重心在于前者,不在于后者。

综上,本系列丛书力求从金融市场的本身特征和对金融犯罪的刑法惩治角度出发,运用刑法的基本原理和基本理念,对金融犯罪开展系统而深入的讨论研究。

同时,本系列丛书立足于为我国预防和惩治金融犯罪相关立法及其司法实践提供理论依据,着眼于具体认定金融犯罪的标准探讨,以期为实践部门的定罪量刑活动提供参考。

近年来,华东政法大学刑法学研究中心(2015年4月更名为刑事法学研究院)所依托的刑法学科成绩斐然。华政刑法学科早在1981年就获批设立刑法学专业硕士点,2003年获批设立刑法学专业博士点和博士后流动站。2001年及2007年刑法学科两次获批为上海市教委重点学科。2008年刑法学科获批升格为上海市重点学科。2012年刑法学科又获得上海市高校一流学科(法学)建设计划项目资助。本系列丛书即属上海市重点学科建设项目(学科编号:S30901)以及高水平特色法学学科建设与人才培养工程(085工程)的阶段性成果。作为华东政法大学功勋教授,本人真诚希望本系列丛书的出版能够为我校刑法学科的建设添砖加瓦。

最后,我要说的是,本书的出版离不开上海人民出版社领导和编辑们的精心策划、周密安排和严谨编辑。在此,谨向他们致以深深的谢意!

刘宪权

目录 C O N T E N T S

第一章　民间借贷的刑法规制概述

民间借贷是民间资本的一种投资渠道,作为民间金融的一种重要形式,民间借贷在我们的社会经济发展与日常生活中发挥着重要的作用。在我国目前民间闲散资本富余、金融投资体系不完善、中小企业融资困难的背景下,民间借贷有不断扩张与蔓延之势。同时又由于我国法律对民间借贷行为规制存在缺陷,基于民间借贷市场而产生的违法犯罪行为也越来越多,刑法作为防范金融风险、维护社会经济秩序的重要手段之一,研究其对民间借贷的规制具有重要的理论价值与实践意义。

第一节　民间借贷概述

一、民间借贷的概念与内涵

借贷一词包括借与贷两个方面的行为内容。所谓借是指把物品或金钱暂时供别人使用。所谓贷一般指贷款,即将钱借给用钱的单位或个人。那么借贷则可以理解为单位或个人之间将钱借出或借入的行为。从字面意思来看,民间借贷可以理解为区别于官方金融借贷的单位或个人之间将钱借出或借入的行为。

然而近年来,随着民间借贷作为民间资本的一种投资渠道越来越盛行,越来越多的学者对其相关的问题进行研究,也就从各种不同的角度对民间借贷的概念进行了表述。有学者认为民间借贷是指公民之间不经国家金融行政主管机关批准或许可,依照约定进行资金借贷的一种民事法律行为,在这种行为之下,贷款人将自己所有的货币借贷给借款人,借款人在约定期限届满时返还本金并支付相应的利息。①有学者认为,民间借贷是指公民之间,非金融机构的法人、其他组织与公民之间的相互借贷货币、实物和其他财产的行为。②也有学者认为,民间借贷是指不通过业已存在的金融机构,在个人与个人、个人与集团之间进行的一种借贷行为,是一种比较原始的信用形式。③此外,在民间借贷的相关研究中,还有诸如"地下金融""灰黑色金融"等表述,这些表述都从不同的角度阐述了民间借贷的概念和特征。理论界目前对民间借贷还没有一个统一的界定。

民间借贷不仅是一种经济现象,还是一种法律现象,我国目前在立法上,对于什么是民间借贷尚没有一个统一的界定,但在司法层面,对于民间借贷的概念还是有明确界定的。1991 年 8 月 13 日最高人民法院发布的《关于人民法院审理借贷案件的若干意见》就对民间借贷的概念作出了相应的规定,该意见第 2 条规定:"公民之间的借贷纠纷,公民与法人之间的借贷纠纷以及公民与其他组织之间的借贷纠纷,应作为借贷案件受理。"后来,鉴于实践中公民与企业的借贷行为的效力认定混乱,最高人民法院 1999 年在相关批复,即《关于如何确认公民与企业之间借贷行为效力问题的答复》中又规定,公民与非金融企业之间的借贷,属于民间借贷。2015年最高人民法院《关于审理民间借贷案件适用法律若干问题的规定》第 1 条进一步明确,民间借贷是指自然人、法人、其他组织之间及其相互之间进行资金融通的行为。

通过以上对民间借贷概念的相关论述,可以看出,各定义虽然从不同角度去阐述民间借贷,但基本都展现了民间借贷的以下特征:一是就主体来看都将主体限定为正式金融组织之外的其他主体,如公民、非金融机构的法人或其他组织。二是民间借贷本质上是属于民事借贷合同法律行为。三是民间借贷是一种具有自发性的、形式上较为隐蔽并且脱离金融监管机构的金融活动。综合这些特征,笔者认为,民间借贷的概念可以概括为:日常经济社会生活中,自然人、法人、其他组织相互之间在国家金融行政主管机关监管之外,依照约定进行的以还本付息为内容的

---

① 戴建志:《民间借贷法律实务》,法律出版社 1997 年版,第 1—3 页。
② 黄向红:《完善法律制度规范民间借贷软环境》,载《改革与理论》2002 年第 1 期。
③ 李新月、刘君阳:《探析民间借贷》,载《经济师》2003 年第 2 期。

自由借贷活动。换句话说就是，借贷双方在国家金融监管之外，根据协议，一方将自己所有的资金借给另一方，另一方根据约定期限返还本金和利息的行为。

二、民间借贷的现状及特征

在我国，民间借贷并非市场经济的新兴产物，关于民间借贷最早的记录是西周时期的《周礼·天官》，其中记载了"以官府之八成经邦治：一曰听政役以比居；二曰听师田以简稽；三曰听闾里以版图；四曰听称责以傅别"，其中的傅别即为一种借贷契约，体现出一种民间借贷行为。民间借贷的兴起是在改革开放的这段时期内，随着经济的快速发展，在沿海发达地区先发展起来。

近年来，随着经济的多元化发展，一方面，中小企业对资金的需求日益加大，但是却难以从正规渠道获取足够的资金。根据相关统计，我国中小型企业中，仅有16.5％的企业能够获得来自银行的贷款。另一方面，由于我国金融投资体系仍然不够完善，社会闲散资金的投资渠道较为单一，使得一部分民间资金逐渐积累起来。在这两个方面的推动下，再加上资本自身的趋利性特点使得民间资本不断涌向资本借贷市场，促使民间借贷在我国飞速发展。据统计，在21世纪初，我国民间借贷资本高达8 000亿元至1.4万亿元。[1]根据2012年中国社会科学院发布的《社会蓝皮书》显示，我国民间借贷市场总规模超过4万亿元，约为银行表内贷款规模的10％—20％。[2]2014年西南财经大学发布的中国民间金融发展报告显示，我国民间金融市场规模已超过5万亿元，22.3％的中国家庭有民间负债。[3]近年来，我国民间借贷资金量还在逐年增长，存量资金增长超过28％。[4]

由于国民经济的不断繁荣与发展，人们的生活水平越来越高，民众手中的闲散资金日益丰厚，但过低的存款利息又使得人们不愿将资金存入银行，此外，在股市

---

① 张书清：《论我国民间融资法律制度的完善》，载《经济法论坛》2006年第10期。

② 《社科院发布2012社会蓝皮书指出：民间借贷潜在风险巨大》，载《中国青年报》，2012年1月30日。

③ 《我国家庭民间借贷规模超过5万亿》，凤凰财经网，http://finance.ifeng.com/a/20140227/11758575_0.shtml，访问日期：2014年3月5日。

④ 徐仲锋：《民间借贷立法和司法中应关注的问题》，中国法院网，http://www.chinacourt.org/article/detail/2013/07/id/1023387.shtml，访问日期：2014年3月5日。

低迷、房产限购的影响下,民众的资金投放渠道越来越窄。大量的民间闲散资金与信贷受束的民营企业一拍即合,一些中小型企业纷纷转向灵活高效的民间借贷,希望通过民间融资来满足自己的资金需求。产生于这种背景之下的我国民间借贷目前主要体现出以下特征:

一是我国民间借贷具有参与主体众多、资金来源多元化的特征。传统的民间借贷多体现为个人与个人之间因生活需求而发生的借贷关系,而目前随着市场经济的发展,几乎拥有闲散资金的单位和个人都可以成为民间借贷的主体,如个人、个体户、担保企业、信贷企业、地下钱庄等各种主体。借贷主体的广泛导致其资金来源五花八门,呈现出多元化的特征,既有居民的日常积蓄、企业生产经营中积累的资金,也有来源不明的财富,还有从银行借贷出来的资金,甚至境外资金等。

二是我国民间借贷具有隐蔽性和地域性的特征。民间借贷的隐蔽性主要指民间借贷多数是处于地下的状态,这和我国法律对民间借贷的规定有关。由于长期以来,民间借贷得不到法律的认可与保护,所以只能以一种较为隐蔽的方式而存在,从而逃避金融当局的监管。虽然目前我国民间借贷的政策逐渐宽松,对民间借贷的态度由原来的打击逐渐转变为区别对待,但对于民间借贷的合法化程度及保护力度还是有限的,因而其依然具有一定的隐蔽性。同时,又由于民间借贷主要受地域经济发展水平、传统文化和居民投资意识的影响,因而具有较强的地域性。例如,浙江温州等地有民间借贷的传统,并且由于其私营经济较为发达,所以民间借贷在该地域范围内颇为流行。相对而言,在非公有制经济不发达的中西部地区,人们的投资理财观念较为薄弱,因而民间借贷的现象相对少见。

三是我国民间借贷具有信用基础的特殊性。民间借贷中借贷双方的信用基础较为特殊,通常是借贷双方基于血缘、地缘或商缘关系形成的信用网络,并且通常是一个良好的信用网络,借贷双方相互了解,信息基本对称。而银行与一些中小企业之间则存在信息不对称的问题,银行与中小企业之间的这一问题使企业与银行之间缺乏信用基础,从而无法从银行获得贷款。民间借贷则不存在这个问题,借贷双方因各种关系而相互了解,通常处于共同的关系网内,因而互相之间往往具有良好的信用基础。当然,近年来不断出现的网络借贷作为一种新的民间借贷平台,在这方面的特征并不明显。

四是我国民间借贷具有交易程序简便、条件灵活、效率高的特征。与正规金融机构发放贷款的复杂程序相比,民间借贷双方由于通常具有较好的信用基础,其通过简单的审查程序和手续即可完成交易,因而具有交易程序简便、条件灵活且高效率的特征。

三、民间借贷的表现形式及分类

随着我国目前市场经济的蓬勃发展,民间借贷由早期私人之间简单的借贷发展到当前多样化借贷形式。目前较为多见的民间借贷形式主要有:小额贷款公司、民间借贷公司、投资担保公司、典当行、网络借贷平台、地下钱庄及游走街头巷尾的散兵游勇等。

按民间借贷内涵范围、借贷资金用途、借贷利息等不同的划分标准,可以对民间借贷作如下分类:

一是按民间借贷内涵范围大小来分,可以将民间借贷分为广义的民间借贷与狭义的民间借贷。所谓广义的民间借贷经常作为各种民间金融活动的总称,泛指所有的不通过官方正式金融机构进行的民间金融活动,既包括民间直接融资活动也包括民间间接融资活动,如普通民众之间的借贷、社会集资、合会、民间典当、农村合作基金会等各种融资活动。狭义的民间借贷是指借贷双方不通过中间方所进行的一种直接融资活动。本书所指的民间借贷属于广义的民间借贷。

二是按借贷资金的用途不同来分,可以将民间借贷分为生活性借贷与经营性借贷。所谓生活性借贷是指因日常生活的需要,如基本生存、就医、就学、购房等需要而发生的借贷活动。这种借贷活动通常涉及的借贷对象比较单一,多为亲朋好友之间小范围的互助型借贷活动。所谓经营性借贷是指出于生产经营的需要而进行的借贷活动。这种借贷活动往往涉及的借贷对象更为广泛,借贷规模可大可小。

三是按借贷利息的不同来分,可以将民间借贷分为无息借贷、低息借贷和高息借贷。无息借贷是指借贷双方不产生利息的互助型借贷活动,通常也叫友情借贷或白色借贷。低息借贷是指借贷双方只约定较低的利息的借贷活动,通常也叫灰色借贷。高息借贷是指借贷双方约定较高的利息的借贷活动,一般指双方约定的利息高于银行同期贷款利率四倍以上利息的借贷活动,这种借贷活动通常也叫黑色借贷。

四是按民间借贷行为是否合法来分,可以将民间借贷分为合法的民间借贷、法律不予保护的民间借贷和非法的民间借贷。所谓合法的民间借贷,是指其符合法律的相关规定,受到法律保护的借贷形式。根据我国原《民法通则》的相关规定,合法的民间借贷是受到法律保护的,同时,我国原《合同法》也规定只要符合法律规定并且是在自愿的基础上进行的民间借贷就应当受到法律保护。在"吴英案"后,我国出台了多个相关司法解释,如浙江省高级人民法院出台的《关于审理民间借贷纠纷若干问题的指导意见》、最高人民法院出台的《关于当前形势下加强民事审判切实保障民生若干问题的通知》,这些司法解释都进一步明确了合法的民间借贷的法律性质,即赋予了民间借贷以合法的法律地位。所谓法律不予保护的民间借贷,也称为处于灰色地带的民间借贷,即指该行为具有不稳定性,存在随时变为非法行为的一种可能性。目前,法律不予保护的民间借贷主要是指高利贷。我国最高人民法院发布的《关于人民法院审理借贷案件的若干意见》对民间借贷的利率作了比较具体的规定,要求民间借贷利率不得超过银行同期利率的四倍,如果超出了同期银行利率的四倍,那么超出部分则无法得到法律的保护。由此可知,高于同期银行利率四倍的民间借贷是不受法律保护的,我们通常称之为高利贷。其中超出部分,法律规定不对其予以保护,并非将其认定为非法,如果双方出于合意并且自愿,那么超出部分,只要借款人愿意支付,则依然有效。在司法实践中,已经有相关案例将民间借贷中的高利贷行业作为犯罪论处,如2004年武汉的"徐汉江非法经营案"就将被告发放高利贷的行为以非法经营罪论处,此外南京等地也都出现过高利贷入罪的案例。但是,我国刑法分则却没有一个具体的条文规定高利贷犯罪,因此有学者基于罪刑法定原则认为我国不存在对于高利贷犯罪的刑法基础,也即高利贷不应作为犯罪行为加以处罚。[1]可见,对于高利贷是否构成犯罪我国理论界一直存在

---

① 孙昊、陈小炜、李德仁:《对高利贷行为基本理论及入罪合法性研究》,载《中国集体经济》2011年11月下半期。

争议，因此也一直被称为处于灰色地带的民间借贷行为。所谓非法的民间借贷，是指法律认定为不合法的借贷行为，在目前多表现为非法集资行为与非法放贷行为。非法的民间借贷行为一般具有双重违法性，即既具有行政违法性也具有刑事违法性。民间借贷行为作为一种金融行为，其行为构成犯罪是以违反相应的金融法规定为前提的，只有当行为已经违反了相应的行政法规时才会进一步考虑是否违反了相应的刑事法规范进而构成犯罪。

五是按借贷方式是否具有创新性的不同来分，可以将民间借贷行为分为传统的民间借贷和创新型的民间借贷。传统的民间借贷是相对于创新型民间借贷的方式而言的，主要指民间借贷行为产生以来常见的一些典型的借贷行为，即普通借贷行为或融资行为，如我国东南沿海地区常见的钱庄、合会、标会、摇会、抬会等民间融资形式，以及其他常见的如典当行、小额借贷公司等民间借贷形式。创新型的民间借贷在目前主要指互联网借贷行为。互联网借贷是指依托于互联网工具而实现的资金借贷与融通的一种新兴金融方式，是民间借贷行为与互联网相结合的新兴领域。随着网络技术的兴起与发展，通过互联网进行借贷，使民间借贷更具灵活性、高效性与便利性。因此，网络借贷、众筹融资等互联网借贷行为在我国越来越常见，同时也使投资者的资金安全面临更大的风险。

六是按民间借贷活动资金来源、用途不同来分，可以将民间借贷分为民事性民间借贷和商事性民间借贷两种情形。所谓民事性民间借贷主要是指自然人之间、自然人与法人之间或者自然人与其他组织之间的个人借贷行为，借贷的资金是用于满足个人基本生活或生产的需要。民事性民间借贷出现较早，并且也是日常生活中较为常见的民间借贷行为，主要发生在基于亲缘、业缘或地缘关系的亲戚朋友、同事同乡或邻居等熟人之间。民事性民间借贷是一种建立在信任基础之上的民间借贷行为，一般借贷双方之间并没有正式的、复杂的借贷合同，而只是通过口头约定或简单的书面约定来形成特定的债权债务关系。商事性民间借贷主要指自然人之间、自然人与法人之间或自然人与其他组织之间，以追求利益为目的并专门从事借贷业务的机构和个人的借贷行为。商事性民间借贷行为与民事性民间借贷行为不同，相对较为复杂，以各种形式吸收民间资金参加借贷活动，为借贷双方牵线搭桥以获取利差，因此各种以典当行、资产经营管理公司、抵押贷款公司、投资管理公司、投资咨询公司、理财公司、担保公司等为名,而实际上从事民间借贷的中介业务公司应运而生并不断发展壮大。①

第二节　民间借贷的刑法规制特征与困境

近年来,我国民间借贷的市场规模不断壮大,虽然民间借贷具有灵活高效等特征,迎合了我国目前经济发展的需要,给现阶段经济的发展带来了积极的推动作用。但是,由于民间借贷市场规范性不够、预防和监管不力等原因,使得民间借贷中出现了非法吸收公众存款、集资诈骗、高利转贷、高利贷、非法放贷等各种违法犯罪活动,严重扰乱了社会经济秩序,并且侵害了公民的合法财产权利。因而,刑法作为社会经济秩序保障的重要力量,发挥其对民间借贷相关违法犯罪行为的规制作用十分必要,对民间借贷的刑法规制问题进行探讨也具有一定的理论价值和实践意义。

一、民间借贷刑法规制的必要性

民间借贷作为一种重要的经济活动,随着其规模日渐壮大,已经对我国的经济和社会发展产生一定的负面影响。如果法律不及时予以引导与规制,将严重影响经济秩序与社会秩序的稳定。刑法对民间借贷中的不法行为予以合理的规制,既具有事实依据和理论依据,又顺应民意。

（一）民间借贷刑法规制的事实依据

一方面,民间借贷的恣意发展,将危及银行信贷资金的安全,给金融秩序造成威胁。民间借贷在一定程度上能够减轻我国金融信贷市场的压力,能够让部分中小企业获得发展所需要的资金,是我国金融信贷的有效补充。但是,当民间借贷被滥用则可能危及银行信贷的安全。原因在于,一些民间借贷者为了追逐借贷活动带来的巨大利润回报,难免会想尽办法套取银行的信贷资金,然后将套取的信贷资

---

① 夏秀渊:《以小额贷款公司引导民间借贷的思考》,载《货币银行》2011年第33期。

金进行放贷活动,或者一些已经欠下高利贷的行为人在取得银行的信贷资金后,用信贷资金去偿还高利贷,这就使得民间借贷的行为人将风险转嫁给银行,使银行的信贷资金安全受到威胁。一旦出现资金链断裂等问题,银行信贷资金也会遭受危害,很可能对金融秩序造成破坏。同时,由于资本具有明显的趋利性,为了获得高额回报,民间资本可能大量涌向民间借贷市场,这将直接导致银行存款来源的萎缩,同时,这也会诱发金融机构违反国家规定,通过各种恶性竞争维持银行利润,从而扰乱金融秩序。

另一方面,民间借贷的不合理成长,往往会诱发各种危害社会稳定的违法犯罪事件,给社会正常秩序造成危害。目前,民间借贷所涉及的地域范围越来越广,涉及的借贷人数也越来越多。出于趋利的原因,越来越多的人把手上的闲散资金投入到民间借贷市场中去,甚至有不少人直接无视借贷风险而把手头仅有的一些积蓄也投入民间借贷市场。一旦资金链断裂,通常会引起借贷双方的对立,从而造成亲友之间的矛盾,也会使一些失去基本生活保障的人,为了讨债而做出一系列扰乱治安或违法犯罪的行为。同时,借方有时也因为受利益的驱使而产生诈骗的意图,从而从放贷人手中骗取资金,使广大的放贷人遭受经济损失。另外,民间借贷活动也可能会造成一些放贷人为了讨回所放贷的资金,而实施一些诸如非法拘禁、绑架、故意伤害等的违法犯罪行为,从而造成社会秩序混乱危及社会稳定。

由上可知,缺乏法律规制的民间借贷行为,极易带来严重的社会危害。作为社会秩序维护的重要手段之一,刑法的有效介入对于遏制民间借贷的负面效应具有一定的必要性。

(二)民间借贷刑法规制的理论依据

一方面,民间借贷的刑法规制符合刑法的功能。刑法的保护机能是指刑法通过规定对某些行为给予刑罚处罚,从而惩治犯罪,维持社会秩序的稳定。[1]我国目前正处于经济转型时期,金融管理制度和金融市场秩序无疑是刑法保护的重要法益。然而,随着民间借贷行为的盛行,因民间借贷行为而产生的纠纷也越来越多,

---

[1]　张勇:《存贷犯罪刑法理论与实务》,上海人民出版社 2012 年版,第 22 页。

还常与非法吸收公众存款、集资诈骗、高利转贷等经济犯罪交织在一起,并且,民间借贷纠纷也极易伴随黑社会性质的组织犯罪及暴力催收等暴力性犯罪产生,既会破坏市场经济秩序也容易对民众人身权益及财产权益造成损害。由此可见,民间借贷的盛行一定程度上给我国的金融秩序和金融制度造成了不少负面影响,因而通过刑法的强力规制来维护金融秩序稳定的需求越来越强烈。通过刑事立法明确民间借贷相关违法行为与犯罪行为的界限,使一些严重危害国家金融秩序与安全的非法民间借贷行为受到刑法的严格规制,能够在民间借贷市场的法律规制中更好地发挥刑法对金融秩序、社会稳定以及公民人身与财产权利的保护作用。因而,民间借贷的刑法规制具有必要性。

刑法的保障功能是指刑法通过规定犯罪与刑罚的关系,使人们在行为之前就能预见其法律后果,从而限制国家刑罚权的任意发动,保障无罪的人不受刑事追究,保障犯罪人不受刑法规定以外的不正当的刑罚处罚。

刑法规范往往具有增强其他法律规定的禁止性命令的作用,人们为一个民事或者行政规范制定刑事制裁,并因此将其改造为刑法规范的主要原因,是违反该规范的行为不能用民事或者行政措施加以制裁,或者采用民事或者行政措施不足以制裁该行为。可见,刑法具有保障法功能,即刑法是其他各部门法的后盾法。作为保障法的刑法应把任何一种违法现象均在其法律规范中体现出来,否则,法律无法对潜在的犯罪人和正在实施违法犯罪活动的人产生威慑力。

另一方面,民间借贷的刑法规制不违背刑法的谦抑性。所谓刑法的谦抑性,是指立法者应当力求以最小的支出,少用甚至不用刑罚(而用其他替代措施),获取最大的社会效益,有效地预防和控制犯罪。①由此可知,所谓刑法的谦抑性,其实就是刑法的必要性,也即刑法不得过分扩张。刑法的谦抑性要求不得滥用刑罚手段,但并非要求我们对严重的危害社会的行为采取消极的态度。当民事、行政等手段无法更好地保护公民的财产利益和社会正常秩序时,刑事立法与司法就成为必要。目前,民间借贷行为盛行,对民间借贷进行规制的民法手段和行政制度都存在一定的不足,以至于一些民间借贷的参与人借机实施严重的侵犯公民财产权益等危害

---

① 陈兴良:《刑法的价值构造》,中国政法大学出版社 1998 年版,第 353 页。

社会的行为,如果不采用刑法予以规制,则起不到犯罪遏制和预防作用。因此,刑法作为其他部门的保障法、作为社会的后盾,有必要发挥其作用,以有效制止民间借贷行为中的违法犯罪行为,这并不违反刑法的谦抑性原则。

(三)民间借贷刑法规制的民意基础

民间借贷的刑法规制能够保护民间借贷参与人的权益,也能够维护金融秩序和社会秩序的稳定,因而用刑法打击民间借贷市场中的犯罪行为具有社会民意基础。随着民间借贷市场的兴起,越来越多的人参与到民间借贷行为中来,也有越来越多的参与者为牟取利益而侵害其他参与者的权益。就目前来说,全国范围内,非法集资类案件数量已经较多,且呈现出不断上升的趋势,沿海地区非法集资类犯罪一直处于高发态势。此类案件往往涉及人员广泛,被害人数众多。另外,此类案件所涉的资金比较多,相关案件的金额最高可达千万,常出现一些被害人终生积蓄被骗光的情形,严重地侵害了被害人的财产权益。又由于大部分的投资者是为了获取利益与回报而盲目跟风,缺乏一定的社会经验和正确的投资风险规避意识,给不少违法犯罪分子可乘之机。随之而来的是民间借贷相关违法犯罪行为的不断涌现,部分地区民间借贷的各种乱象开始为全社会所瞩目,如 2011 年以来温州累计发生"私营企业老板跑路"事件 80 余起,部分事件涉案金额数亿元,"泗洪全民高利贷崩盘"事件更是震惊全国,泗洪县处于经济欠发达地区,但高利贷参与者众多,高利贷崩盘导致了严重的社会问题。[①]自 2016 年来,P2P 的爆雷潮几乎是年年上演,大批量的投资者们的钱都打了水漂。[②]此外,还有很多类似事件的发生给社会安宁和稳定带来不良影响。因而加强民间借贷的刑事立法规制,能对民间借贷相关的违法犯罪行为起到威慑作用,也有助于缓解社会矛盾,有着较好的社会民意基础。

综上所述,刑法在民间借贷行为中的合理介入与规制,对于维护正常的金融秩序和社会秩序,保护公民的财产权益以及促进民事和行政法律法规效果的实现具

---

① 吉门、马玉美编著:《罪与非——民间借贷、股权私募知识盘点、热门案例及法律引导》,中国政法大学出版社 2012 年版,第 43 页。

② 《P2P 爆雷潮年年上演,又雷了 100 多家,何时是个头?》,https://baijiahao.baidu.com/s?id=1634837196047562224&wfr=spider&for=pc,访问时间:2019 年 3 月 2 日。

有积极的作用,这也正说明了民间借贷刑法规制的必要性。

二、民间借贷刑法规制的特征

我国关于民间借贷行为的法律规制,《宪法》、原《民法通则》、原《合同法》、行政法规和《刑法》都有相关的规定,《宪法》第 13 条规定"公民合法的私有财产不受侵犯",由于宪法是我国的根本大法,其规定对实体法规定具有一定的指引作用,因此这一规定为我国民间借贷的合法化奠定了基础。原《民法通则》第 90 条规定"合法的借贷关系受到法律保护",可见原《民法通则》只是对民间借贷作了原则性的规定,并没有作出具体的规定。原《合同法》第十二章对借款合同作出了具体的规定,当民间借贷出现一般法律问题时可以参照本法中有关借款合同的规定来解决纠纷,并且还规定民间借贷的利率在合法的限度内是可以由当事人自由约定的,可见我国法律对合法的民间借贷行为是予以保护的。关于民间借贷的行政法规制,有关民间借贷的行政法律主要是国务院制定的行政法规与各个地方政府制定的部门规章,如国务院出台的《非法金融机构和非法金融业务活动取缔办法》《中国人民银行关于取缔非法金融机构和非法金融业务活动有关问题的答复》,以及《贷款通则》等。除此之外,还有一些地方政府根据当地实际情况制定的关于民间借贷的地方性规定。

民间借贷的法律规制仅以民事、行政法律手段加以调整是不够的,有必要以刑法手段予以规制,以维护金融秩序和金融安全,保护社会公众的合法财产权益,进而维护社会秩序的稳定。就目前我国刑法对民间借贷的规制现状来看,已基本建立了民间借贷的刑法规制体系。我国《刑法》以现行刑事法律法规以及相关的规范性文件规定了民间借贷的相关罪名,罪名体系主要由以下两个部分构成:一是非法集资方面的犯罪,主要包括《刑法》第 176 条规定的非法吸收公众存款罪、第 179 条规定的擅自发行股票、公司、企业债券罪、第 160 条规定的欺诈发行证券罪以及第 192 条规定的集资诈骗罪等;二是非法发放贷款方面的犯罪,主要是《刑法》第 175 条规定的高利转贷罪、第 225 条规定的非法经营罪等。

目前,我国民间借贷的刑法规制主要体现出以下两个方面的特征。

第一，现行的民间借贷刑事立法与司法具有浓厚的行政主导色彩。我国刑法对民间借贷的规制，不管是在立法上还是司法上都体现出浓厚的行政色彩。一方面，在立法上，刑法采取了行政前置的模式，即对于那些非法民间借贷行为，往往先是由相关的行政法规作出相应的规定并指出违反刑法的要承担相应的刑事责任，然后刑法才作出相应的回应，在刑法中规定相应的罪名。另一方面，在司法上，表现为对非法民间借贷行为的查处以行政机关为先导，如根据1998年国务院《非法金融机构和非法金融业务活动取缔办法》的规定，对非法金融业务活动的取缔工作由地方人民政府负责组织、协调和监督，对非法吸收公众存款以及非法集资行为，由人民银行调查、核实并作出初步认定后，再提请公安机关立案侦查。再如2007年国务院发布的《处置非法集资部际联席会议制度》《处置非法集资部际联席会议工作机制》规定，对于非法集资案件的定性一般由省级人民政府组织当地银监会、公安、行业主管或监管部门作出认定，对于重大、疑难、跨区域且规模达到一定程度的几类案件则报部际联席会议组织有关部门进行认定。

第二，民间借贷的刑法规制侧重于对经济秩序的保护。民间借贷中所涉及的非法行为，如非法集资行为等，其本质上除了侵犯公私财产所有权之外，多数属于违反经济行政法规的行为。因此，对于相关的违法行为往往都有对应的经济行政法律法规规定的诸如取缔、没收违法所得以及罚款等行政处罚措施。在此基础上，我国刑法又规定相应的罪名进行刑法规制，可见我国刑法主要是侧重经济秩序的保护。刑法对经济秩序保护的侧重主要体现在以下两个方面，一方面，从刑法分则的体例安排来看，对于民间借贷相关的犯罪都安排在第四章破坏社会主义市场经济秩序罪中，而没有将其规定在第五章侵犯财产罪中，可见相关刑事立法的立足点在于保护相应的经济秩序，即以相应的经济秩序为主要客体进行保护。另一方面，从刑法对非法吸收公众存款罪规定的具体条文也可发现，其立法意图在于保护金融秩序。如《刑法》第176条作如下规定："非法吸收公众存款或者变相吸收公众存款，扰乱金融秩序的，处三年以下有期徒刑或者拘役。"从法条的描述上可发现，扰乱金融秩序的应当入罪，足以说明其立法意图以保护相应的经济秩序为主。

三、民间借贷刑法规制的泛刑法化危机

我国关于民间借贷的法律规制是以保护金融秩序为首要目的,对金融秩序保护的侧重,使得民间借贷的法律规制逐渐体现出泛刑法化的趋势与危机。所谓泛刑法化即指刑法的过分干预。目前,我国刑法对民间借贷的规制存在过分且过多干预的情况,导致民间借贷行为入罪较为泛化,存在民间借贷司法处遇有失公平的情形。近年来,民间借贷行为的兴起导致了非法集资、非法放贷等相关犯罪的高发,在涉民间借贷犯罪的治理中,体现出从严惩治的特征。就目前民间借贷的司法现状来看,对于出现了严重危害后果的集资行为,司法机关往往是这样处理的,即如果能够证明行为人具有非法占有的目的,则以集资诈骗罪论处;如果无法证明具有非法占有的目的,则以非法吸收公众存款罪论处。如此一来,凡是造成严重后果的集资行为均被犯罪化。正如有学者所指出的:"民间借贷泛刑法化的表现为,一是非法经营罪的扩张化,即高利贷入罪越来越多。二是民间集资泛刑法化,非法吸收公众存款、集资诈骗等犯罪增多。"①

产生泛刑法化的原因主要体现在两个方面。第一,民间借贷相关立法的不明确使得合法的民间借贷与非法集资行为界限模糊,进而导致对于民间借贷的民刑规制边界也不明晰。民间借贷相关立法的不完善具体来说表现为,我国刑法在认定非法集资行为时,长期以来对于"社会公众""存款"的含义没有明确且统一的规定,虽然 2014 年最高人民法院、最高人民检察院、公安部《关于办理非法集资刑事案件适用法律若干问题的意见》对于"社会公众"的认定问题作出了规定,但也未明确"社会公众"的具体含义。由此,导致司法机关对于非法集资行为的定性难以把握,容易把正常的民间借贷行为认定为非法吸收公众存款或者集资诈骗等非法集资行为。

第二,我国对于非法民间借贷行为长期保持着高压的态势,要求严厉打击民间借贷领域的非法集资活动与非法放贷活动,再加上目前民间借贷相关刑法规定不

---

① 袁春湘:《民间借贷中罪与非罪的判断与处理》,载《人民法院报》,2014 年 10 月 1 日。

明确,民间借贷法律规制泛刑法化的特征越加明显,在司法过程中往往倾向于将民间借贷归为非法之范畴,只要出现了严重的危害后果,刑法都能介入。这种思维定势难免导致判断的偏差,把原本合法的、正常的民间借贷行为错误地认定为非法集资类的犯罪。在司法实务中,只要出现了危害后果,且集资对象不特定时,就有可能被认定为非法吸收公众存款罪,非法吸收公众存款罪的入罪门槛在司法实践中被不断降低。同时,在具体案件的处理过程中,经常不区分集资款的实际用途,即不区分直接融资与间接融资,而仅以款项能不能收回判断借贷行为的社会危害性,这也降低了非法集资相关犯罪(主要是非法吸收公众存款罪)的入罪门槛。以“孙大午案”为例,孙大午向村民集资,并向出资者支付高额利息,看似属于非法吸收公众存款,但孙大午将集资所得款项都用于自身企业经营,孙大午与村民所订立的只是一般的民间借贷合同,可法院最终以非法吸收公众存款罪定罪处罚。不少学者认为该案法院的最后定性值得商榷,并没有对合法民间借贷、非法集资与非法吸收公众存款罪三者进行正确与合理的区分。

第三节 民间借贷刑法规制价值理念的转变

在当下的经济环境中,民间借贷利弊兼具。因此,需要法律对其予以合理的规制,既充分发挥其积极作用,又尽量避免出现破坏我国金融秩序的不良后果。刑法作为社会秩序管理的一项重要工具,在民间借贷行为的管制过程中也应合理发挥其应有的作用。在市场经济发展的现阶段,以及在今后相当长的时期内,民间借贷的合法存在与健康发展,相对于法制和政策的完善而言,更有赖于立法者与制定者在对社会发展进行深刻认识与分析后对民间借贷行为价值观念的转变。

一、民间借贷经济地位的转变

在 20 世纪 80 年代以前,我国实行的是生产资料公有制下的中央控制的计划经济,由于计划经济体制和制度的限制,个体、私营等非公有制经济基本不存在,直到改革开放以后才逐步发展起来。①因此,在改革开放前,主要表现为少数人之间的直接借贷关系,借贷的规模一般较小且形式单一,并且所涉及的金额往往不大。民间借贷对当时社会经济发展所起的作用微乎其微,并无经济地位可言。

然而,改革开放以来,在党和国家方针、政策的大力支持、鼓励与积极引导下,我国私有制经济得到了迅速的发展,已经成为社会主义市场经济的重要组成部分和完善社会主义市场经济体制的重要力量。随着私营经济的发展与兴盛,民间借贷在现阶段也得到了蓬勃的发展,并且在市场经济的发展中发挥着巨大的作用,其经济地位也相应地发生了较大的改变,在当下已经成为满足市场经济发展中形成的金融多元化需求的重要因素,对正规金融起到了不可或缺的补充作用。

一方面,民间借贷的产生与发展是市场经济发展与制度变迁的必然产物。在我国,国有垄断金融格局长期存在,在改革开放以来的金融制度变革中也依然维持着这一格局,国有金融机构在金融市场中一直占据着垄断地位。国有金融机构由于以国家效用的满足和利益偏好为导向,以及与私营企业之间存在严重的信息不对称,致使其金融服务供给存在严重的偏向性。在经济发展过程中为保证作为国民经济主体和经济增长主力军的国有企业的资金需求,国有金融机构将资金的90%提供给国有企业。②私营企业很难从国有金融机构获得贷款,处于高速发展的私营企业所产生的日益强烈的融资需求难以从国有金融机构得到满足,一度陷入融资困境之中。与此同时,随着经济体制的改革,我国经济飞速发展,尤其是私营经济的快速发展与成熟,使得私营业主在资本积累的过程中逐渐出现大量的剩余资本,国民财富不断增加,人们手头可支配的闲散资金也越来越多,民间资本由此大量聚集并在经济发展中不断壮大。然而,因银行存款利率走低,股市与楼市不景气且投资风险大,大量民间资本急于寻找合适的投资渠道。在经济利益的诱使下人们往往更愿将资本投向民间资本市场,从而使得民间资本市场的资本供给更为充足。由此,私营经济巨大的资金缺口与民间资本的大量聚集一拍即合,私营业

---

① 参见张军:《非公有制经济刑法规制与保护论纲》,中国人民公安大学出版社 2007 年版,第5—6页。

② 参见汪丽丽:《多维视角下民间金融生成逻辑分析》,载陈旭主编:《金融检察年刊(2012):金融检察与民间融资》,上海交通大学出版社 2013 年版,第226页。

主转而从大量的民间资本中获得资金支持,刺激了民间借贷的发展与活跃。

另一方面,民间借贷的独特优势弥补了正规金融的不足,对正规金融具有不可或缺的补充作用。正规金融机构的信贷准入条件往往较高,私营企业从正规金融机构融资不仅难度大,而且还面临成本高、效率低以及资金满足率低的难题。一些私营企业即便符合银行的借贷要求,但其从正规金融机构获得贷款也往往会消耗大量的时间和精力,为此付出高额的成本。在缺乏可靠的信用记录的情况下,银行往往会要求贷款方提供相应的担保和抵押,这又进一步提高了贷款方从正规金融机构融资的成本,并且降低了融资效率。而民间借贷恰恰由于其信息收集方便、担保方式灵活、手续简便、利率灵活以及时效性强等特征而使其具有交易简便、快捷,交易成本低以及融资效率高等优势。民间借贷的这些优势正好可以弥补正规金融的上述缺陷,对正规金融起到不可或缺的补充作用,进而为我国民营经济乃至整个市场经济的发展提供一定的资金支持,促进我国经济的发展与繁荣。

由此可见,民间借贷的出现与盛行弥补了正规金融的不足而产生的金融服务的真空地带,为私营经济的创立和成长提供了必要的资金支持[1],并且使闲置、游离资金得以重新分配到最需要的地方,在银行等其他金融机构不能到达的领域和范围内起到拾遗补缺、优势互补的作用。[2]在我国现有的金融环境下,民间借贷是我国私营经济继续发展壮大的必要条件,其在市场经济发展中不可或缺的经济地位日渐凸显。

二、民间借贷法律地位的转变

目前我国三部最重要的金融法律《中国人民银行法》《商业银行法》《银行业监督管理法》中,对于民间借贷均无专门而详细的规定,而是散落在各个法律文件中,并且不同时期法律文件对民间借贷的态度并不完全一致,甚至有所矛盾,致使民间借贷的法律地位一直较为模糊。

---

① 诸葛隽:《民间金融——基于温州的探索》,中国经济出版社 2007 年版,第 33 页。
② 吉门、马玉美编著:《罪与非——民间借贷、股权私募知识盘点、热门案例及法律导引》,中国政法大学出版社 2012 年版,第 39 页。

我国原《民法通则》规定"合法的借贷关系受法律保护",原《合同法》也确认了建立在真实意思表示基础上的民间借贷的合法性。最高人民法院 1991 年下发的《关于人民法院审理借贷案件的若干意见》明确承认了民间借贷的存在与发展并且持积极支持的态度。1999 年最高人民法院在《关于如何确认公民与企业之间借贷行为效力问题的答复》中规定,公民与非金融企业间的借贷属于民间借贷,只要双方当事人意思表示真实即可认定。但我国 1996 年颁布的《贷款通则》第 61 条规定了"企业间不得违反国家规定办理借贷或者变相借贷融资业务"。此外,1990 年最高人民法院发布的《关于审理联营合同纠纷案件若干问题的解答》、1992 年司法部发布的《关于办理民间借贷合同公证的意见》、1996 年最高人民法院发布的《关于对企业借贷合同借款方逾期不归还借款应如何处理问题的批复》等法律文件中,都只是对企业之间的借贷活动予以否定。根据这些法律文件的规定,我国对民间借贷的法律态度是保护合法的民间借贷,即自然人之间、自然人与非金融机构的法人之间或者其他组织之间的民间借贷,而对非金融企业之间的借贷融资行为予以禁止。

我国《刑法》在其破坏社会主义市场经济秩序一章中,规定了非法吸收公众存款罪,擅自发行股票、公司、企业债券罪以及集资诈骗罪等罪名,对民间借贷予以规制。但《刑法》对于何谓非法吸收公众存款以及非法集资等行为并未作出明确、具体的规定。1998 年国务院发布的《非法金融机构和非法金融业务活动取缔办法》将未经相关部门依法批准的各类金融活动——吸收公众存款、变相吸收公众存款、向社会不特定对象集资等行为都列为非法行为,并对这些行为进行了相应的解释。如此,不仅非金融机构间的借贷是禁止的,原《民法通则》《合同法》以及《贷款通则》等法律文件中所认可的自然人之间,以及自然人与非金融企业之间的借贷在符合一定条件的情况下也可能成为非法行为。结合《非法金融机构和非法金融业务活动取缔办法》的相关解释,我国刑法一度对非法的民间借贷行为进行了较大强度的打击。据统计,我国 2008 年 1 月至 11 月,全国公安机关共受理非法集资案件 1 590 起,立案侦查 1 416 起,涉案金额在 100 亿元以上。①2018 年,全国公安机关共立非

---

① 《今年前 11 月全国公安机关受理非法集资案件 1 590 起》,新华网,http://news.xinhuanet.com/legal/2008-12/17/content_10518096.htm,访问日期:2013 年 4 月 17 日。

法集资案件1万余起,涉案金额约3 000亿元。①由此可见,近年来,我国对于民间借贷采取的是严格规制的法律态度。

尽管对民间借贷采取了从严规制的法律态度,但各种形式的民间借贷行为却依然广为存在,并在"地下"不断发展与活跃。为此,在对民间借贷存在的必然性与必要性的深刻认识下,国务院各部委和最高人民法院相继出台了有关民间借贷、民间资本投资方面的规范性法律文件,提高了对企业间的借贷以及通过民间中介机构进行的间接借贷等民间借贷行为的容忍度。例如2003年以来,国家逐步放开民间小额信贷的限制,并制定了一系列扶持政策,民间信贷产业得以快速发展;2003年中国人民银行发布《贷款通则(征求意见稿)》将1996年《贷款通则》中第61条规定的"企业不能违反国家规定办理借贷或变相借贷融资业务"予以删除;2010年国务院发布的《关于鼓励和引导民间投资健康发展的若干意见》旨在鼓励和引导民间资本进入基础产业和基础设施、社会事业与金融服务等领域,肯定了民间金融的合法地位;2010年,中国人民银行表示要修订《贷款通则》以适应民间借贷的发展,并且2012年时任国务院总理温家宝在两会期间提出"深化财税金融体制改革""允许民间资本进入金融领域,使其规范化、公开化,既鼓励发展,又加强监管",这也体现了对民间金融的支持与鼓励。由此可见,我国对于民间借贷的法律态度已逐渐发生改变,从过去的严格禁止到现在的鼓励与引导,民间借贷的法律地位也发生了相应的转变,已体现出日渐合法化的趋势。

历史唯物主义的观点认为,经济基础决定上层建筑,民间借贷行为经济地位的转变必然导致其法律地位发生相应的变化。在20世纪90年代,由于我国金融市场还处于发展初期,各类金融制度还不够完善,出于防范金融风险的考虑,对民间借贷行为采取从严的法律立场是可以理解的,但随着我国市场经济的发展,民间资本在我国经济的发展中发挥着重要作用,并且民间金融已经对正规金融起到了不可或缺的补充作用。例如,中国人民银行2005年发布的《2004年中国区域金融运

---

① 《2018年全国公安机关共立非法集资案件1万余起　涉案金额约3千亿元》,东方财富网,http://finance.eastmoney.com/a/201901301037776197.html,访问日期:2019年3月2日。

行报告》中明确了民间融资具有一定的优化资源配置功能,减轻了中小民营企业对银行的信贷压力,转移和分散了银行的借贷风险。①因此,在我国市场经济体制以及金融制度不断完善的情形下,法律对民间借贷的态度应当由严格禁止转变为认可和引导甚至鼓励。目前,我国民间借贷法律地位已经开始发生变化,虽然变化并不明显,只是在一些层级较低的法律文件或政策性规范中体现了其合法化的趋势,但合法化是民间借贷法律地位转变的基本方向,只是包括刑法在内的相关法律制度还未来得及作出反应。这也对民间借贷相关规范性法律文件的调整与完善提出了要求,期望早日赋予民间借贷以清晰的法律地位。

三、民间借贷刑法规制的传统价值理念

随着对民间借贷经济地位转变这一客观现象的认识,我国目前对民间借贷的法律态度总体上虽然有所转变,即变严格禁止为积极引导与鼓励。但是我国刑法这些年来不仅没有作出相应宽缓化的转变,对非法民间借贷行为的惩处反而愈加严厉,近年来刑法对非法集资行为的严厉惩治便足以说明。在司法实践中,我国绝大部分非法集资行为都被认定为非法吸收公众存款罪或集资诈骗罪而受到刑罚处罚,并且在 2015 年《刑法修正案(九)》取消集资诈骗罪的死刑之前,因非法集资行为被判处死刑的也较多,如 2009 年浙江丽水杜益敏因集资诈骗罪被判处死刑、2010 年吉林王希田因集资诈骗罪被判处死刑、2011 年浙江丽水季文华因集资诈骗罪等被判处死刑,以及 2012 年吴英因集资诈骗罪被判处死刑等。由此可见,我国刑法对民间借贷一直以来都采取严格管制的法律立场,并且对非法民间借贷行为秉持重刑严惩的法律态度,这与刑法规制传统的价值理念不无关系。

我国对民间借贷的刑法规制兴起于 20 世纪 90 年代,当时,随着我国经济体制的转变、经济的发展、金融事业的发展和金融体制的改革,民间借贷行为大量涌现且成规模地发展,非法集资等不法行为也越来越多,一定程度上对我国的金融秩序造成了威胁。再加上民间借贷行为具有较强的自发性、盲目性和随意性,且因没有

①《央行报告首次承认民间融资作用》,新浪网,http://news.sina.com.cn/c/2005-05-29/09306018519s.shtml,访问日期:2013 年 3 月 10 日。

国家信用的担保,一旦出现问题,风险往往难以控制,极易扰乱国家金融秩序,带来金融风险。鉴于此,民间借贷的刑法规制长期坚持着国家本位主义,在价值理念上一直存在着一些偏差。

第一,刑法以金融秩序为首要价值目标,对民间借贷行为的规制过于严格。我国 1979 年刑法并未针对民间借贷行为规定相应的罪名。但 20 世纪 90 年代后,随着金融事业的发展和金融体制的改革,民间融资规模也急剧膨胀,为了避免我国金融秩序出现混乱,长期以来我国对金融的监管以金融秩序的维护为核心。尤其是 1997 年亚洲金融危机爆发后,虽然我国金融体系的安全并未受到实质性的冲击,但极大地增加了国家与民众的不安全感,我国对国家金融安全更不敢掉以轻心。由此,刑法作为社会管理的一项重要工具被推上前台,以其严厉的规制手段来维持国家的金融秩序。体现在立法上即是我国 1997 年《刑法》针对民间借贷行为规定了非法吸收公众存款罪,擅自发行股票、公司、企业债券罪,高利转贷罪以及集资诈骗罪等罪名,甚至在一些罪名中规定了死刑。在司法实践中亦是以相关的罪名对不法行为予以严格的惩治,因非法集资而被判处死刑的也不胜枚举。然而,刑法规制的客观效果并没有达到主观期望,非法集资类犯罪依然处于高发的态势,所以,我国刑法不断以司法解释等形式作出回应,要求严惩非法集资行为,以期达到维护金融秩序的效果。例如,2004 年最高人民法院在《关于依法严厉打击集资诈骗和非法吸收公众存款犯罪活动的通知》中指出:"对于集资诈骗数额特别巨大并且给国家和人民利益造成特别重大损失,罪行极其严重的犯罪分子,依法应该判处死刑的,要坚决判处死刑,决不手软。"2011 年最高人民法院在《关于依法妥善审理民间借贷纠纷案件促进经济发展维护社会稳定的通知》中要求,"对于非法集资等经济案件,要依法及时审判,切实维护金融秩序"。从司法实践看,由于受严惩非法集资行为意识的影响,非法集资相关罪名的入罪门槛也被降低,如非法吸收公众存款罪在司法实践中的入罪门槛已经降低到直接融资行为,背离了立法者的初衷。[1]可见,我国民间借贷的刑法规制是以秩序价值为首要目标的,为了维护金融秩序、实现金融安全,可谓是"不顾一切"。

---

① 参见刘宪权:《刑法严惩非法集资行为之反思》,载《法商研究》2012 年第 4 期。

第二，以国家利益和国有金融机构的利益为主要的保护目标，对民间借贷予以管制。一方面，民间借贷的法律管制不仅是为了控制金融风险，很大程度上也是为了维护国家的利益和实现国家的战略目标。我国一直是发展中国家，在经济发展过程中，国家希望通过对金融体系的调控来实现对经济发展的宏观调控，进而实现其战略目标。对民间借贷的严格管制，可以帮助政府在短时间内将民间资金聚集起来并在国家的信贷配置下有序地投放，进而使得资金可以根据国家的发展计划而流向那些国家指定的产业，推动经济有序地发展与增长。在改革开放以来的四十多年中，国家对民间借贷的严格管制以及对金融体系的宏观调控确实在一定程度上促进了经济平稳、有序的发展，发挥了一定的积极作用。由此，我国刑法一直以来都坚持着对民间借贷进行严格管制的理念。另一方面，我国对民间借贷的管制还以维护国有金融机构的利益为重要目标。国有金融机构与民间借贷是一种竞争与对立的关系，民间借贷的大势发展，必然会因其较高的效率和较好的服务与国家金融机构争夺金融资源，减少国有金融机构的资金来源，从而威胁国家对金融的垄断和控制力，以致金融体系偏离政府的总体发展轨道。[1]由此，政府在国家本位主义理念的指引下，为了保证国有金融机构的垄断地位，对民间借贷行为予以管制，体现在刑法上就是采用严厉的刑罚方式对民间借贷行为进行规制。

四、民间借贷刑法规制价值理念的革新与重构

法律中各价值之间的关系既是统一的，也是对立的，对某一价值的过分强调与追求，则可能会使其他价值难以实现。正如，在民间借贷的刑法规制中，过于强调秩序价值的维护，极易影响其公平、自由及效率价值的实现，进而也影响秩序价值本身的持续实现。刑法对民间借贷的规制，需要在公平、自由、秩序及效率等各基本价值之间寻求一个平衡点，使各大价值的实现相辅相成，进而达到总体价值的最大化。同时，还应当认识到各价值之间的平衡是一种动态的平衡，即应当根据我国现阶段的具体国情作出相应的调整，使之与我国现有的经济发展水平与发展目标

---

① 参见陈蓉：《"三农"可持续发展的融资拓展：民间金融的法制化与监管框架的构建》，法律出版社 2010 年版，第 208 页。

相符合。就目前来说，我国对民间借贷进行严格管控的历史条件和环境已经发生了根本性的改变。民间借贷对我国经济发展的积极作用已成为不争的事实，而刑法对民间借贷的介入与打击与民间借贷在金融环境中发挥其应有的积极作用之间存在矛盾。因而，在对民间借贷的规制问题上，刑法价值观念的转变与更新是至关重要的环节，民间借贷刑法规制价值理念应顺应经济社会的发展予以重构。

（一）建立平等保护的理念，保障融资自由的实现

平等是公平价值的重要内容之一，意味着人们在社会、政治、经济、法律等方面享有相等的待遇。作为高度文明社会的刑法基本立场，各种价值目标中公平应该是一个超然于其他价值的首要价值，它能够引导、制约其他的价值目标。①公平的第一条原则就是要求每个人，都应在最广泛的基本自由权利体系中享有平等的权利。②当下民间借贷行为处于市场经济的大背景下，我国目前的金融改革也是以市场为取向的改革。在这一背景下，市场经济的平等性便决定了其相关法律必须是公平的法律，平等原则是市场经济竞争的基本原则。竞争是市场经济的基本特征，也是市场经济的活力所在，市场经济正是通过竞争来实现社会资源的优化配置，竞争的有效开展必然要求市场经济的参与主体在市场竞争中处于平等地位，否则市场竞争将失去其应有的意义，市场整体利益下降或丧失，市场经济的优势也无从体现。刑法作为民间借贷的重要的规制工具之一，其公平性也是不容忽视的。

市场经济法律的公平价值最主要的内容，就在于保证市场经济的参与主体的竞争条件和利益获得的机会平等，即经济主体在生产活动、占有劳动成果和获得成就方面的权利平等，社会经济和政治活动中的选择机会平等，竞争的外部条件和环境平等，交易规则和分配原则平等。③由此，在民间借贷刑法规制价值理念的重构中应当建立起平等保护的价值理念，不能因为保护国有金融机构的垄断权益而刻意管制民间金融市场主体的权益，要确保民间金融的市场主体在金融市场中与国有金融机构享有同等的待遇。首先，要消除对民间借贷的偏见，建立起国有金融与

---

① 李娜：《论金融安全的刑法保护》，武汉大学出版社 2009 年版，第 36 页。

② ［英］彼得·斯坦、约翰·香德：《西方社会的法律价值》，王献平译，中国法制出版社 2004 年版，第 203 页。

③ 万光侠：《效率与公平——法律价值的人学分析》，人民出版社 2000 年版，第 131 页。

民间金融是一种平等竞争关系的理念,接受金融机构多元竞争的局面。其次,在民间借贷的刑法规制中要正视金融自由这一法律基本价值,自由不仅是法的基本价值,还是法的目的性价值,法的权利和义务都是以自由的实现为目的而设定的,如果法的实施与自由的实现相抵触,那么这种法必将被唾弃。因而,刑法对民间借贷的规制必然不能与金融自由的实现相抵触,这就要求刑法承认民间金融主体的合法地位,赋予民间资本占有者一定的信贷自由,合理限制民间借贷行为的入罪条件,保障公民融资自由权利的合理行使。最后,在资本市场中,国有金融与民间金融是相互竞争的,在市场经济体制下,这种竞争应当是自由竞争,国有金融机构竞争力的提高应当以提高其金融效率,完善其金融服务质量来实现,而不应当是通过法律对民间金融的管制来实现,否则便极大地违背了市场经济中公平竞争的基本原则。

(二)坚守民间借贷刑法规制的必要原则,维护民间金融秩序

所谓秩序是指自然进程和社会进程中都存在的某种程度的一致性、连续性和确定性。[1]秩序是法律的基础性价值,任何法都是以追求并保持一定的社会秩序为目的的,不为一定的社会秩序服务的法是没有存在意义的。在与法律的其他价值之间的关系中,秩序是实现其他法律价值的先决条件,如果没有秩序,则其他所谓自由、效率以及公平等价值都是没有意义的,其他价值的实现也缺乏保障。秩序的实现必须依赖于一定的社会规范,主要体现为一定的法律规范。民间金融秩序也必须依靠法律规范的制定与执行来实现,也即在民间金融市场中需要通过法律规范的约束来维持其市场秩序,使民间借贷在法律规范的监督和约束下以合法的方式成为正规金融的补充者。由此可见,民间借贷的法律规制十分必要,刑法作为社会秩序保障的重要工具之一,对民间借贷的规制也必不可少。

在众多的法律规范中,仅以民事、行政法律手段来维护民间融资秩序是不够的,必须给刑法规制留有一席之地,才能有效地惩治和预防那些具有严重社会危害性的非法融资行为。理由在于,首先,目前我国的民间融资行为较为混乱,与民间借贷相关的金融犯罪已经十分猖獗,严重破坏了我国的金融秩序,并且由于民间借贷中广泛出现的非法集资等相关犯罪具有涉众性的特征,一旦发生还极易引起大

---

① [美]E.博登海默:《法理学——法律哲学与法律方法》,邓正来译,中国政法大学出版社 2004 年版,第 228 页。

规模的群体性事件,严重影响社会秩序的稳定。面对这一严峻的犯罪局面,刑法作为最为严厉的法律规制手段,有必要也有义务对民间借贷相关的金融犯罪进行严厉的打击。其次,民间借贷的刑法规制也有利于民间融资行为中犯罪预防的实现。民间借贷行为往往存在较高的利润引诱,容易出现机会主义行为,即民间借贷行为极易在高利润的诱使下转变成非法集资或金融诈骗等不法行为。然而,民法与行政法对民间借贷的规制往往以引导性为主,其制裁手段较之刑法也更为温和,缺乏足够的威慑力,此时,刑法作为"众法之盾"必须发挥其应有的威慑力,才有利于民间借贷行为中犯罪预防的实现。由此,在民间借贷的刑法规制中必须坚守其规制的必要性,以便更好地维护民间金融秩序。

(三)贯彻民间借贷刑法规制的谦抑原则,保障资源配置效率

所谓效率,是指在现有生产资源与其所提供的人类满足之间的对比关系,也即以最少的资源消耗获得最大的成果。在市场经济背景下的法律价值目标中,效率是必不可少的重要内容之一,法律如果不保障和促进效率,那就无法促进市场经济的发展,甚至可能阻碍经济的发展步伐。尤其我国现在还是一个资本市场尚不成熟的发展中国家,主要的精力应该放在促进生产力发展,效率价值的重要性可见一斑。一项法律是"好"还是"坏",关键看它能否促进资源的有效配置、促进经济自由,并有利于"富国裕民"。[1]在民间借贷的刑法规制中,秩序与效率之间在一定程度上存在对立的关系,对金融秩序的强调必然造成对金融效率的限制,相反,对金融效率的强调也必然影响到金融秩序的实现。民间借贷的刑法规制过程是秩序与效率两大价值的博弈过程,根据社会发展需要与目标的不同,不同时期刑法价值的偏向会有所不同。在我国传统的经济背景与金融环境之下,由于金融安全是金融市场发展起步阶段重要的发展目标,秩序便成为民间借贷刑法规制的首要价值目标。然而随着经济的发展以及金融市场化的改革,当代金融市场的重要发展目标有所偏移,在一定的市场秩序下,最大限度地优化利用和配置资源成为金融市场的一个重要发展目标,也即效率理念在金融市场中不断凸显。

在效率理念的支持下,民间借贷刑法规制应当注重秩序与效率并重,防止阻碍

---

① 陈蓉:《"三农"可持续发展的融资拓展:民间金融的法制化与监管框架的构建》,法律出版社2010年版,第254页。

市场主体按照有效的方式使用民间资本的情形，以实现民间资本有效率地进行配置，其有效的实现方式就是在民间借贷的刑法规制过程中，在坚守刑法规制必要性的同时也一定要贯彻刑法的谦抑原则。所谓刑法的谦抑性，又称刑法的经济性或者节俭性，是指立法者应当力求以最小的支出——少用甚至不用刑罚（而用其他刑罚替代措施），获取最大的社会效益，有效地预防和打击犯罪。[1]贯彻刑法的谦抑原则就意味着在民间借贷的刑法规制中，对于一些不法的民间借贷行为，只有当民事或行政的法律手段和措施仍不足以规制时，才能动用刑法的方法以犯罪论处，并处以一定的刑罚。为了更好地贯彻谦抑原则、保障效率的实现，应当要明确民间借贷刑法规制的补充性与有限性，改变目前刑法作为民间借贷法律规制主要手段的现状。当前我国的民间借贷行为容易被认定为非法集资等犯罪行为，不符合刑法的谦抑原则，有必要严格限制刑法中相关犯罪的入罪标准，给民事及行政法留下规制的空间，在确有必要的情形下才发动刑法、以避免因刑法的过度干预而妨碍民间融资自由的实现及融资效率的提高。

第四节　涉民间借贷犯罪的刑事政策

刑事政策是由犯罪这一社会现象所引发的国家和社会的整体反应体系，旨在对犯罪进行预防和控制，从而维持社会秩序，保证社会生产和人们生活的正常进行。[2]刑事政策是国家应对犯罪的一种方针、策略，其目的在于针对犯罪的具体形势、原因等，采取有效的应对策略以预防犯罪的发生。宽严相济的刑事政策是我国的一项基本刑事政策。刑事政策具有立足于社会现实需求的动态性特征，刑事政策问题确认、刑事方案规划和刑事政策执行等，都需要政策主体根据特定需要进行选择和改变。[3]2010年最高人民法院发布了《关于贯彻宽严相济刑事政策的若干意见》，该意见规定，"要根据经济社会的发展和治安形势的变化，尤其要根据犯罪情

---

① 陈兴良：《刑法哲学》，中国政法大学出版社2004年版，第6页。
② 赵运锋：《宽严相济刑事政策司法适用研究》，中国法制出版社2011年版，第1页。
③ 宣刚：《抚慰的正义：犯罪被害人导向刑事政策论》，载《河南师范大学学报（哲学社会科学版）》2013年第2期。

况的变化,在法律规定的范围内,适时调整从宽和从严的对象、范围和力度"。这一规定说明刑事政策是动态的,而不是一成不变的,是根据犯罪情况和治安形势的变化而变化的。

一、宽严相济刑事政策是我国的基本刑事政策

伴随着社会的发展,我国的刑事政策也同样变化发展。1956 年 9 月,党的第八次全国代表大会的政治报告中指出:"我们对反革命分子和其他犯罪分子一贯地实行惩办与宽大相结合的政策。"这是首次正式提出惩办与宽大相结合的基本刑事政策。1983 年以后,由于我国处于社会转型期,社会治安形势严峻,使得很长一段时间内"严打"成为刑事政策的主流内容。

(一)从"严打"到宽严相济刑事政策的转变

"严打"刑事政策是 20 世纪 80 年代初,党和国家在社会治安形势严峻时为了打击某几类严重刑事犯罪而制定的。从 1983 年至 2002 年间,我国集中开展了三次大规模的"严打"专项斗争。此外,针对一些突出的犯罪活动,公安部还连续组织开展了一些专项打击和整治行动,由此,惩办与宽大相结合的刑事政策便在观念上和司法实践中逐渐被淡化,"严打"刑事政策反而因为确实适应当时的社会形势和民众的普遍心理需求而成为我国刑事政策的主要内容。所谓"严打"即指依法从重从快打击严重刑事犯罪,主要指在全国范围内对某些严重刑事犯罪进行集中打击。可见,"严打"刑事政策主要包含两个方面的内容:一是依法从重严厉打击严重危害社会治安的刑事犯罪活动。当然其中的从重必须严格限制为依法从重。二是依法从快处理严重危害社会治安的刑事犯罪活动,所谓从快是指根据《刑事诉讼法》等有关法律规定的程序,在法定时间内迅速而及时地办案、及时侦查、及时起诉、及时审判、及时执行,尽快处理结案。[①]为了提高案件的处理速度,从快打击严重危害社会治安的刑事犯罪活动,甚至可以不受相关刑事程序法的限制。

在 20 世纪 80 年代,基于打击犯罪、维护社会治安和保护广大人民群众合法权

---

① 参见刘仁文:《刑事政策初步》,中国人民公安大学出版社 2004 年版,第 347 页。

益的需要,"严打"刑事政策在一定程度上发挥了作用,并起到了"立竿见影"的效果。但是进入 21 世纪以来,随着社会的发展进步,法治文明不断发展,依法治国、以人为本的呼声日益高涨,我国的司法工作也逐渐更加突出预防犯罪,并且越来越注重依法惩治犯罪与依法保障人权并重。随着刑事政策理论的发展以及实践经验的积累与总结,人们越来越认识到"严打"刑事政策的负面效应,并意识到单纯靠"严打"已经不能完全解决犯罪的问题,无法适应我国法治化建设、构建和谐社会的需要,也无法满足民众的需求。

　　在强调依法治国、人权保障和建设和谐社会的背景下,刑事政策也应当作出与时俱进的调整和发展,而宽严相济刑事政策正是在这个大背景与大环境下产生的。2004 年中共中央政治局常委、中共中央政法委书记罗干同志在中央政法工作会议上的讲话指出:"正确运用宽严相济的刑事政策,对严重危害社会治理的犯罪活动严厉打击,绝不手软,同时要坚持惩办与宽大相结合,才能取得更好的法律和社会效果。"2005 年 12 月全国政法工作会议上罗干再次提出:"宽严相济是我们在维护社会治安的长期实践中形成的基本刑事政策。在和谐社会建设中,这一政策更具有现实意义。我们要立足于当前社会治安实际,审时度势,用好这一刑事政策。"2006 年最高人民法院、最高人民检察院的报告均明确提出,我国今后将实行宽严相济的刑事政策。为了把宽严相济刑事政策贯彻落实到位,最高人民法院和最高人民检察院还制定了相应的规范性文件。2007 年 1 月 15 日最高人民检察院发布的《关于在检察工作中贯彻宽严相济刑事司法政策的若干意见》指出:"宽严相济是我们党和国家的重要刑事司法政策,是检察机关正确执行国家法律的重要指针……注重宽与严的有机统一,该严则严、当宽则宽、宽严互补、宽严有度,对严重犯罪依法从严打击,对轻微犯罪依法从宽处理。"2010 年 2 月 8 日最高人民法院发布的《关于贯彻宽严相济刑事政策的若干意见》指出:"宽严相济刑事政策是我国的基本刑事政策,贯穿于刑事立法、刑事司法和刑罚执行的全过程,是惩办与宽大相结合政策在新时期的继承、发展和完善,是司法机关惩罚犯罪、预防犯罪、保护人民、保障人权,正确实施国家法律的指南。"由此可见,宽严相济刑事政策已经成为我国当前的基本刑事政策。

　　基于对"严打"刑事政策的反思,以及为了扭转长期以来的"严打"思想,宽严相济刑事政策更加强调宽缓的一面,即强调刑法的宽和与谦抑的一面。因此,有学者指出,宽严相济刑事政策目前有矫枉过正之嫌,现在刑法理论界的有些学者在谈到宽缓刑事政策时,就主张轻刑化、非犯罪化、非刑罚化以及非监禁化等,但从现实国情来看,这种刑法观和刑事政策观仍然需要认真审视,如果矫枉过正则当年贯彻"严打"刑事政策过程中曾出现的负面效应将会重演。①事实上,"严打"政策应当是宽严相济刑事政策中"严"的一部分,从"严打"政策到宽严相济刑事政策的转变并不意味着对"严"的摒弃,而是要求严中有宽、宽中有严,更好地发挥"严打"的作用。②

（二）宽严相济是政策的内涵

宽严相济总体来说是指对严重危害社会的重罪实行严打政策,同时对轻罪又处以宽缓的刑罚,即做到对重罪和轻罪进行区别对待。具体而言,宽严相济刑事政策包括三个方面的内容：

一是"宽"的内容。所谓宽,即是宽缓的意思,对于犯罪行为处以较为轻缓的刑罚。有学者对宽缓的内涵作了界定,指出宽有两个方面的含义,一方面是指当宽则宽,也即对于那些罪行社会危害性较小、人身危险性较小的,应处以较轻的刑罚。另一方面是指严中有宽,也即行为人即使有严重的犯罪行为,但有法定的或酌定的从轻、减轻情形的,应当予以从宽处罚。③在司法实践中,宽严相济中的宽所适用的情形主要为：在轻微犯罪中,如果行为人主观恶性和人身危险性较小,又有悔罪的表现并且得到了被害人的谅解的,一般可以给予犯罪行为人以改过自新的机会,对其依法从轻、减轻处罚。例如,对于具备法定条件的,应当依法适用缓刑、管制、单处罚金等非监禁刑罚,并配合社区矫正工作,重视适用非刑罚方法;对犯罪情节轻微、不需要判处刑罚的,予以训诫或责令具结悔过、赔礼道歉、赔偿损失或者建议由主管部门予以行政处罚或者行政处分;严格限制死刑的适用,对于具有法定从轻、减轻情节的,依法从轻或减轻处罚后,一般不再适用死刑立即执行;此外,对于因婚姻家庭、邻里纠纷等民间矛盾引起的刑事案件,应慎用死刑立即执行。

---

① 参见赵运锋:《宽严格相济刑事政策司法适用研究》,中国法制出版社 2011 年版,第 8 页。
② 薛剑祥:《宽严相济刑事政策及其司法实现》,法律出版社 2013 年版,第 30 页。
③ 参见马克昌:《宽严相济刑事政策刍议》,载《人民检察》2006 年第 19 期。

二是"严"的内容。所谓"严"是指严格、严厉和严肃,严格是指法网严密,有罪必罚;严厉是指刑罚严苛,从严惩处;严肃是指司法活动循法而治,不徇私情。①具体而言,即指对于罪行严重、社会危害性大的罪犯应当从严处理,也主要从两个方面进行理解:一方面是对于重罪,应当从严处罚,其中既包括犯罪行为性质恶劣、情节严重、社会危害性大,又包括行为人主观恶性大,再犯可能性大或者人身危险性大等,如累犯、再犯等,均应当从严处罚。另一方面则指应当从严处理的轻罪,其中既包括犯罪行为较轻,但严重影响人民群众安全的情形,也包括虽然罪行较轻,但行为人犯罪动机恶劣、手段残忍,或者故意或放任重大犯罪结果的情形。在这些情形下,虽然犯罪行为较轻,但也应当从严惩处。在司法实践中,对以下犯罪类型通常会采用严厉的刑事政策:危害国家安全、恐怖和黑社会性质组织的犯罪分子,爆炸、杀人、抢劫、绑架等严重危害社会治安、严重影响群众安全的犯罪分子和抢夺、盗窃等多发性侵犯财产的犯罪分子,走私、贩卖毒品、拐卖妇女儿童犯罪的犯罪分子,生产经营活动中的重大责任犯罪分子,制售假冒伪劣商品的犯罪分子,走私、金融诈骗、洗钱、非法吸收公众存款、伪造货币、骗取进出口退税、虚开增值税专用发票、逃税抗税犯罪,以及贪污、贿赂、渎职等犯罪。②

三是"济"的内容。所谓"济"是指结合、协调与救济的意思,在宽严相济中指的是对犯罪应当有宽有严,宽与严之间达到一种合理的平衡,也即在宽严相济的刑事政策中,既不能宽大无边或严厉过度,也不能时宽时严,宽严失当。在司法实践中,所谓适用宽严相济的刑事政策就是对犯罪要做到该严则严、当宽则宽,严中有宽、宽中有严,以及宽严有度、宽严适时。首先,要做到宽中有严、严中有宽。宽中有严指虽然有些情形下,刑罚较轻,但有法定从重处罚情节的,应当依法从重处罚。例如,行为人构成累犯的,应当依法从重处罚。严中有宽则指在某些情形下,虽然犯罪行为较为严重,但如果有法定或酌定从轻、减轻情节的,应当依法予以从宽处罚。例如,如果行为人有自首、立功等从轻或减轻情节的,依法应当从轻或减轻处罚。在宽严相济刑事政策中,宽与严是对立统一的,两者既对立又统一,不可偏废。③其

---

① 陈兴良主编:《宽严相济刑事政策研究》,中国人民大学出版社 2007 年版,第 400—401 页。
② 参见赵运锋:《宽严相济刑事政策司法适用研究》,中国法制出版社 2011 年版,第 24—25 页。
③ 赵亮:《宽严相济刑事政策之事理、情理、法理依据》,载《社会科学战线》2007 年第 1 期。

次,要做到宽以济严,严以济宽。只有做到宽严互济,才能充分发挥宽严相济刑事政策的区别对待功能,才能使被从严者感受到法律的威严,使被从宽者感受到法律的温情。如果宽严失济的话,则可能导致被从严处理者感受不到严格,被从宽处理者感受不到宽大,犯罪人和群众都无法从司法实践中认识到刑法的规范性,从而使一般预防和特殊预防都难以达到效果。最后,要做到宽严有度,宽严适时。宽严有度包括两个方面的内容,一是宽而不纵,即对犯罪人宽大但不轻纵,也就是说宽大是有一定限度的,不能宽大到放纵的程度;二是严而不厉,即对严重犯罪和人身危险性大的犯罪人的处理严格但不严厉,在遵守罪刑法定原则、罪刑相适应原则的前提下,严格依法从重处罚,不能过于苛厉。[①]

二、涉民间借贷犯罪刑事政策从严倾向明显

宽严相济刑事政策是具有一定的动态性的,具体社会形势对刑罚宽严的调整产生影响。犯罪刑罚的宽严符合当下具体社会形势的发展,也是宽严相济刑事政策的动态发展的要求。近些年来,由于我国非法集资案件多发,尤其是各地出现了很多涉案金额巨大、受害者人数众多、社会危害性大的非法集资犯罪案件。例如,吴英案、万里大造林案、亿霖木业案、兴邦公司案、湘西自治州非法集资案等重大非法集资案件,这些案件都造成了重大损失并且产生了极坏的社会影响。当前非法集资犯罪活动持续高发,涉及领域较多,形势严峻,对市场经济的不利影响与破坏较大。面对这种犯罪形势,我国涉民间借贷犯罪的刑事政策具有明显的从严倾向。这种从严倾向与特征主要表现在以下几个方面。

一是涉民间借贷违法行为的泛刑法化规制体现出从严的特征。正如前文所述,我国民间借贷的法律规制出现了泛刑法化的趋势,只要出现了严重的危害后果,刑法都能介入。涉民间借贷犯罪所涉及的犯罪基本都是经济型犯罪,属于法定犯,即涉民间借贷的行为应当先接受民法、行政法以及经济法等部门法的规制,在这些前置法不足以规制的情形下,作为"众法之盾"的刑法才应当介入加以规制。

---

① 参见赵运锋:《宽严相济刑事政策司法适用研究》,中国法制出版社 2011 年版,第 20—45 页。

也就是说涉民间借贷犯罪的行为如果构成犯罪，则应具有二次违法性，必须先违反相应的行政法、经济法等部门法，然后又因其严重的社会危害性而构成刑法所规定的犯罪。如果涉民间借贷的某些行为只属于违法行为，根据刑法的谦抑性要求，在相关行政法、经济法等其他部门法足以规制的情形下，刑法不宜介入，即不应以犯罪论处。但是，司法实践中对于涉民间借贷的一些犯罪，尤其是非法集资案件，在认定时往往存在犯罪化的倾向，甚至跳过前置法，直接以犯罪论处。再加上，目前我国关于民间借贷的相关行政规定并不完善，而刑法对于民间借贷行为却有一系列的罪名可以适用，更加导致了刑法规制的泛滥。对于一些构成犯罪存在模糊性的行为，往往倾向于以犯罪论处。

二是刑法对涉民间借贷违法行为的提前规制体现出从严的特征。涉民间借贷的犯罪主要是刑法中破坏社会主义市场经济秩序这一章中的犯罪，涉民间借贷的犯罪常见的有非法吸收公众存款罪、擅自设立金融机构罪以及非法经营罪等犯罪。我国将这些涉民间借贷的常见犯罪设置为行为犯，这一设置体现出刑法对这些犯罪规制较为严厉。所谓行为犯是指以侵害行为的实施为构成要件的犯罪，或者是以侵害行为实施完毕而成立犯罪既遂状态的犯罪。[1]将这些犯罪设置为行为犯，说明行为人只要实施了相应的行为就视为具有较为严重的法律后果，即以犯罪论处。可见，为了实现有效防范和打击涉民间借贷违法犯罪行为的目的，刑法采取了提前介入的手段，对违法犯罪行为提前进行规制和惩罚。行为犯的规定说明，从行政法上的违法行为向犯罪行为的转化，不以造成实际的严重危害结果为犯罪行为成立和既遂要件。刑法的这种提前介入即是刑事政策"从严"特征的体现。

三是刑法对涉民间借贷犯罪行为处罚的严厉性体现出从严的特征。对于涉民间借贷犯罪刑事处罚的严厉性主要体现在两个方面。一方面在于，我国为了实现对涉民间借贷犯罪的预防与控制，对相关犯罪往往从严处置，采取较重的刑罚。我国 1979 年《刑法》中并没有规定具体的金融诈骗罪名，然而随着社会经济的发展、金融行为的普遍化，金融领域所出现的诈骗行为越来越多，对我国的金融秩序造成严重的侵害。因此，在严厉打击金融诈骗犯罪刑事政策的影响下，刑法将集资诈

---

① 刘宪权主编：《刑法学》，上海人民出版社 2016 年版，第 75 页。

骗、信用证诈骗、票据诈骗和金融凭证诈骗从普通的诈骗罪中独立出来,并且规定了较为严厉的刑罚,都将法定最高刑设置为死刑。2010年最高人民法院发布的《关于贯彻宽严相济刑事政策的若干意见》第9条规定:"当前和今后一段时期,对于集资诈骗、贷款诈骗、制贩假币以及扰乱、操纵证券、期货市场等严重危害金融秩序的犯罪……重大环境污染、非法采矿、盗伐林木等各种严重破坏环境资源的犯罪等,要依法从严惩处,维护国家的经济秩序,保护广大人民群众的生命健康安全。"从这一条的规定可以看出,虽然我国已经以宽严相济为基本刑事政策,并不断修复因"严打"刑事政策造成的失衡,但并不意味着对严的一味摒弃,而是要求做到宽严相济,对于第9条中规定的那些危害金融管理秩序、侵害社会公众财产的严重犯罪行为,依然采取从严把握的刑事政策。可见,从集资诈骗罪产生以来,我国对集资诈骗犯罪行为一直采取从严的刑事政策,以至于2011年颁布的《刑法修正案(八)》取消了金融凭证诈骗罪、信用证诈骗罪和票据诈骗罪的死刑适用,却唯独没有取消集资诈骗罪的死刑适用,直至2015年《刑法修正案(九)》才取消集资诈骗罪的死刑规定。在2015年取消集资诈骗罪的死刑规定之前,所发生的特大集资诈骗案件的犯罪人基本都被判处死刑,如发生于苏浙一带的丽水银泰集资诈骗55亿元,主犯被判处死刑立即执行;浙江丽水杜益敏集资诈骗7亿元被判处死刑立即执行;浙江温州邓斌集资诈骗32亿元被判处死刑立即执行;浙江台州王菊凤集资诈骗4.7亿元,因尚有1.2亿元未归还被判处死刑立即执行,等等。①

另一方面表现为涉民间借贷相关犯罪在司法实践中非刑罚处罚方式的运用较少。非刑罚处罚措施是指虽然行为人的行为构成刑法上所规定的犯罪,但由于其行为的社会危害性较小,犯罪情节轻微,可以不予以刑罚处罚,而以行政处罚或者其他非刑罚处罚方式予以惩处的一种措施。非刑罚处罚措施是现代社会刑罚轻缓化概念的体现,符合刑罚的经济性原则和刑法的谦抑性理念。在现代社会刑法改革的世界潮流中,轻刑化或非刑罚化特征较为明显,我国对犯罪行为的非刑罚处罚也有相关的规定,如我国《刑法》第37条规定:"对于犯罪情节轻微不需要判处刑罚的,可以免予刑事处罚,但是可以根据案件的不同情况,予以训诫或者责令具结悔

---

① 参见卢勤忠:《非法集资犯罪刑法理论与实务》,上海人民出版社2014年版,第256页。

过、赔礼道歉、赔偿损失,或者由主管部门予以行政处罚或者行政处分。"该条是我国对于犯罪行为人实行非刑罚处罚的明文规定,明确规定了训诫或者责令具结悔过、赔礼道歉、赔偿损失等非刑罚处罚方式。但是在涉及民间借贷的相关犯罪中,司法实践往往忽略了相关非刑罚处罚方式的适用。

三、涉民间借贷刑法规制应当做到宽严相济

虽然宽严相济刑事政策的出台已经使人们在司法实践中更加注重刑罚的宽缓与谦抑性,不断修复因片面从严造成的不利影响。但是,由于长期以来对金融犯罪的严厉打击,要对"从严"予以纠偏首先要在理念上予以纠偏,正确认识民间借贷行为在目前的经济地位,对其予以正确的引导,而不是一味地打击,要纠正从严的理念,促使对涉民间借贷犯罪的司法处置向宽缓化方向发展。具体可以从以下两个方面展开。

一是加强民法、行政法的建设,对于民法和行政法能够调整的涉民间借贷不法行为予以非犯罪化处理。由于我国并没有将民间金融合法化,因此,对于民间金融也缺乏相应的管理措施,也即对民间金融行为的民法规制与行政法规制相对缺失,以至于刑法对民间金融不法行为提前介入。因此,要体现刑法的谦抑性必须先完善民法与行政法对民间借贷行为的监管,并明确合法的民间借贷行为与非法民间借贷行为之间的界限,对于非法的民间借贷行为的规制要坚守"先民后刑"和"先行后刑"的原则。随着对宽严相济刑事政策的不断强调,我国对于涉民间借贷犯罪的一些规定逐渐体现出宽缓的特征。一些非法集资的规范性文件逐渐采纳了宽严相济刑事政策的内容,体现出刑法的谦抑原则,并对非法集资违法行为予以宽缓化的司法处置。例如,2008年浙江省高级人民法院、浙江省高级人民检察院、浙江省公安厅联合下发的《当前办理集资刑事案件适用法律若干问题的会议纪要》指出:为生产经营所需,以承诺返本分红或者付息的方法向相对固定的人员筹集资金,主要用于合法的生产经营的,应当作为民间借贷纠纷处理,不应认定为非法吸收公众存款罪或者集资诈骗罪。2010年浙江省高级人民法院发布的《关于为中小企业创业创新发展提供司法保障的指导意见》指出:企业之间自有资金的临时调剂行为,可

不作无效借贷合同处理;未经社会公开宣传,在单位职工或亲友内部针对特定对象筹集资金的,一般不作为非法集资;资金主要用于生产经营及相关活动,行为人有还款意愿,能够及时清退款项,情节轻微,社会危害性不大的,可以免予刑事处罚或者不作犯罪处理。最高人民法院 2010 年出台并于 2011 年 1 月 4 日开始施行的《关于审理非法集资刑事案件具体应用法律若干问题的解释》(下文简称《非法集资解释》)第 6 条规定:"非法吸收或者变相吸收公众存款,主要用于正常的生产经营活动,能够在提起公诉前清退所吸收资金,可以免予刑事处罚;情节显著轻微的,不作为犯罪处理。"

二是加强非刑罚处罚措施的适用。事实上,非刑罚处罚方式在涉民间借贷犯罪中的适用更具有必要性和可行性,理由在于两个方面,一方面在于涉民间借贷犯罪属于法定犯,行为人本身的主观恶性往往较小,对于一些轻微犯罪适用非刑罚处罚方式有利于司法资源的节约。由于我国目前对民间借贷行为在很多情形下是不予认可的,民法和行政法对民间借贷行为的监管也是缺失的,因此,对于那些造成一定损害的民间借贷行为,基本上都是由刑法来介入,一旦造成损失就以犯罪论处,使得涉民间借贷犯罪的数量一时猛增,大量的司法资源被耗费,还可能造成监狱人满为患。另一方面,相应的非刑罚处罚更有利于实现刑罚的目的,有些情形下,非刑罚措施的适用比刑罚手段更能收到积极的作用,有利于惩罚目的的实现。例如,通过对被害人的赔偿损失,可以弥补被害人的损失,平复被害人所受的伤害,通过缴纳一定数额的罚款,可以用于修复所破坏的市场经济秩序等。尤其是责令赔偿与罚款这些有针对性的经济处罚,对于追求经济利益的犯罪更能实现惩罚的目的。可见,在涉民间借贷的犯罪中,对于一些社会危害性较轻的犯罪行为以非刑罚处罚方式予以惩罚具有必要性、正当性和可行性,应当在司法实践中予以完善。

第二章　涉民间借贷犯罪及其刑法规制现状

民间借贷行为分借与贷两个方面的行为内容,其中"借"即借款行为,在民间借贷的范围内指行为人向其他个人或单位借入资金的行为。借款行为所涉的违法犯罪行为,即在民间借贷行为中借款方违反金融管理的法律法规及相关规定,危害国家金融管理制度,破坏正常金融秩序的行为,最为常见的即为非法集资行为。集资即为资金的聚集,是一种风险性较高的经济行为,一旦脱离国家的监管就极易对金融秩序造成严重破坏。近年来,随着社会经济与民间金融的发展,非法集资行为越来越多见,关于非法集资的犯罪问题也不断凸显出来。对于非法集资行为及犯罪的研究具有重要的意义与价值。

第一节　非法集资行为及其犯罪现状

目前,随着民间借贷市场的发展,非法集资行为呈现高发的态势,在这一严峻形势下,加大对非法集资行为的打击力度已经成为维护正常金融秩序的客观需求。自 2007 年 7 月 25 日国务院办公厅发布的《关于依法惩处非法集资有关问题的通知》指出"坚决遏制非法集资案件高发势头"以来,我国一直十分重视预防与打击非法集资行为,非法集资犯罪的不断出现也使得非法集资犯罪行为的预防与打击成为一个不可忽视的重要问题。对非法集资行为的准确界定对于如何更好地实现对非法集资行为的预防与打击具有重要的意义。

一、非法集资行为的概念与特征

(一)非法集资的概念

所谓集资,从字面来看就是聚集资金的意思,通常是一种经济行为,指通过一定的途径向多数对象吸收资金的行为。集资一词本身是客观、中立的,不带有任何主观色彩,但集资行为包括合法集资与非法集资两种情形。集资一词在我国改革开放后开始使用,并且主要见于国家法律法规之中,最早主要是用于规制合法集资行为。例如,1985 年我国商业部发布的《关于下达"供销合作社社员股金和社会集资管理试行办法"的通知》、1989 年中国人民银行发布的《关于加强企业内部集资管理的通知》等,所规定的都是对合法集资行为的规制。合法集资是非法集资的对立概念,对合法集资概念的明确也是合理解释非法集资概念与特征的路径之一。所谓合法集资,即指符合法律规定的集资条件,在有关部门批准之下而实施的集资行为。具体来说,合法集资行为应当具备三个方面的特征。一是具备合法的集资主体,集资主体是否合法有赖于法律的明确规定,根据相关法律的规定,集资主体仅限于法律法规所规定的主体,即股份有限公司、有限责任公司或其他依法设立的具有法人资格的企业,而任何个人以及其他组织均不能以任何方式向社会公众集资。二是具备合法的集资目的,集资的目的包括经营性目的,如为了企业生产经营而发行股票、债券或者通过联营、合资等方式进行集资,也可以是出于非经营性目的,如公益性质的集资、国家发行国库券等。三是集资行为必须合法,即严格按照法律规定的程序与要求,在一定的期限、资金额度范围内进行,而不能随意进行。[①]对于合法集资行为的认定较为明确,但非法集资行为作为合法集资行为的对立概念,是否不符合上述要求的集资行为都可以认定为非法集资行为? 对于这一问题,理论界与实务界都存在一定的争议。

非法集资行为在国外通常被称为"庞氏骗局",庞氏骗局的概念来源于美国。在 1920 年,美国金融家查尔斯·庞兹承诺在三个月内能让投资者的钱翻一倍,然

---

① 参见卢勤忠:《非法集资犯罪刑法理论与实务》,上海人民出版社 2014 年版,第 3 页。

而他却用后期投资者的钱支付前期投资者的本金和利息,在短短几周内获得了数以千万的美元,然后卷款逃跑。庞氏骗局是一种极为古老而又常见的投资诈骗行为,是金字塔骗局的变种模式,常用以描述通过许诺高回报来骗取投资人资金的行为。我国早在 1986 年国务院出台的《中华人民共和国银行管理暂行条例》中就规定了非法集资属于地下金融的范畴。在我国,非法集资的概念最初也以"乱集资""有偿集资""高利集资"等名称散落在各种政府性文件中,如 1993 年国务院发布的《关于坚决制止乱集资和加强债券发行管理的通知》规定,坚决制止各种违反国家规定的集资活动;禁止任何单位和个人在国务院规定之外,以各种名义乱集资;对已经进行的高利集资活动,要分不同情况予以妥善处理。其中使用了"乱集资""高利集资"的提法。1993 年 9 月,国务院又下发了《关于清理有偿集资活动坚决制止乱集资问题的通知》规定,暂停向出资人还本付息或者支付股息、红利的有偿集资活动。其中使用了"乱集资""有偿集资"的提法。

"非法集资"第一次提出是在 1996 年最高人民法院《关于审理诈骗案件具体应用法律若干问题的解释》中,该解释规定:"以非法占有为目的,使用诈骗方法非法集资的,构成集资诈骗罪。"同时,该解释还规定:"非法集资是指法人、其他组织或者个人,未经有权机关批准,向社会公众募集资金的行为。"1998 年 7 月国务院发布的《非法金融机构和非法金融业务活动取缔办法》明确了非法集资行为是一种非法金融活动,要坚决予以取缔,并对"非法集资"作出了明确的界定,该办法指出"非法集资是指未经依法批准,以任何名义向社会不特定对象进行的集资活动"。1999年,中国人民银行下发的《关于取缔非法金融机构和非法金融业务活动中有关问题的通知》再次明确规定了非法集资的定义,并对其特征予以归纳。该通知指出:"非法集资是指单位或个人未依照法定程序经有关部门批准,以发行股票、债券、彩票、投资基金证券或其他债权凭证的方式向社会公众筹集资金,并承诺在一定期限内以货币、实物及其他方式向出资人还本付息或给予回报的行为。"该通知还指出,非法集资具有以下四个方面的特征:一是未经有关部门依法批准,包括没有批准权限的部门批准的集资以及有审批权限的部门超越权限批准的集资;二是承诺在一定期限内给出资人还本付息,还本付息的形式除以货币形式为主外,还包括以实物形式或其他形式;三是向社会不特定对象即社会公众筹集资金;四是以合法形式掩盖其非法集资的性质。2010年12月13日,最高人民法院发布的《非法集资解释》(2021年12月30日修改)也对非法集资进行了定义,指出非法集资是违反国家金融管理法律规定,向社会公众(包括单位和个人)吸收资金的行为。同时指出非法集资行为应具有以下特征:一是未经有关部门依法许可或借用合法经营的形式吸收资金;二是通过网络、媒体、推介会、传单、手机短信等途径向社会公开宣传;三是承诺在一定期限内以货币、实物、股权等方式还本付息或者给付回报;四是向社会公众即社会不特定对象吸收资金。

概括上述关于非法集资概念与特征的相关规定可发现,关于非法集资的界定无非是从非法集资行为的实体要件和法律要件两方面出发,其中关于实体要件的规定基本一致,或称为向公众募集资金的行为,或称为向社会不特定对象的集资行为,或称为以各种形式向社会公众募集资金的行为。关于法律要件的规定,1996年、1998年以及1999年的相关规定将其表述为"未经有权机关批准""未经依法批准"或"未经有关部门批准",这三个定义将法律要件限制在批准这一标准。然而,随着非法集资行为的发展与多见,其表现形式也呈现出多样化特征,除了未经批准的集资行为外,一些违法批准、骗取批准的集资行为也越来越多见。可见,获经批准的集资行为也未必一定合法。此外,对于法律已有明确禁止性规定的行为,没有必要考虑是否批准,对于以生产经营、商品销售等形式进行非法集资的行为,是否批准也不具有直接判断意义。①由此看来,如果把界定非法集资的法律要件限定为是否经合法批准则存在一定的局限性,不能科学准确地界定现有的非法集资行为。然而2010年最高人民法院司法解释对非法集资的界定,则把法律要件归结为违反国家金融管理法律规定,批准标准原本就是违法性判断的具体化规定,最高人民法院对非法集资的这一界定重新确定违法性标准,更多体现一种判断标准的理性回归,以此厘清违法性标准和批准标准的位阶关系,说明未经批准只是违法性判断的一个方面,违法性包括未经批准,但不限于未经批准。②最高人民法院的这一定义扩大了非法集资定义的包容性,更加科学准确地对非法集资行为进行了界定,并且

---

①② 参见刘为波:《〈关于审理非法集资刑事案件具体应用法律若干问题的解释〉的理解与适用》,载《人民司法》2011年第5期。

更能适应目前新形势下对新型非法集资行为的规制。

在理论界,对于非法集资的定义也并不统一。有学者认为,非法集资是指单位或个人,违反法律法规,向社会公众募集资金的行为。[①]也有学者认为,非法集资是指单位与个人,以牟取利益或以非法占有为目的,未经国家主管部门批准或违反批准内容,向不特定的对象募集资金的行为。[②]还有学者认为,非法集资行为是指单位或个人,未经批准,违反法律法规,从事向社会公众募集资金,危害金融秩序,依法应受刑罚处罚的行为。[③]总体来说,学者们对非法集资行为的定义基本没有本质上的区别。综合与借鉴以上对于非法集资行为的定义,笔者认为,非法集资可以界定为单位或个人违反法律法规的规定,向不特定的社会公众募集资金,危害金融管理秩序的行为。

（二）非法集资行为的特征及其认定

如上所述,2010 年我国最高人民法院发布的《非法集资解释》,在界定非法集资行为的同时,也从四个方面规定了非法集资行为的特征要件。此后,2014 年最高人民法院、最高人民检察院、公安部发布的《关于办理非法集资刑事案件适用法律若干问题的意见》及 2019 年发布的《关于办理非法集资刑事案件适用法律若干问题的意见》,均对非法集资行为特征的理解与认定问题作出了相应的补充规定。笔者认为,这些司法解释对于非法集资行为特征要件与认定依据的相关规定,较为全面地反映了我国目前非法集资行为的特征。可以将这四个特征要件概括地表述为非法集资行为的非法性、公开性、利诱性以及社会性。

1. 非法集资行为的非法性及其认定

根据《非法集资解释》的规定,非法集资行为先是违反国家金融管理法律规定的行为,也即非法集资行为的非法性特征是指违反国家法律法规的规定募集资金,其中违反的国家法律法规主要是指国家金融管理法律法规。2019 年最高人民法院、最高人民检察院、公安部发布的《关于办理非法集资刑事案件适用法律若干问题的意见》关于非法集资的非法性认定依据问题又作了明确规定,该意见进一步指

---

① 参见张明楷:《刑法学》,法律出版社 2011 年版,第 704 页。
② 参见赵秉志主编:《金融诈骗罪新论》,人民法院出版社 2001 年版,第 51 页。
③ 参见卢勤忠:《非法集资犯罪刑法理论与实务》,上海人民出版社 2014 年版,第 4 页。

出人民法院、人民检察院、公安机关认定非法集资的非法性，应当以国家金融管理法律法规作为依据。对于国家金融管理法律法规仅作原则性规定的，可以根据法律规定的精神并参考中国人民银行、中国银行保险监督管理委员会、中国证券监督管理委员会等行政主管部门依照国家金融管理法律法规制定的部门规章或者国家有关金融管理的规定、办法、实施细则等规范性文件的规定予以认定。对于国家金融管理法律规定的内容与范围应当予以正确的理解，金融管理法律规定并非单指某一个具体的法律规定或法律文件，而是一个法律体系，包括所有的金融管理法律法规及其他法律文件。《非法集资解释》也进一步明确了所谓非法集资行为的非法性具体表现为以下两个方面：一是未经有关部门依法批准募集资金；二是借用合法经营的形式吸收资金。

在认定"未经有关部门依法批准"时关键是要明确其内容及范围。首先，未经有关部门依法批准包括法律法规明确规定，需要经依法批准后方可向社会公众吸收资金而未经依法批准的情形。如根据我国《商业银行法》《公司法》《证券法》《银行业管理暂行条例》等法律法规或部门规章的规定，商业银行、证券公司等其他金融机构向社会不特定公众吸收资金，必须经依法批准后才能进行，并且相关的法律法规或部门规章对相关行为都规定了严格的条件和审批程序。金融机构未按相关法律法规的规定办理相关的审批手续而向社会公众吸收资金，可以认定为未经有关部门依法批准。其次，未经有关部门依法批准包括主体资格经依法批准，但某些具体业务未经依法批准而向社会公众吸收资金的行为。最后，通过非法手段获取批准的情形也属于未经依法批准的情形。如公司或企业通过欺诈的方法获得批准而发行股票、债券的情形，属于未经依法批准的情形。此外，其他一些法律明确禁止的行为，也当然地具有非法集资的"非法性"特征。如我国现行法律规定自然人只能向特定对象借款，而不能向社会不特定公众募集资金，因而个人向社会公众公开募集资金的行为也符合非法集资行为的非法性特征。

借用合法经营的形式吸收资金，即行为人以合法经营的形式来掩盖其非法集资的实质。在目前的司法实践中，由于法律风险及操作难度较大，直接以发行股票、债券甚至吸收存款的形式进行的非法集资行为并不多见，而多数行为人是通过借用合法经营的形式来吸收资金。这种情形中，行为人无论采取何种经营行为均不属于法律规定的需经批准的合法集资,因而也不涉及依法批准的问题,"依法批准"的判断标准对这类行为的"非法性"判断失去了意义。这类集资行为同上述自然人向社会不特定公众集资一样,也因被法律明确禁止而当然地具有违法性特征。

2. 非法集资行为的公开性及其认定

非法集资行为的公开性是指通过网络、媒体、推介会、传单、手机短信等方式向社会公开宣传。在非法集资行为的公开性的认定中,关键在于对"公开宣传的方式"和"公开宣传的内容"的认识。

关于公开宣传的方式,最高人民法院的司法解释列举了几种常见的手段,如网络、媒体、推介会、传单、手机短信等方式。但是在认定公开宣传方式时并不能限于这几种情形,还应包括实践中常见的标语、横幅、宣传册、宣传画、讲座、论坛、研讨会等形式。由于司法实践中出现了大量未采取特定宣传手段,而是通过口口相传的途径传播集资信息的案件,所以 2014 年 3 月 25 日最高人民法院、最高人民检察院、公安部公布《关于办理非法集资刑事案件适用法律若干问题的意见》规定,向社会公开宣传包括以各种途径向社会公众传播吸收资金的信息,以及明知吸收资金的信息向社会公众扩散而予以放任的情形,也即关于公开宣传的方式,既包括主动的散布和传播,也包括放任集资信息向社会公众扩散。

关于公开宣传的内容,其是否真实并不影响非法集资行为的认定。在实践中,非法集资的行为人通常会在公开宣传中作一些虚假的宣传,如夸大企业的资金规模、盈利能力,虚构资金的用途等,但也有一些行为人如实地披露集资活动的相关信息,但这并不影响非法集资行为的认定,因为非法集资行为法律规制的本质在于规制违反国家规定吸收公众资金的行为,即使公开宣传的内容是真实的,也不影响集资行为非法性的认定。

3. 非法集资行为的利诱性及其认定

非法集资行为的利诱性是指,集资人向参与集资的公众承诺在一定期限内以货币、实物、股权等方式还本付息或者给付回报。对于利诱性的认定,主要把握两个方面,一是"有偿性",二是"承诺性"。所谓有偿性是指对出资行为给予回报。回报方式包括固定回报和非固定回报,固定回报是指集资者和出资者明确约定归还本金,并约定一个明确的利率,出资人在未来所获得的回报是确定的。非固定回报是指集资者对出资人不承诺还本付息,而是承诺出资者在未来可获得一定的收益,对收益的具体金额不作约定,出资人在未来所获得的回报是不确定的。对于回报的表现形式,既包括货币形式,也包括实物、股权、债务抵销、提成、分红、利润等其他有价形式。所谓承诺性是集资者承诺在未来对出资者给付一定的收益。对于承诺兑现的时间并没有作具体的要求。在实践中,集资者往往承诺在一定期限内给付回报,但对于具体期限有时作出承诺,而有时并不作出具体承诺,因而在司法认定中,对于承诺性的时间期限并不能狭隘地理解为是具体期限内的承诺,否则容易为非法集资者所规避。

4. 非法集资行为的社会性及其认定

所谓非法集资行为的社会性是指集资人向社会公众,即不特定的对象吸收资金。由于非法集资行为的法律规制其重要目的在于保护公众投资者的利益,因而社会性是非法集资行为的本质特征。所谓社会公众则是指集资者的亲友、单位内部人员等特定关系以外的不特定多数的个人或单位。社会性不仅包括集资者直接向不特定对象吸收资金的情形,也包括从不特定对象处间接吸收资金的情形。2014 年最高人民法院、最高人民检察院、公安部公布的《关于办理非法集资刑事案件适用法律若干问题的意见》中规定的两种情形就属于从不特定对象处间接吸收资金的情形,排除了这两种情形中吸收资金对象的特定性。该规定指出,下列情形不属于"针对特定对象吸收资金"的行为,应当认定为向社会公众吸收资金:(1)在向亲友或者单位内部人员吸收资金的过程中,明知亲友或者单位内部人员向不特定对象吸收资金而予以放任的;(2)以吸收资金为目的,将社会人员吸收为单位内部人员,并向其吸收资金的。

对于非法集资行为的社会性的认定,关键在于对不特定性的认定。与不特定性相对的是特定性,笔者认为可以以排除特定性的方式来认定不特定性。集资对象的特定主要是指集资人与出资人之间具有诸如亲友、单位员工等特定关系的情形,双方之间的关系是基于集资行为以外的其他原因而形成的。有学者提出,对于特定性的判断可以从双方之间特定关系是否具有既存性和自然性来进行。所谓既存性即指双方之间关系的形成是在集资行为之前而存在的,并非因集资行为而发生。所谓自然性即指双方之间的特定关系是基于血缘、业缘或地缘等因素而自然形成的,而非为了达到非法集资的目的而人为形成的。①笔者认为,以双方关系是否具有既存性和自然性来认定其是否具有特定性较为合理,如果双方关系在集资时不具有既存性和自然性,则应否认其特定性,集资对象属于不特定的公众。

二、非法集资犯罪的概念与构成特征

非法集资行为是我国金融市场中极为常见的违法犯罪行为,其犯罪数量不断增加,社会危害也不断增大。对于非法集资行为的法律规制问题已经引起了学者们的广泛关注。2012 年至 2015 年期间非法集资犯罪呈现井喷的态势。在这一时期,出现了大量的非法集资犯罪,2016 年之后由于国家对非法集资违法犯罪行为的不断关注与治理,井喷之势有所缓解,但非法集资犯罪依然是金融犯罪中最为常见的犯罪类型之一,且犯罪数量仍呈现增长趋势。根据上海市人民检察院近年来发布的上海金融检察白皮书的统计可知,近年来非法集资类案件依然是国家与司法机关治理的重点。根据上海市人民检察院发布的《2017 年上海金融检察白皮书》的统计,非法集资类案件呈高位攀升趋势。2017 年上海检察机关所受理的金融犯罪以非法集资犯罪为主,与 2016 年相比,非法集资犯罪的数量上升了 46%。②根据上海市人民检察院发布的《2019 年上海金融检察白皮书》的统计,2019 年上海检察机关受理非法吸收公众存款审查起诉案件 1 407 件 2 929 人,集资诈骗审查起诉案件 136 件 281 人。从金融犯罪案件的整体情况来看,非法集资犯罪在所有案件中占主要部分。从案件所涉行业看,银行业犯罪案件占当年金融犯罪案件数和涉案人数的 91.7% 和 86.7%,其中以非法集资类案件为主。③

根据上海近年来金融检察白皮书的分析,上海市非法集资类案件呈现以下特

---

① 参见刘鑫:《民间融资犯罪问题研究》,上海人民出版社 2014 年版,第 140—141 页。

② 参见《上海检察机关发布 2017 年上海金融检察白皮书》,民主与法制网,http://www.mzyfz.com/cms/jianchashikong/xinwenzhongxin/anjianjujiao/html/1064/2018-07-06/content-1346699.html,访问日期:2018 年 9 月 13 日。

③ 参见《〈2019 年度上海金融检察白皮书〉发布》,上海政法综治网,http://www.shzgh.org/node2/zzb/shzfzz2013/yw/u1ai1532046.html,访问日期:2020 年 6 月 3 日。

点：一是犯罪主体特征明显，多为投资管理类公司，且多数公司无经营资质。同时，对于一些有资质的公司则多出现层级化的情形，即上下级单位共同实施非法集资犯罪；二是行为模式类型多样化且犯罪新模式不断出现，例如，通过编织话术、大肆宣传，导致投资人"竹篮打水"、抬高权利金率，大肆从投资人身上"薅羊毛"、设置提款障碍、"套牢"投资人等犯罪手段获取犯罪收益；三是销售产品多为性质模糊的"理财产品"，多借用保障安置房、养老产业等国家政策扶持项目等名义混淆视听；四是传播手段也越来越多样化，除了传统的线下宣传、口口相传、网络广告等行为模式之外，还出现不法分子利用技术手段获取公民个人信息，再向潜在"客户"进行宣传以获取犯罪对象。由此可见，非法集资犯罪的行为方式各式各样，利用各种名义混淆行为的非法性质，给非法集资犯罪的认定带来了一定的困难。因此，在研究非法集资犯罪时，有必要明确非法集资犯罪的概念、特征，并且了解我国目前所存在的非法集资犯罪现象及相关刑事立法现状。

（一）非法集资犯罪的概念

非法集资犯罪是指单位或个人违反法律法规的规定，向社会公众募集资金，危害金融秩序，依法应受刑罚处罚的行为。非法集资犯罪并不是一个具体的罪名，而是金融犯罪中某一类罪的类罪名。对于类罪名的归纳，通常是为了有针对性地打击犯罪、加强社会管理、维护社会经济秩序和社会稳定，保护公民权益等，将某些高发、具有一些相同或相似特征的犯罪归为一类并予以特别对待或研究。[1]之所以将非法集资行为作为一类罪进行研究，是由于一方面非法集资类犯罪已经成为当前最严重的犯罪之一，也是经济犯罪最主要的形式之一。另一方面，非法集资犯罪通常涉案人数众多，涉案金额也特别大，一旦案发，往往给国家和公众造成巨大的损失，严重破坏社会主义市场经济秩序和社会稳定。因而，有必要对这一类犯罪进行归纳，并给以特别的对待与研究。

（二）非法集资犯罪的构成特征

非法集资犯罪作为一个类罪名，包括了一系列相关的具体罪名，从犯罪构成的角度来看，非法集资犯罪一般具有以下构成特征：

---

① 参见朱江等：《涉众型经济犯罪剖析与治理》，法律出版社 2014 年版，第 3 页。

1. 非法集资犯罪的客体

从非法集资犯罪的定义可知,非法集资犯罪是违反相关法律法规募集资金,严重破坏金融管理秩序的行为。可见,非法集资犯罪所侵犯的客体是国家的金融管理秩序及社会公众的合法财产权益。从司法实践来看,非法集资行为所侵害的社会利益不仅在于国家的金融管理秩序,还会使被害人遭受经济损失、造成社会不稳定等。首先,非法集资行为所侵犯的直接客体是国家的金融管理秩序,我国通过金融法律法规实现对金融行为的管理与规制,非法集资行为通过非法手段,例如以高回报为诱饵,将社会闲散资金集中起来或者非法占有所集资金,破坏了相关金融法规对金融市场主体的有序约束,可能引起金融市场的失调和失控,进而导致对国家金融秩序失序。其次,非法集资行为通常会给被害人造成巨大的经济损失,由于非法集资行为具有极大的利益诱惑,社会群众投资渠道相对狭窄,又多为金融知识欠缺、政策观念淡薄的普通群众,对于集资行为的行为性质难以辨别,容易上当受骗,进而导致大量积蓄甚至毕生的积蓄因非法集资行为而损失殆尽。近年来,多数的非法集资犯罪都涉及人数众多,涉案金额巨大,使不少群众遭受重大的经济损失。例如,辽宁营口的蚂蚁非法集资案,涉案金额达 30 亿元,受害人数超过 3 万人;安徽亳州的万物春非法集资案涉案金额近 10 亿元,受害人近 5 万人;无锡新兴公司邓斌非法集资案,涉案金额达 32 亿元,造成直接经济损失 10 亿余元,等等。最后,由于非法集资案件所涉及的是公众资金,通常对社会公众造成损害,并且正如上文所述,多数普通公众所损失的都是其大量"血汗钱"甚至毕生的积蓄。在集资款无法追回的情况下,广大受害者往往因为求助无门,容易形成共鸣。为扩大影响,他们极易聚集起来共同采取过激行为,如群体上访、闹事、哄抢涉案单位或个人财产等,进而引发群体性事件,造成社会的不稳定。

此外,非法集资犯罪中包括非法吸收公众存款罪,集资诈骗罪,擅自设立金融机构罪,擅自发行股票、公司、企业债券罪,欺诈发行证券罪,同时还可能涉及非法经营罪等犯罪,这些犯罪的同类客体是国家的金融管理秩序及社会公众的合法财产权益,但各罪名的直接客体可能有所不同。例如,非法吸收公众存款罪的直接客体是国家对于吸收公众存款的管理秩序,我国对于吸收公众存款有严格的管理制度和管理秩序,只有经有关部门批准的法人、其他组织或个人,按照国家的规定,才能向公众集资，一般的单位或个人是不能吸收公众存款的，否则便侵害了国家对于吸收公众存款的管理秩序。集资诈骗罪的直接客体是复杂客体，既侵犯了国家的金融管理秩序同时又侵犯了他人的财产所有权。擅自设立金融机构罪的直接客体是国家关于金融机构设立的管理秩序，我国对于金融机构的设立有严格的审批程序，如我国《商业银行法》规定了设立商业银行应具备的一系列条件，符合相关条件的，国务院银行业监督管理机构将予以批准，否则不得设立商业银行，如果擅自设立则侵害了国家关于金融机构设立的管理秩序。擅自发行股票、公司、企业债券罪的直接客体是国家关于股票和公司、企业债券的发行管理秩序。欺诈发行证券罪的直接客体也是复杂客体，既侵犯了国家关于公司、企业发行股票、债券等的管理秩序，又侵犯了他人的财产权益。此外非法经营罪的直接客体是国家的市场经营管理秩序。由此可见，非法集资犯罪属于一类犯罪，其所包括的具体罪名所侵犯的直接客体又有所不同，也即所侵害的具体社会关系有所不同，研究非法集资犯罪，既要分析同类客体所侵犯的社会关系，也有必要厘清各具体罪名所侵犯的具体的社会关系。

2. 非法集资犯罪的客观方面

在客观方面，非法集资犯罪具体表现为行为人违反相关的法律法规，进行非法集资活动，情节严重的行为。非法集资犯罪作为一个类罪名，其中所包含的每个具体罪名都有不同的具体的行为特征，也即每个具体的罪名都有不同的客观方面内容。总体来说，非法集资行为可以分为直接的非法集资行为和变相的非法集资行为。

直接的非法集资行为最常见的即为非法向公众吸收存款的行为，直接的非法集资行为往往具有非法性、直接性和集资性的特征。非法性是指行为人的集资行为不具有合法性。我国《刑法》第 96 条规定，刑法所称违反国家规定是指违反全国人民代表大会及其常务委员会制定的法律和决定，国务院制定的行政法规、规定的行政措施、发布的决定和命令。2010 年最高人民法院发布的《非法集资解释》第 1 条进一步明确了，非法集资行为中所指的非法是指违反国家金融管理法律规定，具体是指违反国家有关集资管理法律、法规的规定。直接性则指行为人在吸收公众资金的过程中直接表明自身所实施的行为就是集资活动，而并不采用其他的借口或名义进行掩盖。集资性即指向社会公众进行非法吸收资金的行为,一般包括两种情况,一是行为人不具有吸收公众存款的法定主体资格而吸收公众存款,如个人违反规定私设银行、银庄,法人或其他单位违反规定私设银行、储蓄所等,非法办理存贷款业务,吸收公众存款。另一种是情况为行为人虽然具有吸收公众存款的法定主体资格,但采取非法的方法吸收公众存款,例如,有些商业银行和信用合作社为了争揽客户,以擅自提高利率或在存款前先支付利息等不法手段吸收公众存款等。①

变相的非法集资行为是指行为人在进行非法集资时,为了逃避监管与惩罚而以一些合法的名义或借口作为隐蔽的方式进行非法集资行为。目前,我国非法集资行为中变相的非法集资行为更加常见。我国最高人民法院 2010 年最高人民法院发布的《非法集资解释》(2021 年 12 月 30 日修改)所明确规定的非法集资行为中主要是变相的非法集资行为,该司法解释所规定的非法集资的具体行为方式如下:(1)不具有房产销售的真实内容或者不以房产销售为主要目的,以返本销售、售后包租、约定回购、销售房产份额等方式非法吸收资金的;(2)以转让林权并代为管护等方式非法吸收资金的;(3)以代种植(养殖)、租种植(养殖)、联合种植(养殖)等方式非法吸收资金的;(4)不具有销售商品、提供服务的真实内容或者不以销售商品、提供服务为主要目的,以商品回购、寄存代售等方式非法吸收资金的;(5)不具有发行股票、债券的真实内容,以虚假转让股权、发售虚构债券等方式非法吸收资金的;(6)不具有募集基金的真实内容,以假借境外基金、发售虚构基金等方式非法吸收资金的;(7)不具有销售保险的真实内容,以假冒保险公司、伪造保险单据等方式非法吸收资金的;(8)以网络借贷、投资入股、虚拟币交易等方式非法吸收资金的;(9)以委托理财、融资租赁等方式非法吸收资金的;(10)以提供"养老服务"、投资"养老项目",销售"老年产品"等方式非法吸收资金;(11)利用民间"会""社"等组织非法吸收资金的;(12)其他非法吸收资金的行为。

3. 非法集资犯罪的主体

非法集资犯罪的主体为一般主体,即达到刑事责任年龄,具有刑事责任能力的自然人均可成为本罪的主体。同时,单位也可以成为本罪的主体。在司法实践中,

---

① 参见卢勤忠:《非法集资犯罪刑法理论与实务》,上海人民出版社 2014 年版,第 45 页。

不少非法集资行为是由单位实施的,如一些单位打着基金会、投资公司等旗号,以经过批准的业务为掩护,从事非法吸收资金的业务。在非法集资案件中,刑法对于犯罪的主体并没有什么特殊的要求,行为人只要具备刑法上一般犯罪主体的特征——具有独立的行为能力,能独立承担刑事责任则可成为非法集资犯罪的主体。在非法集资犯罪中,其犯罪主体具有多元性的特征,对于参与犯罪的个人而言,既包括拥有特殊身份的国家工作人员,也包括普通的老百姓。对于参与犯罪的单位而言,既包括从事金融业务的单位,也包括其他行业的各种单位。近年来,非法集资犯罪又经常与腐败犯罪相牵扯,不少国家工作人员或金融系统的工作人员被牵涉,使得非法集资犯罪主体的多元性特征更加凸显。此外,就我国目前非法集资犯罪的发展趋势来看,非法集资犯罪的组织化、智能化程度越来越高。非法集资犯罪已经从传统的个体式、家庭式、作坊式的非法集资行为向有组织的非法集资行为转变。近年来以公司、企业等合法形式作为掩护的非法集资组织越来越多见,且其组织性也越来越高,组织中成员较多且分工明确。相关行为人在金融知识、金融法律知识、计算机运用方面都具有较高的水平,既懂得利用高科技手段,也懂得充分运用金融专业知识,还懂得钻法律的空子。

由于非法集资犯罪中单位犯罪和自然人犯罪的社会危害性、犯罪成立标准以及处罚等都有所不同,所以应当正确区分非法集资的单位犯罪和自然人犯罪。1999年最高人民法院《关于审理单位犯罪案件具体应用法律有关问题的解释》规定,盗用单位名义实施犯罪,违法所得由实施犯罪的个人私分的,依照刑法有关自然人犯罪的规定定罪处罚。2000年最高人民法院《关于全国法院审理金融犯罪案件工作座谈会纪要》规定,以单位名义实施犯罪,违法所得归单位所有的,是单位犯罪。根据我国刑法的规定,单位犯罪是指公司、企业、事业单位、机关、团体以单位名义实施的,按照刑法规定应当承担刑事责任的危害社会的行为。单位犯罪应当具备以下四个条件才可以认定:一是由公司、企业、事业单位、机关、团体实施犯罪;二是必须是以单位名义实施的;三是必须是为谋取单位利益而实施的;四是必须有刑法分则的明文规定。[1]对于集资犯罪单位犯罪的认定亦应从具体犯罪主体与行

---

[1]　刘宪权:《刑法学名师讲演录》,上海人民出版社2014年版,第182页。

为是否具备以上四个特殊条件来判断是否成立单位犯罪,由于刑法明确规定非法集资类犯罪既可以由自然人构成也可以由单位构成,所以只需要进一步分析具体非法集资行为是否具备以下三个方面的特征。第一,非法集资行为是由公司、企业、事业单位、机关、团体等具有单位性质的主体所实施的。个人为进行非法集资犯罪活动而设立的单位实施犯罪的,或者单位设立后,以实施非法集资犯罪活动为主要活动的,不以单位犯罪论处,对单位中组织、策划、实施非法集资犯罪活动的人员应当以自然人犯罪依法追究刑事责任。判断单位是否以实施非法集资犯罪活动为主要活动,应当根据单位实施非法集资的次数、频度、持续时间、资金规模、资金流向、投入人力物力情况、单位进行正当经营的状况以及犯罪活动的影响、后果等因素综合考虑认定。第二,非法集资行为是以单位的名义实施的,也即非法集资行为所体现的意志是单位意志,只有按照单位的意志所实施的犯罪才能认定为单位犯罪,具体来说可以理解为由单位领导集体决定或由单位负责人根据其权限范围自行作出决定等;第三,非法集资所得是归单位所有,如果利益是归个人所有的,则不能认定为单位犯罪。单位实施非法集资犯罪活动,全部或者大部分违法所得归单位所有的,应当认定为单位犯罪。

由于近年来非法集资犯罪主体多为投资管理类公司,并且常出现具有上下层级的单位,如总公司与分公司或母公司与子公司共同实施非法集资行为的情形。对于这种涉及上级单位和下属单位共同实施非法集资行为的情形时,根据2019年最高人民法院、最高人民检察院、公安部发布的《关于办理非法集资刑事案件若干问题的意见》的规定,司法机关在审理这类案件时,应当全面查清涉案单位,包括上级单位(总公司、母公司)和下属单位(分公司、子公司)的主体资格、层级、关系、地位、作用、资金流向等,区分情况依法作出处理。如果上级单位已被认定为单位犯罪,下属单位实施非法集资犯罪活动,且全部或者大部分违法所得归下属单位所有的,对该下属单位也应当认定为单位犯罪。上级单位和下属单位构成共同犯罪的,应当根据犯罪单位的地位、作用,确定犯罪单位的刑事责任。如果上级单位已被认定为单位犯罪,下属单位实施非法集资犯罪活动,但全部或者大部分违法所得归上级单位所有的,对下属单位不单独认定为单位犯罪。下属单位中涉嫌犯罪的人员,可以作为上级单位的其他直接责任人员依法追究刑事责任。如果上级单位未被认定为单位犯罪,下属单位被认定为单位犯罪的,对上级单位中组织、策划、实施非法集资犯罪的人员,一般可以与下属单位按照自然人与单位共同犯罪处理。如果上级单位与下属单位均未被认定为单位犯罪的,一般以上级单位与下属单位中承担组织、领导、管理、协调职责的主管人员和发挥主要作用的人员作为主犯,以其他积极参加非法集资犯罪的人员作为从犯,按照自然人共同犯罪处理。

4. 非法集资犯罪的主观方面

非法集资犯罪在主观方面表现为故意,即行为人明知自己的行为是非法集资行为且可能会破坏金融管理秩序,而依然为之,希望或者放任危害结果的发生。一般情况下,非法集资行为的行为人主观上都具有非法占有的目的或者具有非法获得经济利益的意图。

在非法集资犯罪这一类罪中,存在多个具体的犯罪,不同的犯罪主观方面虽然都是出于故意,不存在过失的情形,但不同的犯罪所体现的故意内容却有所不同。非法集资行为并非一蹴而就的行为,而是一个具有持续性的动态过程,在这个过程中行为人主观方面的故意内容可能会发生转变。例如,行为人在实施非法集资行为之前,主观方面只是具有非法吸收公众存款的故意内容,但随着资金的不断入手,或者随着后期归还能力的变化,可能在之后又产生非法占有的故意内容。对于这种情形,行为人主观方面应当如何认定成为问题。笔者认为,对于这种情形,应当明确犯意转化的发生阶段,根据行为与责任同时存在的原理,只有行为人的犯意转化发生在行为过程中,其行为才能转化为其他犯罪,如果行为人的犯意转化发生在行为完成之后,则不能转化为其他犯罪。以在非法吸收公众存款后又产生非法占有目的情形为例,即行为人在行为开始阶段只具有非法吸收公众存款的故意,但后来又产生了非法占有的目的,对于行为人的行为,应当明确其非法占有意思产生的阶段,如果行为人在非法吸收公众存款的过程中产生了非法占有的意图,那么其行为可以构成集资诈骗罪。如果犯意转化阶段非常明显,应将其前一阶段的非法吸收公众存款罪与后一阶段的集资诈骗罪予以并罚。如果行为人非法吸收公众存款的行为全部结束后,由于经营不善等原因无法归还而产生非法占有的意图,则不能转化为集资诈骗罪,因为行为人在非法吸收公众存款后,其行为已经构成犯罪的既遂,就不存在行为再转化为集资诈骗罪的可能性了。可见,在处理这种犯意转化的案件时应当注意,一方面,要准确判断行为人是否产生了非法占有的目的。是否产生非法占有的目的,只能通过行为人的行为表现来推定。一般我们是通过行为人有无携带集资款逃跑、挥霍集资款、使用集资款进行违法犯罪活动以及是否采取各种手段逃避集资款的返还等情形,来判断行为人是否产生了非法占有的目的,从而发生犯意的转化。另一方面,我们不能仅因为存在较大数额集资款不能返还就认定行为人在行为时具有非法占有的目的,也不能因为行为人有挥霍行为就认定产生了非法占有的目的,如果行为人大部分集资款都用于正常的投资或生产经营活动,只是消费或挥霍了少量的集资款,则不能认定产生了非法占有的目的。

三、非法集资犯罪的现状与发展趋势

(一)非法集资犯罪的现状与特点

国家市场经济的不断繁荣与发展,使得人们的生活水平越来越高,手头的闲散资金也越来越多。同时,我国实行货币紧缩政策,银行利率连续下降,民众不再满足于把闲散资金存入银行。在正常投资渠道狭窄的情形下,正好各类投资项目层出不穷且利润充满诱惑,致使大量的民间资金涌向民间借贷市场。民间借贷市场作为新兴的金融市场,国家相应的管理与规制制度和机制还不完善,从而给不法分子提供了可乘之机,非法集资现象也随之越来越多见。就非法集资犯罪而言,目前已呈现多发态势,并且表现出涉案人员越来越多,涉案金额越来越大的趋势。据有关数据显示,2005 年至 2010 年 6 月,我国非法集资类案件共计超过 1 万起,涉案金额 1 000 多亿元,每年约以案件 2 000 起、集资额 200 亿元的规模快速增加。①近十年来,虽然国家开始关注对非法集资行为的规制,但非法集资案件依然不断高发,案件数量呈现出逐年上升的态势,2018 年非法集资案件涉案金额更是达到了 3 000 亿元。2015 年至 2018 年,全国法院新收非法集资刑事案件分别为 5 843 件、7 990 件、8 480 件、9 183 件,案件数量上升趋势明显。②目前非法集资犯罪的高发态势和

---

① 魏东、白宗钊主编:《非法集资犯罪司法审判与刑法解释》,法律出版社 2013 年版,第 210 页。

② 参见《最高检公布非法集资犯罪新态势! 四大特点速速辨别》,中国新闻网,https://baijiahao. baidu.com/s?id=16240743935532101230&wfr=spider&for=pc,访问日期:2019 年 12 月 10 日。

严重形势已经严重破坏了我国市场经济秩序,影响了社会稳定。

我国目前非法集资犯罪的特点可以概括为以下几个方面。

第一,非法集资犯罪具有涉众性。非法集资行为是面向不特定公众吸收资金的行为,因而其犯罪对象具有不特定性和涉众性。因而,在非法集资犯罪中,受害人通常具有涉众性,即受害人数较多。例如,哈尔滨市"圣瑞公司特大集资诈骗案"涉及全国 21 个省、市、自治区,涉案金额达 5.47 亿元,被骗人数达 6 536 人。①长沙市中天行俱乐部房车有限公司集资诈骗案的受害者达 7 000 余人。②深圳金博亿公司集资诈骗案的受害人达 2 000 余人,且受害人遍布全国。③2016 年的"广东邦家公司"案涉案金额高达 99.5 亿多元,受害人数多达 23 万余人,受害者遍及全国十六个省,六十余个地、市。④在司法实践中,非法集资犯罪一旦案发,受害者经常有成百上千的人,涉及社会生活的各个方面。

---

① 2007 年 7 月 10 日,唐贵邦以圣瑞管理公司名义与吉林省松原市豫桥油气开发有限公司签订了《引资开发孤店油田 31 区块合同》。在仅支付定金 30 万元,未实际开发的情况下,便组织他人编造了虚假的宣传资料,谎称圣瑞管理公司正在开发孤店 31 油田,效益巨大,以给付 18% 至 20% 高额提成款发展集资代理人,以 6% 至 8% 的高额月息和 6 个月的短期借款周期引诱投资者,向社会公开宣传。之后,还发展代理人,在黑龙江省、河北省、内蒙古自治区等 21 个省、市、自治区进行非法集资。2007 年 9 月 26 日,豫桥公司因未收到圣瑞管理公司后续投资款并得知其正在进行非法集资而与之解除了合作开发合同。但唐贵邦等人却隐瞒了这事实,仍然据此非法集资。为了拒付到期集资款本息,2007 年 11 月 15 日,又采取虚报注册资本的方式将圣瑞管理公司更名为黑龙江圣瑞投资股份有限公司,在未实际出让股权的情况下,私自制作了圣瑞股份公司的《股权持有证书》,并以此证书将投资人持有的圣瑞管理公司的借款合同换回,以债权转股权的欺骗手段摆脱了部分还款义务。为了进一步扩大非法集资规模,又于 2008 年 9 月 19 日在哈尔滨市以虚报注册资本的方式成立了黑龙江玖鑫矿业投资股份有限公司。在未探明储量、未取得开发权的情况下,行为人编造了玖鑫公司正在开发大储量钼矿,效益可观、利润巨大的虚假宣传资料,同时套用油田开发项目的集资方案向社会公开宣传。同时,又购买并印制了圣瑞集团的股权证,继续以债权转股权的方式欺骗投资者,拒付到期集资款本息。唐贵邦等人除将与筹集资金规模明显不成比例的少量集资款用于经营活动外,大肆侵吞、挥霍集资款,销毁账目,逃避返还资金,携带集资款逃匿。参见《黑龙江圣瑞公司特大集资诈骗案一审宣判》,大庆市萨尔图区法院网,http://dqset.hljcourt.gov.cn/public/detail.php?id=21111,访问日期:2018 年 8 月 21 日。

② 2004 年 8 月,犯罪嫌疑人高大庆等人注册成立长沙市中天行房车俱乐部有限公司,以高额固定回报并逐月兑付现金的委托租赁会员制的方式向社会集资 1.67 亿元。参见《长沙中天行房车俱乐部有限公司集资诈骗 1.67 亿元,7 000 余人受害——不要奢望"天上掉馅饼"》,湖南安全天地网,http://www.aqtd.cn/hunan/HTML/152097.html,访问日期:2015 年 8 月 21 日。

③ 参见《金博亿非法集资诈骗 3.6 亿 2 000 余受害人遍布全国》,新浪财经网,http://finance.sina.com.cn/money/smjj/20130307/084014748426.shtml,访问日期:2015 年 8 月 21 日。

④ 参见《99.5 亿! 全国最大非法集资案揭秘》,搜狐网,http://news.sohu.com/20160129/n436257990.shtml,访问日期:2019 年 12 月 12 日。

第二，非法集资犯罪具有隐蔽性。非法集资行为人在实施犯罪的过程中十分注意对其行为加以隐蔽，且隐蔽方式各种各样。常见的隐蔽方式主要有两个方面：一方面是以合法的形式作为掩护进而向公众吸收资金。一些非法集资的行为人常常以"改革、开放、搞活""支持地方经济发展""倡导绿色、健康消费"等为旗号，以"公司"或"中心"为据点，以"合同""承包""联营"为幌子进行非法集资活动，想方设法向社会公众提供虚假的信息以证明其集资活动的合法性以及集资程序的完备性。①另一方面是虚构融资需求以掩盖非法占有的目的。对于一些具有非法占有目的的集资行为，行为人往往没有任何的融资需求，但为了成功地吸收资金，一般会虚构一些融资需求，之后将所吸收的资金完全占为己有而非用于其所宣称的资金用途。同时，通过虚构一些事实以证明其自身的经济实力，欺骗公众参与投资。例如，长沙中天行俱乐部房车有限公司集资诈骗案中，犯罪行为人则利用朝阳产业、科技概念等旗号，利用加盟入会的方式非法吸收资金。长沙中天行公司打出"旅游房车＋高科技产业"的发展方向，一方面称房车风行欧美，在国内则是朝阳产业，正处于培育期，公司前景很好，并拟在长沙县投资建立中天行华南总部；另一方面宣称拟与有清华大学背景的北京华清博大应用科技有限公司合作，在长沙投资兴建公司，开发安全氧化剂、耐磨铸钢、医疗废物处置等高科技项目。利用发行至尊卡、贵宾卡、体验卡、鸿福卡、博颐卡等会员卡加盟入会的方式，承诺每月或按年以返还租金、赠送礼金等形式支付投资回报，测算年回报率高达10％以上，吸引以中老年人为主的社会公众参与委托租赁汽车使用权活动。

第三，非法集资犯罪具有手段的多样性。我国最高人民法院2010年发布的《非法集资解释》明确规定了十余种具体的非法集资手段，除此以外，以会员卡、消费卡、优惠卡等形式进行非法集资的情形也十分多见，这足以说明非法集资犯罪手段的多样性。然而，随着现代科技的发展以及经济的全球化，非法集资犯罪的手段越来越多、越来越新。一些更先进、更高端的犯罪手段不断出现用以蒙蔽投资者。例如，利用诸如"网络借贷""电子商铺"这样的现代电子技术产生的虚拟产品进行非法集资。例如，"内蒙古的万里大造林""亿霖木业集团非法经营案"则以合作托

---

①　参见孙国祥、魏昌东：《经济刑法研究》，法律出版社2005年版，第61页；卢勤忠：《非法集资犯罪刑法理论与实务》，上海人民出版社2014年版，第12页。

管造林为方式进行非法集资;①"长沙中天行俱乐部房车有限公司集资诈骗案"则以加盟会员的方式非法集资;"丽水银泰集资诈骗案"则以开发房地产项目为由进行非法集资活动;②"广东邦家公司案"则以租赁服务为掩护,虚构高额回报,采用推销会员制消费、区域合作及人民币资金贷款等方法向社会公众进行非法集资等③。

(二)非法集资犯罪的发展趋势

近年来的非法集资犯罪,除了依然体现上述犯罪特征外,还呈现出网络化的发展趋势。随着互联网金融新时代的来临,传统的非法集资犯罪也逐渐互联网化。在非法集资行为中,不断出现行为人借助互联网这一工具,以理财、众筹、私募、期权、资本运作等为名,打着金融创新、网络借贷、虚拟货币、金融互动和爱心慈善的幌子,进行非法集资活动。由于互联网本身的传递性、自由性、共享性、开放性等特征,使得非法集资犯罪在互联网的助力下也呈现出传统非法集资行为不具有的特

---

① 在"内蒙古万里大造林案"中,万里大造林公司号称用5年时间投100亿元,在长江以北14个省份造林1 500万亩,公司在内蒙古以每亩每年2—30元不等的价格承包(租赁)土地种植幼苗,或直接以较低的价格购买林地,再以每亩林地2 660元左右的价格出售给买受人,公司向买受人承诺花2.6万元买下10亩林地,8年后扣除买林地的费用净赚16万元,行为人在内蒙古、北京、黑龙江等12个省、市、自治区组织、建立、发展传销团队,以传销方式销售林地,共销售林地43万亩,非法经营额为12.79亿多元。在"亿霖木业集团非法经营案"中赵某等人以亿霖集团为依托,以合作托管造林可以获得高额回报为名,积极发展传销队伍,开展传销活动。以合作造林为名在北京、内蒙古、辽宁等11个省(自治区、直辖市)的45个县(市、区),累计签订林地购置合同1 082份,涉及林地面积共计96万亩,合同金额8.8亿余元。同期,按照赵某等人制定的经营策略和模式,亿霖集团各级营销团队运用传销手段,以每亩3 700元的价格累计销售林地面积42万亩,净销售额高达16.8亿余元。参见《"万里大造林"案首次全面披露》,http://www.legaldaily.com.cn/bm/content/2009-01/08/content_1015850.htm?node=192,访问日期:2015年8月21日;《揭开托管造林的神秘面纱——亿霖集团非法经营案》,http://www.jconline.cn/Contents/Channel_14253/2013/0528/955724/content_955724.htm,访问日期:2015年8月21日。

② 2002年9月,季文华、季林青、季永军等人在仅有极少量自有资金的情况下,通过借款等方式筹得资金,取得丽水市区的两块土地使用权,注册成立了庆元县银泰房地产开发有限公司(后更名为银泰房地产集团有限公司),2003年至2008年7月,行为人隐瞒公司亏损的真相,通过竞买土地、媒体虚假宣传等方式,造成其经济实力雄厚的假象,采取支付高额利息、发放集资奖励等手段,以开发房地产为由,采取个人出具借条,由银泰房产集团公司或下属公司担保的形式,以15‰至90‰的月利率在浙江省丽水市莲都区、遂昌县、庆元县、衢州市龙游县、湖南省株洲市等地大肆向不特定的社会公众非法集资,总计集资额人民币55.69亿元,绝大部分用于归还到期本金、支付高息和购置个人财产及挥霍等,少部分用于公司经营,实际集资诈骗人民币14.727亿元。参见《浙江丽水55亿非法集资案终审主犯死刑改判死缓》,https://new.qq.com/cmsn/20130918/20130918017061,访问日期:2015年8月21日。

③ 参见《99.5亿! 全国最大非法集资案揭秘》,搜狐网,http://news.sohu.com/20160129/n436257990.shtml,访问日期:2019年12月12日。

征与发展趋势。

互联网技术的加入，使得非法集资行为的受害者群体越来越扩大。因为网络信息传播的实时性、共享性与开放性，使得非法集资信息的传播能力比传统的口口相传的传播力明显更强，非法集资信息的接触者与受众更为广泛。在互联网的背景下，互联网虚拟性没有物理的限制，只要品牌曝光度高，在全国各地有网络的地方都可能有受害者产生。因而，"互联网＋非法集资"的宣传造势越大，涉众性越多，涉及地域范围越广，受害者就越多。传统非法集资的犯罪对象主要集中在中老年人、城市下岗职工、企事业离退休人员及部分农民等社会弱势群体。随着非法集资行为的网络化，危害的重点也逐渐转向企业老板、城市白领以及公务员等，特别是参与的人群有向年轻化发展的趋势。同时，在互联网技术的参与下，非法集资受害人的人员结构也不断发生变化。一是受害人员的年龄结构发生了变化，60岁以上人群、妇女或有着固定收入的人群是互联网非法集资犯罪分子瞄准的对象。二是参与网络非法集资的人群发生了变化，年轻人和互联网IT行业人群，成为互联网非法集资平台物色的"重点对象"。三是受害者的职业结构发生了变化，参与互联网非法集资的人员涉及的职业也更加广泛，基本上覆盖公司职员、教师、医生、公务员、私营业主、大学生等，尤其是大学生上当受骗的越来越多。

利用国家对互联网金融的发展政策及互联网金融监管的盲区，逃避法律的监管，大肆进行非法集资行为。一方面，互联网非法集资金融活动往往打着国家新型政策、新型金融和互联网新业态等旗号，享国家普惠之名、行违法犯罪之事。例如，在"e租宝"非法集资案中，该案犯罪嫌疑人通过网络平台以"网络金融"的旗号上线运营，打着"新兴产业"的幌子，宣称公司是"融资租赁试点先进单位"、租赁行业"领军者"、国家重点扶持企业等，以高额利息为诱饵，虚构融资租赁项目非法集资，累计交易发生额700多亿元。另一方面，我国目前对网络金融监管还不够到位，给互联网非法集资行为提供了可乘之机。我国目前还没有对网络金融形成有效的监管体制，各级金融监管部门独立分散，没有形成合力，现有的网络金融监管中临时性的较多，没有形成独立的职能职责。这就导致了非法集资行为在互联网的助力之下，又有了大肆发展的机会，也是近年来即使国家大力规范非法集资行为，但非法集资犯罪案件依然不断增长的原因所在。

第二节　非法集资犯罪的刑法规制现状

一、非法集资犯罪刑法规制的必要性与合理性

刑罚是对严重危害社会行为的制裁手段,并且是国家最为严厉的制裁手段。刑法具有保护机能和保障机能。刑法的保护机能是指刑法通过其规定对具有严重社会危害性的行为进行处罚,从而惩治犯罪,维护社会秩序,保护公民权利。刑法的保障机能是指刑法通过其关于犯罪与刑法的规定,使人们在行为之前能够预见其行为的法律后果,从而限制国家刑罚权的任意发动,进而保障无罪的人不受刑事追究,保障犯罪人不受刑法规定以外的不正当的刑罚处罚。对某一犯罪行为的刑法规制是不是具有必要性和合理性,所要考察的就是对该行为的刑法规制是否能实现刑法的保护机能和保障机能。只有将刑法的保护机能与保障机能有机结合起来,才能实现刑法作为国家公权力在维护社会秩序、保护公民权利的同时也保障基本人权的价值目的,这样的刑罚才被认为是具有必要性和合理性的。

（一）非法集资犯罪刑法规制的必要性

我国现在正处于经济转型过程中,金融业及金融市场的发展十分迅猛,因此,我国的金融管理制度与金融市场秩序成为当下刑法所要保护的重要法益。国家的金融安全事关我国经济和社会的发展与稳定,刑法作为重要的社会治理手段,其对金融安全的有力维护至关重要,应加强和完善刑法对金融犯罪的惩治与防范。通过刑事立法明确金融违规违法与犯罪的界限,使金融活动各个主要环节的严重危害行为都受到刑法的严格规制,对于"理性"的金融犯罪者而言,被贴上"犯罪标签"往往比实际受到刑罚处罚更具有威慑力。因此,对于金融犯罪的惩治与防范来说,严密刑事法网是更为重要和明智的选择。[①]事实上,我国目前关于金融犯罪的刑法法网也确实随着金融市场的发展而更加完善,为金融市场秩序的维护提供助力。我国金融犯罪立法目前已呈现出扩大犯罪圈的趋势,在金融犯罪方面,近年来的立

---

① 参见张勇:《存贷犯罪刑法理论与实务》,上海人民出版社 2012 年版,第 22 页。

法趋势体现出以下几个方面的内容:金融犯罪的主体范围被扩大;金融犯罪客观方面不断被修正,拓宽了犯罪的存在领域,也增加了一些犯罪行为类型;还修改了一些金融犯罪的犯罪既遂标准,降低了犯罪成立的门槛,将某些罪名由单一的结果犯向行为犯和结果犯转变等。①这进一步体现了金融犯罪刑法规制的必要性。

就非法集资行为而言,刑法规制的必要性显而易见。集资行为是一种典型的民间借贷行为,就借贷行为而言,有学者认为这是一种民事合同行为,应当由民法调整,即使是公开的集资行为也只需要行政法调整,刑法作为公法,并且是最为严厉的公法,不应过度介入私法领域。确实,在市场经济体制下,集资行为主要体现为合同关系,应当以当事人的意思自治为原则。事实上,非法集资行为应当是私法规范与公法规范的结合,因为在集资行为中除了具有合同意思自治自由之外,还具有很强的社会公共特征。因为非法集资行为往往涉及广大集资者的财产安全和金融管理秩序甚至社会秩序,我们不能完全将集资行为纳入纯粹的私法领域予以规制,在涉及多数人的财产安全与社会秩序时还应依靠国家和社会力量以保障借贷双方的权益。民间借贷作为一种重要的经济活动,其规模日渐壮大,非法集资行为越来越常见,集资范围也越来越广泛,涉及的集资对象也越来越多,在司法实践中,已不乏因非法集资行为而造成巨大经济损失的情形,非法集资犯罪涉案人员往往十分广泛,造成的损害极大,不仅严重危害了被害人的财产权益,往往还对社会秩序的安定带来威胁。因此,为了克服民法与行政法的局限性,为了保障金融管理秩序及其他社会秩序,充分发挥刑法的保护机能,运用刑罚手段对性质恶劣、危害结果严重的非法集资行为进行刑法规制,使用刑罚手段予以强力制裁,十分具有必要性。

(二)非法集资犯罪刑法规制的合理性

非法集资犯罪刑法规制的合理性,探讨的主要是刑法对非法集资行为的规制是否具有经济性,是否违背刑法的谦抑原则。刑罚作为最为严厉的规制方式及制裁手段,其适用应当受到一定的限制,尤其是对于正处于高速发展的金融市场而言更是需要谨慎实施。如果过于依赖刑法手段,可能会造成大量耗费司法资源的

---

① 参见卢勤忠:《论我国金融犯罪的刑事立法政策——以刑法修正案为视角》,载《上海公安高等专科学校学报》2009年第1期。

后果,还可能会出现遏制金融业发展的不良后果。但是,面对不断出现的严重危害社会的非法集资行为,我们不能因噎废食,过度担忧刑法规制对金融市场发展的遏制作用,而忽略了刑法的保护机能与保障机能。谦抑原则是刑法的基本原则之一,将具有严重社会危害性的非法集资行为纳入刑法的规制范围,并不等于刑法一定会阻碍其发展。因为,刑法规制并不代表禁止所有的民间集资行为,由于我国刑法具有"既定性又定量"的特色,只有严重损害他人权益或严重危害社会秩序的非法集资行为才会受到刑事制裁,只要能够合理的运用刑法规制手段,不仅不会阻碍金融市场的发展,反而有利于其发展。所谓合理的运用即发挥刑法谦抑原则对刑法规制手段的抑制作用,但需要强调的是,刑法的谦抑性要求不得滥用刑罚手段,但并非要求对具有严重社会危害性的行为一律采取消极的态度。因此,对具有严重社会危害性的非法集资行为予以刑法规制不仅具有必要性,也不乏合理性。

二、非法集资犯罪的刑事立法发展

"经济基础决定上层建筑",非法集资犯罪刑事立法亦是随着非法集资行为的发展而发展的。同时,非法集资犯罪刑事立法的发展也与我国刑法典的制定与发展历程息息相关。

(一)非法集资犯罪刑事立法的空白期

1949年中华人民共和国成立后,我国法制建设进入了一个新的历史时期,但关于非法集资犯罪刑事立法很长一段时间都处于空白的状态,一时还不具备制定刑法典的条件。在当时的社会背景之下,为了配合社会改革运动的需要,国家只是针对反革命分子、妨害国家货币分子以及贪污腐败分子等制定了相应的单行条例。除此之外,对于出现的犯罪问题,就要依靠政策来解决,缺乏相应的刑法依据。因此在1979年《刑法》制定之前,完全不存在非法集资犯罪的刑事立法。1978年之后,第五届全国人民代表大会开始重视法制工作,我国开始尝试制定刑法典,并于1979年7月1日通过了刑法典。但是,当时我国正处于社会发展的初期,人们的生活水平相对较低,手头的闲散资金较少。同时由于我国经济发展初期处于计划经济阶段,国家对货币流通和投资行为进行严格的管制,货币或资本的流动受到严格的限制,企业或经营主体筹集资金进行生产经营的需求也极为少见,集资行为较为少见,相应地,非法集资行为更是缺乏存在的土壤。因而,我国1979年《刑法》中并没有针对非法集资行为的罪名。又由于1979年《刑法》制定的时候我国还处于计划经济时期,各种生产都是置于计划经济体制之下,也难以预见在之后的经济发展过程中会出现这一类的经济犯罪行为,在当时"宜粗不宜细"的立法原则指导下,并未在经济犯罪方面制定相应的刑法规范。

(二)非法集资犯罪刑事立法的萌芽期

改革开放以后,随着我国经济体制的改革,市场经济开始飞速发展,集资行为已初露端倪。国家已经意识到对擅自开展储蓄业务或吸收存款等行为刑事惩治的必要性,这便进入了非法集资犯罪立法的萌芽期。国务院于1992年颁布了《储蓄管理条例》,该条例规定,除储蓄机构外,任何单位和个人不得办理储蓄业务,擅自开办储蓄业务,情节严重,构成犯罪的,依法追究刑事责任。然而,当时的刑法并没有对《储蓄管理条例》中的"擅自开办储蓄业务,情节严重,构成犯罪"的情形规定具体的对应罪名。司法实践中,对于当时的非法集资行为等违反金融法规的行为,基本上是按照1979年《刑法》中的投机倒把罪论处,对于集资诈骗的行为,则基本是以诈骗罪论处。1993年国务院通过有关通知指出要坚决制止和纠正违章拆借、非法集资,由此非法集资犯罪在我国改革开放后开始逐渐被提及。

随着改革开放的不断推进与深化,集资型犯罪不断出现,其产生的社会危害性不断暴露,原有刑法对非法集资犯罪规制乏力的问题凸显,相关刑事立法已经到了必须完善的地步。为了满足打击非法集资犯罪的需要,1995年2月,全国人大常委会通过了《关于惩治违反公司法的犯罪的决定》,设立了欺诈发行股票、债券罪和擅自发行股票、公司、企业债券罪两个罪名。该决定第3条规定:"制作虚假的招股说明书、认股书、公司债券等募集办法发行股票或者公司债券,数额巨大、后果严重或者有其他严重情节的,处五年以下有期徒刑或者拘役,可以并处非法募集资金金额百分之五以下罚金。"第7条规定:"未经公司法规定的有关主管部门批准,擅自发行股票、公司债券,数额巨大、后果严重或者有其他严重情节的,处五年以下有期徒刑或者拘役,可以并处非法募集资金金额百分之五以下罚金。"这是我国刑事立法首次对非法集资犯罪作出的回应。

1995 年 5 月，我国《商业银行法》规定未经中国人民银行批准，擅自设立商业银行，或者非法吸收公众存款、变相吸收公众存款的，依法追究刑事责任。相应地，在 1995 年 6 月全国人大常委会又通过了《关于惩治破坏金融秩序犯罪的决定》，设立了非法吸收公众存款罪与集资诈骗罪。该决定第 7 条规定，非法吸收公众存款或者变相吸收公众存款，扰乱金融秩序的，根据犯罪数额和具体情节，处有期徒刑、拘役或者罚金。第 8 条规定，以非法占有为目的，使用诈骗方法非法集资的，根据犯罪数额和具体情节，处有期徒刑、无期徒刑或者罚金，数额特别巨大或者有其他特别严重情节的，可以处死刑，并处没收财产。这一决定一方面对 1979 年《刑法》关于非法集资犯罪的相关内容作了补充修改，另一方面更是对非法集资犯罪的认定作了更为详细的规定。该决定第一次将非法吸收公众存款或变相吸收公众存款的行为规定为犯罪，并将集资诈骗罪单独规定为一罪，还将单位作为非法吸收公众存款罪及集资诈骗罪的主体予以规定。至此，我国非法集资犯罪的刑事立法进入了萌芽阶段。

（三）非法集资犯罪刑事立法的初步发展期

进入 20 世纪末期，我国的经济建设发展突飞猛进，尤其是金融业的发展取得了较大的成就。但是我国金融监管体系尚未跟进，使得这一时期的不法金融行为大量出现，非法集资行为也开始爆发。自此，我国的刑事立法开始关注非法集资行为。1997 年全国人大通过的新《刑法》，吸收了上述两个决定所规定的四个罪名，分别在《刑法》中规定了第 160 条欺诈发行股票、债券罪，第 176 条非法吸收公众存款罪，第 179 条擅自发行股票、公司、企业债券罪以及第 192 条集资诈骗罪，并且对这四个罪名的规定进行了相应的修改与完善。1997 年《刑法》关于非法集资犯罪的规定，加上《刑法》第 225 条规定的"非法经营罪"等罪名基本设立了集资行为的刑事监管框架。在前述两个决定的基础上，不仅构建了集资行为的刑事监管框架，还作出了一些修改与进一步的细化规定。一方面，1997 年《刑法》将集资犯罪规定为数额犯，并规定以"数额较大"作为犯罪的构成要件，一定程度上缩小了该罪的适用范围。另一方面，1997 年《刑法》对于集资诈骗罪的死刑适用作出了修改与细化。1997 年《刑法》修改了集资诈骗罪中死刑的适用条件，将原来决定中所规定的

"数额特别巨大或者有其他特别严重情节的"这一限制条件修改成"数额特别巨大并且给国家和人民利益造成特别重大损失的"。同时,1997年《刑法》还规定单位犯罪中,直接负责的主管人员和其他直接责任人员最高可处无期徒刑而不能适用死刑。可见,1997年《刑法》相对于之前《关于惩治破坏金融秩序犯罪的决定》的规定,在集资诈骗罪死刑的适用问题上作了更为严格的限制规定。

1999年,党的第九届全国人大常委会第十三次会议通过的《刑法修正案》对《刑法》第174条规定的擅自设立金融机构罪进行了修订,修订后的第174条规定:"未经国家有关主管部门批准,擅自设立商业银行、证券交易所、期货交易所、证券公司、期货经纪公司、保险公司或者其他金融机构的,处三年以下有期徒刑或者拘役,并处或者单处二万元以上二十万元以下罚金;情节严重的,处三年以上十年以下有期徒刑,并处五万元以上五十万元以下罚金。"此外,2001年党的第九届全国人民代表大会常务委员会第二十五次会议通过的《刑法修正案(三)》对非法经营罪作出修订,补充规定了"未经国家有关主管部门批准,非法经营证券、期货或者保险业务的"犯罪情形。修订后的擅自设立金融机构罪与非法经营罪,又进一步完善了我国集资行为的刑事监管框架。

在这一阶段,随着国家立法部门对非法集资行为的关注,有关非法集资的刑事立法日渐完善,且已建立基本的刑事法律框架,但是这一时期对于非法集资行为,我国的司法机关还尚未予以足够的重视,因此,对于非法集资犯罪的司法解释也较少,使得司法实践中对于非法集资案件的审理出现了较大的随意性。

（四）非法集资犯罪刑事立法的快速发展期

为了进一步解决非法集资犯罪的司法实务问题,司法机关近年来也不断关注对于非法集资犯罪的打击,因此,关于非法集资犯罪的司法解释也不断得以完善,使得司法实践中关于非法集资犯罪的法律适用更加合理与统一。2004年11月最高人民法院发布了《关于依法严厉打击集资诈骗和非法吸收公众存款犯罪活动的通知》,该通知强调了对这两类犯罪依法予以严惩,但并没有就具体法律适用问题作出规定。2010年12月最高人民法院发布的《关于审理非法集资刑事案件具体应用法律若干问题的解释》,对非法集资犯罪认定中的一些问题进行了更为详细的规范,如非法集资的特征、表现形式、追诉标准、非法占有目的的认定等问题均有了明确的规定,具有十分重要的意义。2014 年 3 月最高人民法院、最高人民检察院和公安部联合发布了《关于办理非法集资刑事案件适用法律若干问题的意见》,该意见对 2010 年司法解释进行了补充,对非法集资犯罪中"社会公众"的认定等问题进行了进一步的明确。

此外,2009 年 2 月党的第十一届全国人大常委会第十三次会议通过的《刑法修正案(七)》对《刑法》第 225 条非法经营罪进行了修订,增加规定"非法从事资金支付结算业务"这一非法经营模式。2011 年 2 月党的第十一届全国人大常委会第十九次会议通过的《刑法修正案(八)》在废除票据诈骗罪、金融凭证诈骗罪、信用证诈骗罪中的死刑适用的情况下,保留了集资诈骗罪的死刑规定,集资诈骗罪成为金融诈骗罪这一节中唯一保留死刑的罪名。2015 年 8 月全国人大常委会颁布的《刑法修正案(九)》废除了集资诈骗罪的死刑适用。

三、非法集资犯罪的犯罪类型

对于非法集资行为,除了依照《商业银行法》《证券法》《证券投资基金法》《银行业监管管理法》以及《非法金融机构和非法金融业务活动取缔办法》等行政法律法规的规定,给予没收违法所得、罚款、取缔非法从事金融业务的机构等行政处罚外,对构成犯罪的,要依法追究刑事责任。非法集资犯罪不是一个独立的罪名,而是包含在金融犯罪、经济犯罪范围之内的一个类罪名。作为一类犯罪,其直接涉及的罪名主要有五个,分别是《刑法》第 160 条规定的欺诈发行证券罪,第 176 条规定的非法吸收公众存款罪,第 179 条规定的擅自发行股票、公司、企业债券罪,第 192 条规定的集资诈骗罪,以及第 225 条规定的非法经营罪等。在这些罪名中,非法吸收公众存款罪具有基础性意义,属于非法集资犯罪的一般法规定,其他三个罪名则属特别法规定,集资诈骗罪属于非法集资犯罪的加重罪名。[①]

在上述关于非法集资类的犯罪中,根据集资行为主观目的的不同,可以将其划分为两种类型:一种类型是诈骗型非法集资犯罪,即行为人以非法占有为目的,以

---

① 参见刘为波:《〈关于审理非法集资刑事案件具体应用法律若干问题的解释〉的理解与适用》,载《人民司法》2011 年第 5 期。

各种虚假名目通过集资的形式骗取公众资金;另一种类型是非诈骗型非法集资犯罪,即行为人主观上对公众资金不具有非法占有的目的,但通过非法集资行为来获取资金,进而利用这些资金牟取经济利益。在非诈骗型非法集资行为中,行为人往往具有合理的集资需求,但因为各种原因不符合从正规金融机构获得资金的条件,而通过正规融资渠道之外的其他手段获取资金。

(一)诈骗型非法集资犯罪

诈骗型非法集资犯罪在刑法中只有一个罪名,即集资诈骗罪。此外需要说明的是,欺诈发行证券罪虽然在行为人在行为过程中存在欺诈,但其欺诈是指在招股说明书、认股书、公司、企业债券募集办法等发行文件中隐瞒重要事实或者编造重大虚假内容的行为,行为人主观上不存在非法占有的目的,因此不归在诈骗型非法集资犯罪的范畴之内。与非诈骗型集资诈骗相比,诈骗型非法集资犯罪即集资诈骗罪的行为人主观上具有非法占有的目的,行为人通过诈骗的手段与方法进行非法集资,比如行为人采取虚构资金用途,以虚假的证明文件和高回报率为诱饵,或者采用其他骗取集资款的手段。集资诈骗犯罪往往涉案金额巨大,受害人众多,并极易引发上访、闹访和群体性事件,对金融管理秩序及社会稳定的危害极大。利益受损群众上访、闹访越来越多见,部分群众借助网络社交媒介发布信息,组织一定规模的"维权"活动,要求政府承担行政不作为、监管不严或违法处置等责任,有些已经形成群体性事件,对社会稳定造成了不良后果。自 2015 年以来,集资诈骗犯罪迅猛增长,严重破坏了国家的金融管理秩序与社会稳定。非法集资刑事案件在2015 年呈井喷式增长,其中集资诈骗案件爆发式增长趋势明显,案件数量持续增长。2015 年全国法院新收非法集资刑事案件 5 843 件,其中集资诈骗案件 1 018件,同比上升 48.83%,2016 年全国法院新收非法集资刑事案件 7 990 件,其中集资诈骗案件 1 074 件,同比上升 34.4%。①

近年来,集资诈骗犯罪不断呈现出以下几个方面的特征。

第一,集资诈骗犯罪的犯罪手段不断网络化、多样化,并逐渐体现出从实体产品转向金融产品的趋势。非法集资犯罪的组织化、网络化趋势日益明显,线上线下

---

① 参见《人民法院审理非法集资刑事案件情况》,人民法院网,https://www.chinacourt.org/index.php/article/detail/2019/01/id/3719481.shtml,访问日期:2019 年 5 月 2 日。

相互结合,传播速度更快、覆盖范围更广。犯罪分子假借迎合国家政策,打着"金融创新""经济新业态""资本运作"等幌子,从种植养殖、资源开发、房地产向投资理财、网络借贷、股权众筹、虚拟货币转变,迷惑性更强,"金融互助"、消费返利、养老投资等新型犯罪层出不穷,"互联网 + 传销 + 非法集资"模式案件多发,层级扩张快,传染性很强,金融监管、防范打击难度加大,容易形成跨区域大案。

第二,集资诈骗案件的涉案金额巨大,特大案件高发。集资诈骗作为涉众型经济犯罪,涉及被害人众多,涉案金额增长趋势明显。例如,鲁彤集资诈骗案涉案金额达 1.3 亿余元,2012 年至 2013 年间,被告人鲁彤以融汇嘉禾(北京)投资担保有限公司的名义,虚构该公司与中国石油化工股份有限公司北京石油分公司、裕福支付有限公司等单位有合作关系,能够以折扣价购得加油卡、福卡等事实,以投资加油卡、福卡等能获得高额回报为诱饵,向社会公众非法集资共计人民币 1.3 亿余元,之后又以个人名义控制使用,且具有非法占有的目的,在案发后拒不交代资金的真实去向,逃避返还资金,构成集资诈骗罪。①

第三,集资诈骗案件的发案地区不断扩大。在集资诈骗案件爆发的早期,其案发地点多集中在浙江、江苏等地,之后又不断蔓延至山东等地,然而近年来从集资诈骗犯罪行为发生地来看,除江苏、浙江、山东等非法集资高发地区仍是犯罪活跃区域外,北京、河北、陕西、重庆、贵州、甘肃、宁夏、黑龙江、新疆等地也不断出现集资诈骗案件。

第四,集资诈骗案件所涉及领域和被害人越来越广泛。当前非融资性担保、投融资中介、私募股权投资、网络借贷、农民专业合作社等金融行为中,集资诈骗刑事案件集中爆发。犯罪分子以非法占有为目的募集资金的范围越来越广,受害人往往来自全国各地,甚至有个别案件还出现了跨国被害人。

第五,集资诈骗的犯罪手段不断翻新,犯罪的隐蔽性也越来越强。为规避监管,集资诈骗活动较少采用直接吸收公众存款,公开发行股票、公司债券等典型方式,往往采取各种隐蔽形式,花样翻新,手段多样。如以合法成立的公司名义高息吸收资金、以未经批准成立的担保公司为平台高息吸收资金、以编织光环诱使被害

---

① 参见北京市第二中级人民法院(2015)三中刑初字第 76 号刑事判决书。

人上当的方式吸收资金等。尤其在网贷平台发展迅猛,新型理财产品层出不穷的形势下,一些不法分子利用互联网信息不对称、网络金融产品监管不完善、进入门槛低等特点,大肆进行集资诈骗犯罪。

（二）非诈骗型非法集资犯罪

非诈骗型非法集资犯罪在刑法中所涉及的具体罪名为除了集资诈骗罪以外的其他罪名,但以非法吸收公众存款罪为主。近年来,随着我国金融活动的不断放开,非诈骗型非法集资犯罪也呈现出愈演愈烈的趋势。从 2005 年至今,我国所发生的重大非法吸收公众存款案件数目惊人,案件涉及的金额和人数也令人惊叹。在目前互联网金融的大背景下,随着我国市场经济体制改革进入"深水区","小微"和"三农"企业创业融资需求增大,商业银行过高的贷款门槛导致中小企业为谋求出路和发展不得不求助于民间融资,这种情况极易引发非法集资类犯罪,尤其是非诈骗型非法集资犯罪,扰乱国家对金融秩序的监管,给社会带来不安定因素。①

在非诈骗型非法集资犯罪中,主要以非法吸收公众存款罪为代表,这种犯罪所体现出来的特征主要是:集资者在不具备法定的集资主体资格的情形下,以高额的融资利息、投资回报或理财收益等为诱饵,以非法吸收公众存款或变相吸收公众存款的方式向社会不特定公众集资。这类案件主要包括以下四种类型:一是以还本和高额利息为诱饵,通过直接或者变相负债的形式,向不特定公众进行融资活动;二是以支付高额股息、红利为诱饵,通过募集股权等形式,向社会不特定公众募集资金;三是以签订商品经销、产品开发、技术转让合同等形式,向社会不特定公众变相募集资金;四是未经批准,擅自以委托理财、中介服务等方式,向社会不特定公众募集资金。②

根据行为人是否具有非法占有的目的,将非法集资行为划分为诈骗类非法集资行为与非诈骗类非法集资行为,有利于我们在研究过程中针对类罪所体现出的不同特征展开进一步研究。因此,本书也将以此为线索分别对诈骗类非法集资行

---

① 参见李信鹏:《非法吸收公众存款罪的司法认定》,载《中国检察官》2016 年第 8 期。
② 参见刘宪权、李振林:《集资类案件中的刑民交错现象及其归宿》,法律出版社 2017 年版,第 22—23 页。

为与非诈骗类非法集资行为予以进一步的研究与探讨。

第三节　非法放贷犯罪及其刑法规制现状

一、非法放贷行为及其犯罪现状

如前文所述,民间借贷包括借与贷两个方面的内容,借款行为所涉及的违法犯罪行为主要为非法集资行为,相对而言,贷款行为所涉及的违法犯罪行为即为非法放贷行为。需要特别予以说明的是,本书以民间借贷行为作为研究对象,因此所研究的非法放贷行为限于民间借贷行为中的非法放贷行为,而不包括正规金融机构的非法放贷行为。

（一）非法放贷行为与非法放贷犯罪

非法放贷,是民间借贷行为中除了非法集资以外,另一类较为普遍的违法犯罪活动。与非法集资行为相比,非法放贷行为由于并未直接危及社会公众的资金安全,所以一直没有被纳入金融刑法监管的重点范围,相关的刑法立法也相对较少,司法实践中对民间非法放贷行为,在 2019 年之前,除了对于高利转贷行为刑法有规定高利转贷罪以外,也较少作为犯罪处理。因而,也没有对民间非法放贷行为所涉及的犯罪进行归纳与针对性的打击。也即,在刑法理论界与实务界均没有使用非法放贷犯罪的概念。2019 年最高人民法院、最高人民检察院、公安部、司法部发布的《关于办理非法放贷刑事案件若干问题的意见》也只是将经营性的高利贷行为规定以非法经营罪论处,也并未将所有类别的非法放贷行为纳入刑法规制的范围。

事实上,非法放贷行为与非法集资行为一样具有严重的社会危害性,一方面,非法放贷行为本身具有较大的社会危害性。根据现行法律法规的规定,我国对放贷活动的限制主要在于行业准入限制和利率限制两个方面,即只有经过批准成立的金融机构才能依法进行贷款发放业务,一般的民间借款不得越过一定的利率标准。非法放贷活动还扰乱了正常的金融秩序,影响金融的整体安全,有时还由于利率过高而侵害公民的财产权利。另一方面,民间非法放贷活动还会刺激非法集资活动的发展。实践情况表明,非法集资与民间非法放贷活动并非两种孤立的违法犯罪活动,二者之间有着紧密的联系。从引发非法集资犯罪的原因来看,除了将集资款直接占为己有或用于生产经营外,很多非法集资者正是为了通过非法放贷获取高额利息,而采用各种方法向社会公众吸收资金。由此可见,非法放贷市场的存在,是非法集资犯罪蔓延的一个重要原因。同理,由于很多非法集资款被投入非法放贷市场,非法集资也直接刺激了民间非法放贷活动的发展。因此,相对于非法集资犯罪,也有必要将民间非法放贷犯罪进行归纳,将民间非法放贷作为一类犯罪进行研究,有利于打击民间非法放贷犯罪,加强社会管理,并维护社会经济秩序和社会稳定,保护公民的财产权益。

非法放贷犯罪是一个类罪名,指在民间借贷领域,违反金融管理法律法规及相关规定,进行放贷行为,社会危害性较大,应受刑罚处罚的行为。根据该定义,非法放贷犯罪应当具有以下几个方面的构成特征:一是非法放贷犯罪的客体是国家的金融管理秩序;二是非法放贷犯罪在客观方面表现为违反国家金融管理法律法规及相关规定进行放贷行为,并达到情节严重的情形;三是非法放贷犯罪的主体是一般主体,即达到刑事责任年龄,具有刑事责任能力的自然人均可成为本类罪的主体,同时,单位也应当可以成为本类罪的主体;四是本类罪的主观方面表现为故意,即行为人明知自己的行为是非法放贷的行为而为之,并且行为人通常具有非法获得经济利益的目的。

(二)非法放贷行为的表现形式

在民间借贷中,非法放贷行为常见的形式主要有高利放贷,高利转贷和地下钱庄、担保公司等非法从事商事性放贷业务的三种类型。

一是高利放贷的行为。高利贷是民间借贷中极为普遍的现象。目前的司法实践表明,在民间借贷行为中行为人通常采取各种手法掩饰高利贷的实质。民间高利贷活动很多是通过借贷双方签订借款协议的方式进行,有些放贷者为掩饰高利放贷的真相,要求在借款协议中不明确约定利息或者约定较低的利息,然后采取其他手段变相地收取利息,如在提供借款时将约定的利息从本金中先行扣除等。由于民间借贷中的借贷利率一般均高于银行同期贷款利率,有的甚至大大超过银行同期存款利率的四倍,这类行为既给借款人造成沉重的财务负担,损害了借款人的合法财产权益,又容易引发其他犯罪,破坏金融秩序和社会稳定。一直以来,我国对于高利放贷行为的刑法规制必要性都存在争议,并且我国目前也没有高利贷罪与之对应。对于高利放贷行为的刑法规制有多种形式,有按非法经营罪论处的情形,这种处断方式是目前较为常见的方式。也有仅处罚高利贷引发或涉及的其他犯罪的,如以非法拘禁罪、故意伤害罪等论处的情形。此外,还有根据案情的具体事实以高利转贷罪、非法吸收公众存款罪论处的情形。2019年最高人民法院、最高人民检察院、公安部、司法部发布的《关于办理非法放贷刑事案件若干问题的意见》出台后,对于经营性的高利放贷行为的论处有了统一的规定,即以非法经营罪论处。而对于非经营性的高利放贷行为依然没有作出相应的规定。

二是高利转贷的行为。由于民间借贷可设置较高利率,有些企业和个人利用金融机构业务交叉广泛,对信贷资金的管理措施不力,制度不够健全等漏洞,通过多头开户、多头贷款的方式,长期占有金融机构大量的贷款,然后又高于银行利息转贷给市场中其他需要贷款资金的人,从中赚取利息差。高利转贷行为使银行直接遭受了利差损失,更为严重的是,由于最终用款人的还贷能力未经严格审核,经常导致银行资金到期无法返还,严重影响了金融机构的资金安全。因而,我国刑法对于情节严重的高利转贷行为,规定了高利转贷罪进行刑法规制。

三是地下钱庄、担保公司等非法从事商事性放贷业务的违法犯罪活动。根据我国相关法律法规的规定,有权经营贷款业务的主要有商业银行、小额贷款公司以及其他非银行的金融机构,如信托公司、金融租赁公司等。一些单位或个人为了赚取高额利息,以财务公司、投资咨询公司、担保公司等名义,私设地下钱庄,经营放贷业务;还有一些单位以典当、寄售、融资担保等合法业务为掩护,暗中从事向社会公众发放贷款的业务,其资金来源多种多样,有的是自筹资金,有的是从商业银行等金融机构套取的贷款,还有的是从社会公众中违法吸收的资金。如在对温州2011年民间借贷危机的调查中发现,温州有很多融资性担保公司、非融资性担保公司、小额信贷公司、典当行、寄售行、投资公司等单位实际上是在从事违规放贷业务,它们一般是以提供典当贷款、提供融资担保业务为名,向客户发放贷款,然后以手续费、服务费、佣金等名义收取高额利息。这些单位和个人往往通过在各类媒体上发布小广告、手机短信、散发和张贴小传单等方式发布信息,向社会公众非法发放贷款。对于这类从事商业性非法放贷业务的民间非法放贷行为是否构成犯罪、是否应以非法经营罪或者擅自设立金融机构罪论处，一直以来也存在争议。对此，2019年最高人民法院、最高人民检察院、公安部、司法部发布的《关于办理非法放贷刑事案件若干问题的意见》第6条规定，为从事非法放贷活动，实施擅自设立金融机构、套取金融机构资金高利转贷、骗取贷款、非法吸收公众存款等行为，构成犯罪的，应当择一重罪处罚。

二、非法放贷行为的刑法规制必要性

（一）非法放贷行为的危害性

我国由于民间借贷范围广、借贷行为盲目，缺乏正确的引导，从而为非法放贷行为提供了滋生的土壤，也给社会稳定埋下了隐患。目前，一些非法放贷行为的行为人为了牟取高额利息往往通过各种途径筹集资金发放贷款，而在筹集和发放的过程中，极易导致非法集资、集资诈骗以及高利转贷等非法放贷的上游经济犯罪的发生，同时也为诈骗、洗钱以及赌博等刑事犯罪提供了便利条件。在获取高利回报的环节，非法放贷的行为人或与黑恶势力相勾结，或自身本来就是黑恶势力，以一切可能的手段收取本金及高额利息，从泼红漆、写大字报到恐吓行为直至绑架、非法拘禁、故意伤害等刑事犯罪，非法放贷的暴利带来的巨大诱惑给人民群众的生命、财产安全造成了极大的危害，严重影响了社会的稳定。非法放贷极高的利润本身诱发的犯罪行为就已给社会带来了极大的危害，目前的非法放贷行为越来越体现出职业化与产业化的特征，这必将潜藏更大的祸害。目前非法放贷市场越来越具有以下特征：一是放贷者组织化、团伙化。越来越多的放贷者选择不断发展壮大自己，他们逐步演化成有预谋、有组织、有分工的犯罪团伙；二是放贷金额规模化，即发放高利贷的行为日渐形成规模化经营，他们专用于放贷的金额已经超过数十万、百万甚至千万；三是放贷手段狡诈化，放贷者为了顺利放贷，往往坑、蒙、拐、骗，穷尽一切手段，无所不用其极；四是放贷形式隐蔽化，在放贷过程中，放贷者为规避法律，大多采取先收取利息，而后在借款中扣除相应部分的方式来发放高利贷，为法律规制非法放贷行为带来了重重困难；五是追讨债务手段的黑社会化，非法放贷者一旦发现借款人难以还本付息,便会采取一切手段追讨本息、挽回损失,通常采取的手段有恐吓、非法拘禁、绑架、非法入侵住宅、故意伤害等恶劣的手段。由此可见,我国目前非法放贷市场的不断发展已经给社会的和谐稳定带来了极大的危害。

同时,非法放贷行为对于我国的金融管理秩序也带来了极大的威胁与危害。为了维护金融市场的稳定和安全,国家制定了一系列的金融业务准入规则和金融监管规则。只有依法批准设立的金融机构才具有从事贷款业务的资格,而我国现阶段还存在一些非法放贷的机构或个人,这些非法放贷行为都违反了国家相关的金融管理规定,隐含了巨大的金融风险,因为民间放贷行为的泛滥,容易导致商业银行难以准确测算企业现金流、负债等信息,进而容易误判,引发系统性金融风险。①

(二)刑法有限介入非法放贷行为规制之必要性

违法或犯罪的本质是行为具有社会危害性。如上所述,非法放贷行为同样具有严重的社会危害性,并且金融管理制度与金融市场秩序是刑法所保护的重要法益,因而非法放贷行为同样也具有刑法规制的必要性。对于非法放贷行为,相对于金融市场不断发展的今天,我国对于存款与贷款管理法律法规相当一部分都是计划经济时期制定的,而适合于当下市场经济体制的存贷款法律管理制度尚未建立,尤其是刑法对于非法放贷行为一直以来都没有针对性的规定。另外,我国对于非法放贷行为的管理多侧重于行政处罚,刑事制裁力度较小,进而导致非法放贷犯罪现象越来越严重。在行政处罚措施效果有限的情形下,刑法介入非法放贷行为的规制成为一种必然选择。因此在修改完善非法放贷刑事立法之时,既要充分考虑非法放贷犯罪打击的需要,也要保持谨慎的态度与方针,以防刑法的过度介入和不当扩大,从而遏制民间资本发挥其应有的积极作用。因此,对于我国社会转型时期日益严重的非法放贷行为,有必要予以刑法规制,但也不能过分地推行犯罪化,而应有限且有效地介入。

---

① 参见章红兵、林赓等:《民间融资、高利贷行为识别和商业银行风险防范措施根据探析》,载《浙江金融》2012年第10期。

三、非法放贷犯罪刑法规制现状

对高利贷的法律规制包括民法规制、行政法规制与刑法规制。在民法规制方面，对于利息超出银行同期贷款利率四倍以上的高利贷部分，民法对超出部分不予保护，但对于债务人已经偿还的也不予以干涉。在行政法规制方面，目前主要是由中国人民银行依据《非法金融机构和非法金融业务取缔办法》和《关于取缔地下钱庄及打击高利贷行为的通知》，对发放高利贷者作出取缔决定，宣布其非法，责令停止一切业务活动；同时可处以没收违法所得和罚款；对于骗取工商行政管理登记设立非法金融机构从事高利贷的，由工商行政机关予以注销登记或变更登记。虽然我国一直强调对高利贷行为的打击，但在刑法立法上，我国1979年《刑法》和1997年《刑法》都没有针对非法放贷行为规定专门的罪名。在刑事司法上，已有不少对非法放贷行为（主要是高利贷行为）定罪处罚的情形，但由于缺乏统一的立法依据，司法实践中对于非法放贷行为的处置方式有所不同，主要有以下几种处置方式。

一是以非法经营罪论处。2004年，湖北武汉涂某等因高利贷活动被判处非法经营罪，开启了高利贷活动以非法经营罪论处的先例。在该案中，被告人涂某、胡某为了牟取非法利益，在1998年8月至2002年9月期间，或以涂某注册成立的公司的名义，或以涂某的个人名义，或假借某银行及未经批准成立的某互助基金会的名义，采取签订借据的形式，按月息2.5%，超期按月息9%的利率，以注册公司、涂某的个人资金或胡某的个人资金，先后向21家单位及个人发放贷款共计人民币907万元，并从中牟取利益共计人民币114万余元。胡某为帮助涂某发放贷款，先后筹措个人资金人民币68万元，并保管涂某的放贷账目、资金存折及注册公司的公章。涂某还组织清收队，对于贷款期限届满未归还的进行催收。法院认为，被告人涂某、胡某对外发放高息贷款，从事非法金融活动，情节严重，根据国务院发布的《非法金融机构和非法金融业务活动取缔办法》第22条的规定，应当追究刑事责任；根据《刑法》第225条的规定，涂某、胡某的行为构成非法经营罪。

在上述案件的处理过程中，由于对高利贷是否构成《刑法》第225条中规定的其他非法经营行为没有把握，相关办案部门向中国人民银行、最高人民法院刑二庭、公安部进行了请示,上述三个部门在答复中指出,放高利贷系从事非法金融活动,属于《刑法》第225条第(四)项规定的其他非法经营行为。本案的判决在全国范围内产生了一定的示范效应,此后,对高利贷行为以非法经营罪论处成为高利贷行为刑法处罚最常见的方式。虽然以非法经营罪处理高利贷行为已经有了上述权威部门作出的答复为依据,但不论是司法实践中还是刑法理论界对于此种处断方式依然存在较大的争议。

二是按非法吸收公众存款罪论处。在司法实践中,高利贷行为往往与非法吸收公众存款行为联系在一起,也即在民间高利贷活动中,很多借款人是以高额利息为条件,向社会不特定公众借款;还有一些出借资金的人是以相对较低的利息,向社会不特定公众筹集钱款后再借给放高利贷的人。上述两种吸纳资金的情况均符合我国《刑法》第176条规定的非法吸收公众存款罪的构成特征,因此,司法实践中对于其中情节严重的一般是按非法吸收公众存款罪论处,而对于高利贷行为则不予考虑。

三是按高利转贷罪论处。在民间借贷活动中,常见的一种情形是行为人将其从正规金融机构所获得的信贷资金放高利贷,也即行为人从银行套取信贷资金,然后将其转投高利贷,这种情形下,对行为人一般以高利转贷罪论处。

四是仅处理高利贷引发或涉及的其他犯罪,高利贷行为本身仅作为量刑情节考虑。在通常情况下,高利贷行为往往容易引发非法拘禁、故意伤害等犯罪,且经常与赌博犯罪相互交织,由于非法拘禁罪、故意伤害罪以及赌博罪都是我国刑法明文规定的犯罪,而我国目前对于高利贷行为是否入罪存在较大争议,所以在司法实践中,很多司法机关在处理高利贷引发或涉及的其他犯罪活动时,只追究非法拘禁罪、故意伤害罪、赌博罪等相关犯罪的刑事责任,对高利贷行为则作为从重处罚的情节予以考虑。

此外,在司法实践中也有按敲诈勒索罪论处的案例。这种处断方式在司法实践中较为少见,但也是存在的。如吉林某地法院就以敲诈勒索罪判处过一起高利贷案件。在该案中,2005年5月起被告人夏某以月息10%向李某等三个经营公司提供借贷,到了2005年12月,本息达70万元。由于李某等人未及时还款,夏某就纠集多人对其进行殴打、辱骂、罚跪,逼迫其还款。此后,夏某还将一台2002年购买的帕萨特轿车,强行以 30 万元本金的形式作为高利贷贷给李某等三人。在催讨过程中,夏某还以其手下讨债需要"劳务费"为由,向李某索要 20 万元。法院审理后,认定夏某等人的行为构成敲诈勒索罪。

2019 年,为依法惩治非法放贷犯罪活动,切实维护国家金融市场秩序与社会和谐稳定,有效防范因非法放贷诱发的涉黑涉恶以及其他违法犯罪活动,保护公民、法人和其他组织合法权益,最高人民法院、最高人民检察院、公安部、司法部联合制定了《关于办理非法放贷刑事案件若干问题的意见》,对非法放贷犯罪的惩治作出了明确的规定。该意见对于经营性的非法放贷行为以何罪论处作出了明确的规定,其第 1 条规定:"违反国家规定,未经监管部门批准,或者超越经营范围,以营利为目的,经常性地向社会不特定对象发放贷款,扰乱金融市场秩序,情节严重的,依照刑法第二百二十五条第(四)项的规定,以非法经营罪定罪处罚。"自该规定出台以来,对于经营性的非法放贷行为的惩处有了统一的标准。但对于具有严重社会危害性的非经营性非法放贷行为是否构成犯罪,若构成犯罪以何罪论处依然存在较大的争议。

此外,《关于办理非法放贷刑事案件若干问题的意见》还对非法放贷行为的构罪标准、非法放贷犯罪与上游犯罪(擅自设立金融机构、套取金融机构资金高利转贷、骗取贷款、非法吸收公众存款等行为)及下游犯罪(为强行索要非法放贷而产生的债务而实施故意杀人、故意伤害、非法拘禁、故意毁坏财物、寻衅滋事等行为)之间的关系作出了相应的规定。

第三章　非诈骗型非法集资行为及其刑法规制

非法集资犯罪根据行为人是否具有非法占有目的,可以分为诈骗型非法集资行为与非诈骗型非法集资行为。两类犯罪行为在司法实践中的规制存在一定的差别,为了便于展开研究,本书对两类非法集资行为的刑法规制问题分别予以论述。本章重点讨论非诈骗型非法集资行为的刑法规制,主要探讨非法吸收公众存款罪,擅自发行股票、公司、企业债券罪及欺诈发行证券罪等罪名的司法认定问题。

第一节　非法吸收公众存款罪概述

随着经济领域纵深化发展,非法吸收公众存款罪在近些年来越来越突出,并受到了我国刑法理论界的关注。若要对非法吸收公众存款罪进行准确的司法认定,前提是要梳理好本罪的立法演变,并在此基础上,结合本罪的司法适用现状,正确界定本罪的概念与构成要件。

一、非法吸收公众存款罪的立法演变

非法吸收公众存款罪的立法演变与我国经济社会的发展息息相关。在计划经济的年代,非法集资类犯罪缺乏生存发展的空间,故该时期立法者并未关注此类行为,后因改革开放基本国策的影响,市场逐渐脱离计划经济,随之而来的不仅是经济的繁荣发展,也带来了金融领域的诸多乱象,国家先采用了行政规制的手段,后

又动用了刑事举措制裁此类犯罪。因此,我国非法吸收公众存款罪的立法发展大致可分为三个阶段:立法空白、行政规制及刑罚惩治。

（一）第一阶段:立法空白

在 1949 年中华人民共和国成立之后的较长一段时间之内,因受当时我国政治环境的影响,国家法律基本处于虚无主义的状态,直到 1979 年我国才制定《刑法》。在我国 1979 年旧《刑法》的规定之中,非法吸收公众存款或者变相吸收公众存款的行为都未被规定为犯罪行为,究其原因,主要是在制定 1979 年《刑法》之时我国尚处于高度集中的计划经济体制时期,市场经济体制尚未得到有效的建设与发展,各类金融活动均被国家严格把控,致使银行、其他团体组织与个人并无意愿实施非法集资行为。首先,当时的银行带有强烈的行政色彩,主要职能是进行计划调控,因而其无法根据市场规律去发挥对经济的调节功能,也缺少吸收公众存款的动力;其次,因各种生产都置于计划经济政策之下,对于团体组织而言,吸收公众存款也无法扩大规模、增加产量,既然无实利可图,则无集资的意愿;最后,生活在计划经济时期的国民收入普遍较低,手中可供调用的闲散资金并不充足,即便有单位或个人想吸收公众存款,社会中也往往无足量的资金。是故当时的立法者不认为将非法集资行为入罪具备显著的紧迫性与必要性,而其他部门的法律法规也未加以干涉,这一时期针对非法吸收或变相吸收公众存款的行为规制便处于立法空白阶段。

（二）第二阶段:行政规制

伴随着改革开放基本国策的有序推进,社会主义市场经济不断发展,以往金融领域中鲜见的风险也开始逐步凸显,其中非法集资类活动也日渐猖獗。为了保证国家宏观调控的能力,也为了保护公民的财产,我国的行政法规首先关注了此类扰乱金融秩序的行为。1989 年银行业内部进行规制的《关于金融稽核检查处罚规定》表明,银行的利率应由中国人民银行统一控制,各银行不得擅自调整利率吸收存款和吸收不属于储蓄存款范围的公款,否则会责令限期清理并处以罚息。1990年《中国人民银行利率管理暂行规定》也再次明确,对于擅自或变相调整存款利率的金融机构处以罚款。到 1992 年,国务院通过了《储蓄管理条例》,其中第 8 条规定:"除储蓄机构外,任何单位和个人不得办理储蓄业务",第 34 条则是规定了相应的法律责任:"违反本条例规定,有下列行为之一的单位和个人,由中国人民银行或其分支机构责令其纠正,并可以根据情节轻重处以罚款、停业整顿、吊销《经营金融业务许可证》;情节严重,构成犯罪的,依法追究刑事责任:(一)擅自开办储蓄业务的……(六)储蓄机构采取不正当手段吸收储蓄存款的",此时虽已经明确提及"追究刑事责任",但是我国刑法还未有相应的规定,因而在司法实践中一般将非法吸收或变相吸收公众存款的行为人按照投机倒把罪定罪处罚。至于 1993 年中国人民银行发布的《关于执行〈储蓄管理条例〉的若干规定》则是对相关内容又进行了强调与重申。至此,国家对于非法吸收或变相吸收公众存款的行为主要是依靠行政法规进行规制,刑事法律中尚无明文规定。

(三)第三阶段:刑罚惩治

金融犯罪的猖狂之势在 1993 年沈太福非法集资案与 1994 年邓斌非法集资案后引起了社会各方的关注,两人最终都被判处死刑,虽并未以非法集资的名义定罪,但从某种意义上而言,这两起大案开启了我国动用国家机器追诉非法集资行为的历史进程。先是 1995 年的《商业银行法》明确了从事非法集资行为构成犯罪的,要依法追究其刑事责任。其后全国人大常委会在 1995 年的 6 月 30 日又专门通过了《关于惩治破坏金融秩序犯罪的决定》,大幅增设了金融犯罪的相关罪名,其中第 7 条便是有关非法吸收公众存款罪的明文规定:"非法吸收公众存款或者变相吸收公众存款,扰乱金融秩序的,处三年以下有期徒刑或者拘役,并处或者单处二万元以上二十万元以下罚金;数额巨大或者有其他严重情节的,处三年以上十年以下有期徒刑,并处五万元以上五十万元以下罚金。单位犯前款罪的,对单位判处罚金,并对直接负责的主管人员和其他直接责任人员,依照前款的规定处罚。"此规定正式标志着我国以刑事司法手段惩治非法吸收公众存款行为的开端。而 1997 年《刑法》也正式将非法吸收公众存款罪纳入其中,其罪状表述基本沿袭了 1995 年的《关于惩治破坏金融秩序犯罪的决定》。之后的若干年间,由于对《刑法》条文的不同理解以及经济社会的瞬息万变,相应的司法解释也一出再出,直至 2020 年发布的《刑法修正案(十一)》对非法吸收公众存款罪的量刑结构进行了立法调整,将其最高刑由原本的 10 年有期徒刑改成了 15 年,罚金刑也改成了上不封顶的无限额罚金,显然,此变动显示着立法者对于非法集资犯罪的严惩态度。

二、非法吸收公众存款罪的概念界定

我国刑法学界对于本罪的概念存在着诸多表述,但具有代表性的不外乎如下几种:第一,本罪是指非法吸收公众存款或者变相吸收公众存款,扰乱金融秩序的行为①,该概念直接援引了法条的罪状表述;第二,本罪是指违反国家有关吸收公众存款的法律、法规,非法吸收公众存款或者变相吸收公众存款,扰乱金融秩序的行为;②第三,本罪是指金融机构或其他单位、自然人违反信贷管理法规,吸收公众存款或者变相吸收公众存款,扰乱金融秩序的行为;③第四,本罪是指行为人以聚集资金从中牟利为目的,故意违反国家法律、法规的规定,非法向社会上不特定的公众公开吸收存款,或者变相吸收公众存款,扰乱金融秩序的行为。④由此可见,刑法学界对于非法吸收公众存款罪的概念表述虽多有不同,但细细归纳起来实质上关键的要素大同小异,对这些概念具体要素可作如下分析。

其一,概念中是否要写明本罪的主体。如上述的第三种表述认为本罪的主体为"金融机构或其他单位、自然人",当然也有其他的观点认为金融机构不应该成为本罪的主体,因而在概念表述时应写明"是指单位和个人"。⑤笔者认为,本罪在界定概念时无需写明本罪的主体,因为本罪主体为一般主体,与其他罪名相比并无甚特殊之处,是故无需特地指出以示不同。而前述有关主体概念表述的不同实际上属构成要件理解之时的观点差异,并非本罪的本质属性不同,下文将在本罪的构成要件中对其进行探讨与分析。

其二,概念中是否要明确本罪应违反法律法规以及究竟违反何种法律法规。如上述的第一种观点只简要归纳为"非法",但第三种表述则是写明了"违反信贷管理法规"。可以达成共识的是成立本罪必定是要有"非法性"的,当然,该非法性并

---

① 王作富:《刑法分则实务研究》,中国方正出版社 2013 年版,第 398—399 页。
② 刘宪权:《金融犯罪刑法学新论》,上海人民出版社 2014 年版,第 220 页。
③ 薛瑞麟主编:《金融犯罪研究》,中国政法大学出版社 2000 年版,第 112 页。
④ 王新:《金融刑法导论》,北京大学出版社 1998 年版,第 130 页。
⑤ 陈兴良主编:《罪名指南(上册)》,中国政法大学出版社 2000 年版,第 385 页。

非指最终的刑事违法性,而是指要构成本罪时应具备的构成要件之一,但是该"法"究竟是指什么法律法规在学界中颇有争议,该争议从上述几种概念表述中便可见一斑。但笔者倾向于在概念中不明确表述,而只以"非法"两字概括之,因这两字就已经是本罪的本质特征之一,无需各学者强加其主观的认定,司法实践之中自会在客观案件的基础之上进行理解判断。

其三,概念中是否要判断并写明本罪的目的。如第四种概念表述之中便认为本罪行为人是以"聚集资金从中牟利为目的",但笔者认为在概念中写明其目的不妥。主要原因是本罪并非目的犯,倘若在界定概念时将目的写明,难免不让人认为该目的是认定本罪的必备构成要件,而这并不符合法律规定,也会给司法实践中打击非法吸收公众存款或变相吸收公众存款的犯罪行为带来困难。

其四,概念中是否要强调"扰乱金融秩序"的要件。这一点在概念界定之时其实并不是一个争议问题,各方概念表述稍稍对比便可明了,几乎所有的概念都明确认可本罪是扰乱金融秩序的行为,本书也不例外。既非争议焦点,却又单独提及的原因在于强调,该要件既是刑法条文之中的明确规定,那么在定义之时就不能将其遗忘,这不仅是下定义时法定性的要求,也是科学性之本意。

综上所述,笔者认为非法吸收公众存款罪概念的表述应当采取前述第一种表述较为合理,即非法吸收公众存款罪是指非法吸收公众存款或者变相吸收公众存款,扰乱金融秩序的行为。

三、非法吸收公众存款罪的司法适用现状

以近些年我国各地司法机关的实践观之,非法吸收公众存款案数量增长迅速。依据最高人民检察院的数据显示,在 2017 至 2018 年间,在受理审查逮捕的破坏金融管理秩序案件中,依法批准逮捕 18 662 件 27 016 人。其中,批准逮捕非法吸收公众存款案 13 127 件 18 736 人,分别占 70.3% 和 69.4%。[1]2019 年,全国检察机关起诉非法吸收公众存款犯罪案件 10 384 件 26 060 人,同比分别上升

---

[1] 董凡超:《犯罪手段不断翻新 检察机关专业化办理金融犯罪案》,载《法制日报》,2018 年 11 月 17 日。

40.5％和50.7％。①2020年全国检察机关共起诉非法吸收公众存款犯罪案件近10 000件,涉2万余人。②2021年,检察机关继续保持对非法集资犯罪的高压态势,2021年检察机关起诉非法吸收公众存款罪依然高达2万余人。③从这些数据可知,在司法实践之中,非法吸收公众存款罪在破坏金融管理秩序案件中的适用比例较高。究其数量变动态势的原因,与我国近些年来检察机关突出惩治非法吸收公众存款等涉众型经济犯罪的工作重心息息相关,北京、上海、湖南等地的检察机关也在此导向之下依法办理了"e租宝""中晋系""善心汇"等重大案件。如在"e租宝"案件中,被告人王之焕等16人就因违反了国家金融管理法律的规定,实施变相吸收公众存款的行为,被认定构成非法吸收公众存款罪。④

通过上述数据不难知道,非法吸收公众存款罪在我国的司法实践之中适用得极为广泛。但是该适用之广泛究竟是正确定罪量刑后的应有结果,还是司法人员将该罪名作为了破坏金融管理秩序兜底的口袋罪? 这问题的答案也许无需深入探寻司法人员的心理活动,仅从相关的法律文件之中便可获知一二。比如,根据《非法集资解释》中相关说明的界定,本罪属于非法集资犯罪的一般法规定,所附随的是基础性的意义。⑤再如,上海市公检法系统于2018年12月联合颁布实行的《关于办理涉众型非法集资犯罪案件的指导意见》中明文规定:"对于多人参与、分工实施的集资诈骗犯罪,其中的组织、策划、指挥者应当以集资诈骗罪定罪处罚;对于确有证据或理由表明并不知晓上述人员的非法占有目的,可以非法吸收公众存款罪定罪处罚。"这明显是将本罪作为兜底性的罪名进行了适用,虽然该做法在某种程度上有利于打击犯罪,但更值得关注的是,本罪在司法适用中的不当扩大,极易使得

① 参见《发挥检察职能作用 惩治和预防金融犯罪》,中华人民共和国最高人民检察院官网,https://www.spp.gov.cn/spp/xwfbh/wsfbt/202003/t20200325_457166.shtml#2,访问日期:2021年5月12日。

② 参见《最高检:2020年1至11月检察机关共起诉破坏金融管理秩序犯罪14 152件30 655人》,央广网,http://news.cnr.cn/dj/20210207/t20210207_525409835.shtml,访问日期:2021年5月12日。

③ 参见《全国检察机关以洗钱罪起诉案件数上升117%》,中华人民共和国最高人民检察院官网,https://www.spp.gov.cn/spp/zdgz/202202/t20220215_544579.shtml,访问日期:2022年10月5日。

④ 参见《人民法院审理非法集资刑事案件情况及典型案例》,中华人民共和国最高人民法院官网,http://www.moe.gov.cn/s78/A05/s7655/ztzl_xcjy/xcjy_cycl/201808/t20180820_345621.html。

⑤ 参见刘为波:《〈关于审理非法集资刑事案件具体应用法律若干问题的解释〉的理解与适用》,载《人民司法》2011年第5期。

合法的民间借贷被纳入本罪的打击范围之中，这不仅会限制市场经济的蓬勃发展，还会削弱刑法的谦抑性与权威性，可谓得不偿失。因而如何在司法实践之中对本罪进行限缩适用，以防其在刑事法律边界过分扩张是我们急需解决的一个难题，本书也将在下文中对此问题展开论述。

四、非法吸收公众存款罪的构成要件

为维护国家的金融管理秩序，非法吸收公众存款罪于 1997 年成为一个独立的罪名，被列入了我国的《刑法》条文之中，依据我国传统的犯罪构成四要件理论，本罪的犯罪构成有如下几个方面。[①]

（一）非法吸收公众存款罪的主体

根据我国《刑法》第 176 条有关非法吸收公众存款罪的罪状描述可知，本罪的主体为一般主体，即自然人与单位均可构成本罪。就自然人而言，凡年满 16 周岁，具备完全的刑事责任能力即可，而在单位的范围之内，一般的单位与不具备吸收公众存款资格的金融机构能够成立本罪也是学术界均认可的应有之义，是故，本罪有关主体的争议就在于具备吸收公众存款资格的金融机构能否成为本罪的适格主体？肯定论学者与否定论学者见仁见智，各执一词，但经文献研读后可得，主要争议在于如下两点：第一，非法吸收公众存款罪的主体是否需要以行政法规的认定为前提？第二，具备吸收存款业务资格的金融机构非法吸存的社会危害性与其他主体相比如何？

笔者认为将具有办理存款业务资格的金融机构纳入本罪的主体范围之内是大势所趋。关于第一个问题，行政法规并非认定刑事犯罪的必经程序，就我国法律的效力层级而言，认定本罪就应以《刑法》条文的规定为基底，即本罪并未对犯罪主体作任何的限制，只要非法吸收或变相吸收了公众存款，扰乱金融秩序的便有可能构成本罪。关于第二个问题，且不说社会危害性是否真如否定论者所言的不高，即便假设该命题为真，也不可忽略其他的社会危害性，比如金融机构之间的无序竞争损

---

① 因为本罪在构成要件的认定方面存在较多的争议，因此此处只简要介绍本罪的构成要件内容，下文将针对四要件中关于司法认定的问题展开详细论述。

害的不仅是金融市场的正常秩序,更会削弱国家对国民经济宏观调控的能力,在此基础上,不可不说国家金融管理秩序也受到了一定程度的危害。[①]因而,笔者认同具有办理存款业务资格的金融机构也可以成为本罪的主体。

(二)非法吸收公众存款罪的客体

我们在这里所说的犯罪客体是指犯罪的直接客体,就是指某一犯罪行为所直接侵犯的,我国刑法所保护的某种具体的社会主义社会关系。[②]关于本罪的客体是什么,学界存在着不同的观点,概括起来有如下几种:本罪的客体为国家的金融管理秩序;[③]本罪客体为国家金融管理中的融资管理制度;[④]本罪的客体为国家信贷金融秩序;[⑤]本罪的客体为国家对存款的管理制度。[⑥]

上述四种观点的差异主要体现在其所揭示的,本罪所保护的社会关系大小不同。其中第二种观点将制度直接作为客体并不妥当,因为制度是在有关法律法规的基础之上形成的规律性做法,而犯罪行为的本质是使得某种社会关系处于混乱无序的状态,因此犯罪客体应是某种秩序而非具体的制度。第三种观点认为本罪客体为国家信贷金融秩序虽有一定的道理,但并未准确界定,因为信贷金融秩序不仅包括存款管理秩序,还包括贷款管理秩序,但显然后者与本罪客体无关。至于最后一种观点,则兼具第二种与第三种观点的不足,除了制度不可代替秩序成为客体这一问题之外,国家的存款管理制度,不仅包括吸收公众存款的制度,而且包括有关存款的保管与使用等方面的制度,但保管与使用并不属于本罪规制的部分。行文至此,我们可以发现第一种观点的金融管理秩序,其作为金融犯罪侵犯的同类客体,毫无疑问的就是本罪的犯罪客体,同时非法吸收公众存款罪在刑法规定之中就已经明确指出"扰乱金融秩序的",在此意义之上,直接将本罪的客体界定为金融管理秩序并无欠妥之处。

---

① 参见乔大元:《论非法吸收公众存款罪》,中国政法大学 2007 年硕士学位论文。
② 赵秉志主编:《新刑法教程》,中国人民大学出版社 1997 年版,第 176 页。
③ 黄京平主编:《破坏市场经济秩序犯罪研究》,中国人民大学出版社 1999 年版,第 377 页。
④ 赵长青主编:《新编刑法学》,西南师范大学出版社 1997 年版,第 516 页。
⑤ 高铭暄、马克昌主编:《刑法学》,中国法制出版社 1999 年版,第 721 页。
⑥ 王作富:《刑法分则实务研究》,中国方正出版社 2013 年版,第 399 页。

（三）非法吸收公众存款罪的主观方面

犯罪的主观方面是指犯罪主体对自己所实施的犯罪行为及其危害结果所持的心理态度。包括罪过（故意、过失）、犯罪动机和目的等因素。[1]就本罪而言，主观方面为故意，在学界之中并无争议，即行为人明知自己吸收公众存款是非法的而故意实施。[2]值得一提的是，成立本罪是否必须具有一定目的？近些年来，有的学者认为本罪的行为人一般有聚集资金从中牟利的目的[3]，是出于非法牟利目的还是出于非法占有目的，是集资诈骗罪与本罪最主要的区别。[4]

但笔者认为非法牟利目的并不是本罪的独有特征，身为金融犯罪的行为人，一般情形下，无利可图便无作为。与此同时，刑法从未明文规定本罪应有非法牟利目的，同时也无法推理出其具有默示目的，因而不可认为本罪是目的犯。在司法实践中，行为人实施非法吸收公众存款或者变相吸收公众存款的行为目的可能是用于投资，也有可能是用于生产经营，用于弥补企业亏损等，但是否以牟利为目的，对本罪的主观要件构成不产生影响，即行为人不具有非法牟利目的也可构成本罪。

（四）非法吸收公众存款罪的客观方面

本罪在客观方面主要包括两种行为方式，即《刑法》条文中所列的"非法吸收公众存款"与"变相吸收公众存款"，但这两种行为方式具体应如何理解？根据国务院1998年颁布实施的《非法金融机构和非法金融业务活动取缔办法》之规定，所谓非法吸收公众存款，是指未经中国人民银行批准，向社会不特定对象吸收资金，出具凭证，承诺在一定期限内还本付息的活动；而变相吸收公众存款，则是指未经中国人民银行批准，不以吸收公众存款的名义，向社会不特定对象吸收资金，但承诺履行的义务与吸收公众存款性质相同的活动。上述规定表明，这两种表现形式在本质上并无不同，其差别仅在于名义、形式的不同：前者直接出具存款凭证，写明所吸收的是存款，并承诺在一定期限内还本付息，而后者则不是以吸收存款的形式出现，而冠以其他名义，如投资入股、成立资金互助会等，但都是还本付息的活动。[5]

---

① 曲新久等：《刑法学》，中国政法大学出版社2004年版，第43页。
② 卢勤忠：《非法集资犯罪刑法理论与实务》，上海人民出版社2014年版，第117页。
③ 王新：《金融刑法导论》，北京大学出版社1998年版，第30页。
④ 孙国祥、魏昌东：《经济刑法研究》，法律出版社2005年版，第327页。
⑤ 王作富主编：《刑法分则实务研究（上）》，中国方正出版社2010年版，第492页。

根据最高人民法院 2010 年发布的《非法集资解释》(2021 年 12 月 30 日修改)中的规定,同时具备下列四个条件的,除刑法另有规定的以外,应当认定为"非法吸收公众存款或者变相吸收公众存款":(一)未经有关部门依法许可或者借用合法经营的形式吸收资金;(二)通过网络、媒体、推介会、传单、手机信息等途径向社会公开宣传;(三)承诺在一定期限内以货币、实物、股权等方式还本付息或者给付回报;(四)向社会公众即社会不特定对象吸收资金。同时还规定,未向社会公开宣传,在亲友或者单位内部针对特定对象吸收资金的,不属于非法吸收或者变相吸收公众存款。

　　不过虽然我国规范性立法文件之中对本罪的客观方面进行了界定,但是司法实践中本罪适用的"口袋化"现象依旧引起了理论界的关注:何为"非法"? 何为"变相"?"公众存款"概念应如何理解?"扰乱金融秩序"又究竟是行为要求还是结果要求? 这些问题均和本罪的准确理解与适用休戚相关,笔者将在下一节中对本罪的司法认定予以进一步分析与阐释。

第二节　非法吸收公众存款罪的司法认定

　　有关本罪在司法认定中的问题,主要焦点无非是罪与非罪、此罪与彼罪等方面。关于前者实际上是要求司法工作人员能够准确地把握本罪的构成要件,特别是客观方面的准确理解与适用,其中又具体包括了本罪的行为方式、犯罪对象、危害结果及犯罪数额的认定问题。在判定行为人构成犯罪之后,司法实践需继续面临的即为本罪的形态界定问题:既未遂之间的界限为何,各行为人之间能否成为共犯,与其他的犯罪行为又是否应成立数罪等。上述问题争议不断,有必要在法理上对其予以廓清,为实践部门提供较为合理的认定方法。

一、非法吸收公众存款罪行为方式的认定

　　根据我国《刑法》第 176 条的规定,本罪在罪状上具体区分为非法吸收公众存款和变相吸收公众存款,即在这其中可以区分为两种行为方式,一是非法吸收公众

存款的行为,二是变相吸收公众存款的行为。

（一）非法吸收公众存款行为的认定

非法吸收公众存款的行为与变相吸收公众存款的行为是相对的,指形式上未经有关部门批准,主要包括两个方面:第一种是行为人不具有吸收存款的主体资格但却实施了吸收公众存款的行为,譬如从事生产经营的企业、单位或个人,以吸收存款的名义、还本付息的方式公开向社会公众募集资金;①第二种是行为人虽然具有吸收存款的主体资格,但其在吸收公众存款时所采用的方式是违法的,例如用擅自提高利率、增加回报的方式吸收公众存款。②实践中有部分可以吸收存款的商业银行,为了完成吸储的任务指标,会采用提高利率、返还实物等方式向社会公众吸收存款。

前者主要是指吸收公众存款的主体违法。即除了依法设立的具有吸收公众存款资格的金融机构以外的其他组织、企事业单位及个人,进行了吸收公众存款的活动。我国对于能够吸收公众存款的主体资格把握一直较为严格,如1995年《商业银行法》中的第11条就对设立商业银行作了明确的限制条件,即应当"经中国人民银行审查批准",未经批准的,不得从事吸收公众存款的业务,后因中国人民银行的职能发生转变,2003年修正的《商业银行法》便将该限制条件修改为须"经国务院银行业监督管理机构批准"。与此同时,在该法的第81条就明确了未经有权机关批准成立商业银行吸收公众存款构成犯罪的,要依法追究刑事责任。后者则是指吸收公众存款的方式违法。同样的在我国的《商业银行法》规定之中,第47条便明文规定商业银行不得违反规定提高或降低利率及采用其他不正当的手段吸收存款,实施不正当竞争。但是在我国有些金融机构为了谋求非法利益,会擅自超越权限,置法律规定于不顾,提高利率以争夺储源。而上述行为在20世纪或许只需受到责令改正、没收违法所得等行政处罚,但是自《商业银行法》于2003年修正以后以法条形式明确了构成犯罪的,也需追究刑事责任,同时该规定也彻底表明了即便是具有吸收存款资格的金融机构也可以成为本罪的主体。

总结分析上述分类方式可知,在判断是否是非法吸收公众存款行为的步骤中,

---

① 参见李晓强:《集资型犯罪研究》,山东大学2012年博士学位论文。
② 参见陈兴良主编:《罪名指南(第二版)上册》,中国人民大学出版社2008年版,第411页。

先明确的是主体是否合格,如果主体并无吸收公众存款的资格,那么无论后续非法吸收公众存款的行为方式为何,都不妨碍其构成非法吸收公众存款罪。倘若第一步认为该主体可以从事吸收公众存款的业务,那么再进行后续的判定,即其吸收公众存款的方式是否违反了我国法律的相关规定,采用了非法方式吸收公众存款,构成犯罪的,应当追究刑事责任。

（二）变相吸收公众存款行为的认定

变相吸收公众存款采用的是间接吸存的方式,一般而言是对直接非法吸存方式的补充,即借用合法经营的形式变相吸收资金。行为人不是以存款的名义而是通过其他形式吸收公众资金,从而达到吸收公众存款的目的的行为。[1]在市场经济不断发展的现代社会,单纯以存款、借款名义非法吸收公众存款的行为方式事实上已被逐步淘汰,如今更多的不法分子采取伪装成合法生产经营等方式吸收资金,手段上更具隐蔽性与复杂性,譬如中国银监会介绍的以签订商品经销、产品开发、技术转让合同等形式,对社会不特定公众变相募集资金[2],以规避国家对储蓄的监管来逃避法律法规的制裁,这就给司法机关打击此类犯罪行为带来了较大的困难。

《刑法》条文中并没有规定变相吸收公众存款的具体行为方式,但在其他的规范性文件中,则零散地罗列出不同的表现形式。国务院办公厅于 2007 年 7 月 25 日发布实施的《关于依法惩处非法集资有关问题的通知》就对"非法集资"的表现形式进行了总结,包括引用产权式返租、电子商务、电子黄金、投资基金等新概念,大致可划分为债权、股权、商品营销、生产经营等四大类,这四类之中,除去股权类的非法集资可能被认定为擅自发行股票、公司、企业债券外,其他的基本属于非法吸收或变相吸收公众存款的行为方式。之后,2010 年最高人民法院发布的《非法集资解释》(2021 年 12 月 30 日修改)第 2 条又概括了十余种变相集资的行为,其主要包括返本销售房屋、转让林权、虚假转让股权、发售虚构基金、投资入股、委托理财、利用民间"会""社"组织等多种形式。

仅仅依靠罗列的方式不可能完全穷尽司法实践之中犯罪人形形色色的手段,但当然也不可简单地依据 1998 年发布的《非法金融机构和非法金融业务活动取缔

---

① 高铭暄、马克昌主编:《刑法学》,北京大学出版社 2016 年版,第 399 页。
② 参见耿彩琴:《银监会曝光四类非法集资方式》,载《北京日报》,2006 年 10 月 8 日。

办法》认为行为人不论以何种行为吸收存款，只要其承诺了还本付息就可以认定是变相吸收公众存款，因为还本付息实际上并非该类型的本质特征，在借贷活动之中还本付息是市场经济的应有之义。因此还是需要从整体上去判断该行为是否属于变相吸收公众存款，而变相吸收公众存款与非法吸收公众存款的本质并无不同，存在差别的仅是名义、形式等，是故在司法实践之中应当注意结合《非法集资解释》相关之规定进行认定。该解释第1条就规定非法集资（包括非法吸收公众存款）的成立同时要求以下四个条件：一是未经有关部门依法许可或者借用合法经营的形式吸收资金；二是通过网络、媒体、推介会、传单、手机信息等途径向社会公开宣传；三是承诺在一定期限内以货币、实物、股权等方式还本付息或者给付回报；四是向社会公众即社会不特定对象吸收资金。最高人民法院参与解释起草的法官撰文解释，上述条件可简要概括为四性，即"非法性、公开性、利诱性、社会性"。①变相吸收公众存款的行为便指非法性中的"借用合法经营的形式吸收资金"，对于此类案件，行为人一般采取的吸收公众存款方式不属于法律法规所规定的需经批准的合法集资活动范围，所以不存在依法批准的问题，又因其经营活动普遍已获得工商机关批准，是故"依法批准"的标准对变相吸收公众存款非法性的判断就失去了意义，基于上述分析，判断借用合法经营名义吸收资金的行为是否为变相吸收公众存款，就必须以该行为是否同时具备非法吸收公众存款的其他三个要素，即公开性、利诱性与社会性作为标准，只有在兼具上述要素之后才可继续认定其是否成立刑法上的犯罪，否则连最基础的要素都不符合的情况下，更何谈犯罪之说。

二、非法吸收公众存款罪犯罪对象的认定

在我国的司法实践之中，无论行为人是通过非法吸收还是变相吸收公众存款的方式实施犯罪，都离不开对本罪犯罪对象"公众存款"的认定，那么我们应如何理解这个概念呢？有学者指出，所谓"公众存款"，就是说存款人是不特定的群体，如果存款人只是少数几个人或是特定的，如仅限本单位人员等，不能认为是"公众存

---

① 刘为波：《非法集资特征的理解与认定》，载《中国审判》2011 年第 2 期。

款"。①诸如此类的界定毫无疑问是具备合理性的,但是于司法实践的指导意义而言并不足够,是故,关于此概念还是需要深入理解分析,以供实践之鉴。在笔者看来,"公众存款"按照字面意思理解其实就是公众的存款,将其拆分,实际为探究应如何理解"公众"与"存款"的含义。

(一)"公众"是指社会的"不特定"对象

关于"公众"的理解,有学者指出"公众"二字是认定非法吸收公众存款罪的核心,只有非法吸收"公众"的存款才有可能构成此罪。②而在一些著名的非吸案件中,辩护人也多会从该角度入手否认本罪的指控,如在孙大午案中,辩方提出行为人是向内部员工及一些常有经济往来的人员借款,故应属民间借贷而非向社会公众非法集资。但由于社会公众的认定标准较为模糊,此问题便成了非法集资类案件司法认定中的一大难点。③不过在刑法相关的论著之中,有关该概念的理解大同小异,一般认为指对象的"不特定性",且最高人民法院《非法集资解释》中也明确了"社会公众即社会不特定对象"的表述。因而对于"公众"一词的理解实际是对"不特定性"的理解。有学者认为对于"不特定性"的理解,与其阐述其具体含义,不如向前寻其本源词汇,即明确好"特定性"之义,采反向排除的方式加以界定,即"特定对象"是指人员范围较小,且存款人与吸收存款的行为人具有某种关系,这使得行为人非法吸收存款的危害性较小,从而不宜认定为犯罪,具体的有向亲友或单位内部人员吸收存款的情形。④

有学者批判"亲友"并非法律上的专有术语,其天然具有的模糊性,决定了其不适合成为定罪标准。⑤而中国所谓的"单位"又是一个很大的概念,有的单位也许仅有几十人,但有的单位却多达几万甚至几十万人,俨然就是一个小社会,若行为人向这样的单位吸收存款,同样的可以构成非法吸收公众存款罪。⑥除去上述不足,笔者认为"不特定性"是可以直接理解认定的,主要可以从以下三个方面入手:首先根据主客观相统一的原则,若行为人主观上就并非针对明确的对象吸收存款,而是

---

① 郎胜:《关于惩治破坏金融秩序犯罪的决定》,中国计划出版社 1995 年版,第 47 页。
② 黄京平:《"保底+收益"理财=非法吸收公众存款罪?》,载《检察日报》2006 年第 3 版。
③⑤ 参见李有星:《非法集资中的不特定对象标准探析》,载《浙江大学学报》2011 年第 9 期。
④ 参见李晓强:《集资型犯罪研究》,山东大学 2012 年博士学位论文。
⑥ 参见王作富主编:《刑法分则实务研究(上)》,中国方正出版社 2010 年版,第 492 页。

对资金的来源在所不问,那么就可以认定其吸储对象的不特定性;其次是行为人吸储的方式,即通过向社会公开宣传、散布信息的方式吸收存款,就可以认定其主观上是想向社会公众吸储,因在此种情况之下吸收任何人的资金均符合其主观意愿;最后从其非法吸储的对象范围考虑,如果对象已明显超出行为人本人的亲朋圈,扩张至社会范围,那也可认定为向社会不特定对象吸储。

(二)"存款"内涵已扩大理解为"资金"

关于"存款"内涵与外延的界定,部分学者认为,对此概念,应当到《商业银行法》中去寻找,即本罪中的"存款"仅指特定的活期存款,它是商业银行的本质业务;[①]另有学者认为,"存款"是指存入金融机构并可以为其利用的货币资金或者有价证券;[②]剩下的部分学者采取广义的存款说,认为存款不仅包括以信用方式聚集起来的信贷资金,还包括未吸入金融机构、尚处于存款人手中的资金,即潜在的存款。[③]虽然学者对"存款"内涵的界定争议不断,但司法解释却早已将其扩张成了"资金",即非法吸收公众资金的行为便有可能成立本罪。1998 年,国务院颁行的《非法金融机构和非法金融业务活动取缔办法》第 4 条中就明确,非法吸收公众存款是指"向社会不特定对象吸收资金",随后在 1999 年中国人民银行下发的《中国人民银行关于取缔非法金融机构和非法金融业务活动中有关问题的通知》也将"非法集资"界定为"向公众筹集资金",最高人民法院《非法集资解释》还是继续沿袭该说法,即非法吸收公众存款的对象为"资金"。基于司法解释之规定,本罪的对象理所当然的应采最广义的理解,不仅包括已被金融机构吸收成为信贷资金的部分,还应包括尚处于存款人手中的资金。

但近来有关本问题的争议焦点其实在于,实物是否能够成为本罪的对象? 有学者认为行为人若以吸收实物的形式吸取资金并支付利息的,应认定为变相吸收公众存款。[④]司法实践中也有类似的案件,如甘肃永昌的"吴某某非法吸收公众存

---

① 参见姜涛:《非法吸收公众存款罪的限缩适用新路径:以欺诈和高风险为标准》,载《政治与法律》2013 年第 8 期。

② 参见刘家琛:《刑法分则及配套规定新释新解》,人民法院出版社 2006 年版,第 896 页。

③ 参见赵秉志主编:《新千年刑法热点问题研究与适用(下)》,中国人民检察出版社 2001 年版,第805 页。

④ 王作富:《刑法分则实务研究》,中国方正出版社 2010 年版,第 494—495 页。

款案"，此案中的行为人以高额利息为诱饵，从农户处赊购小麦160多万斤，待卖出小麦获利后再以小麦款加上利息的方式返还给农户，有些农户为了获得更多的利息，甚至不会要回自己的小麦款，而是放在吴某某处继续盈利，最后行为人因造成大额存款及利息无法偿还，被法院以非法吸收公众存款罪追诉。[1]自然有学者对该观点进行了反驳，认为在当前小微企业融资难的情况下，这种赊购行为应被认为是有效融资、盘活经营的正常经营形式。[2]笔者认为，实物确实不应该纳入本罪的犯罪对象范围。其一，实物相较于资金，无论是流通的方便性还是交易的直接性均不可相提并论，将实物理解为资金有些牵强；其二，变相吸收公众存款一般是指行为方式的变相，而非犯罪对象的变相，在变相吸收公众存款时，行为人真正想要吸收的还是公众的资金，因为将实物转变成资金仅是一种可能而不是必然的；其三，就如前面学者所言，现在小微企业因融资困难会产生资金不足的问题，是故在交易中难免就会选择赊购的解决方式，待卖出货物有了资金后再还本付息，这应当认定为正常的民间交易，而不能以犯罪处理。

但是在甘肃永昌吴某某的案件中，笔者认为将其行为认定为非法吸收公众存款并无不妥之处，不过认定理由与法院不同。因为在本案中，吴某某实际上实施了两个行为，第一个是赊购小麦的行为，根据我们前面的论述，此行为自然不能作为犯罪论处；第二个则是吴某某在将小麦卖出后，留下了部分农户的小麦款，以便农户可以得到更多利息的行为。此举可以认定为向社会不特定的对象吸收资金，因吴某某并无向社会公众吸收资金的主体资格，那么其留下农户的小麦款并还本付息的行为就可认定为非法吸储，至于应追究行政责任还是刑事责任，则要看第二个行为是否达到了刑罚处罚的要求。

三、非法吸收公众存款罪危害结果的认定

这里所指的危害结果是作为犯罪构成要件的结果，从我国《刑法》第176条的

---

① 参见张耕：《刑事案例诉辩审评——破坏金融秩序罪》，中国检察出版社2005年版，第76—77页。

② 参见张亚平：《非法吸收公众存款罪的保护法益及其司法适用》，载《上海政法学院学报》2019年第5期。

具体规定来看,"扰乱金融秩序"便是本罪的危害结果。所谓金融秩序是指金融存在和发展过程中所表现出来的一种有序状态,它突出表现为三个方面:一是金融市场运行的稳定性;二是金融结构的均衡性;三是融资行为的有规则状态。而非法吸收公众存款的犯罪行为对金融秩序的破坏,主要体现在两个方面:一是物质方面,即银行的资金安全;二是非物质方面,即金融市场主体进行融资活动所依据的诚实信用原则和良好的货币交易制度。①

但是学界关于"扰乱金融秩序"的性质,事实上还是存在着不同的观点。有学者认为该表述只是阐述了行为的性质,而不能作为犯罪结果要件,因为非法吸收公众存款本身就是扰乱金融秩序的行为。只要行为人开展了非法的吸收存款业务,且符合其他构成要件,即为既遂,没有程度可言,也不论其是否现实地吸收了存款。②同样的也有学者表示,只要未经批准就违反了金融监管制度、扰乱了金融秩序,不论金融机构的存款是否事实上受到影响,公共利益是否事实上受到损害,都构成本罪。③但持结果属性说的学者认为,行为必须产生扰乱金融秩序的危害结果才能构成犯罪,否则只需以一般违法行为处理即可,所以要判断是否达到了"扰乱"的犯罪程度,应该综合考虑吸收公众存款行为客观方面的诸要素,包括非法吸收公众存款的地点、范围、数额以及给存款人造成的损失及对当地银行造成的影响等,来量定扰乱金融秩序的程度。④

笔者赞同后一种观点。其一,从立法规定可知,并非所有的非法吸收与变相吸收公众存款的行为都可以成立本罪。因为部分程度较轻的行为只是违反了行政法规,并不能作为犯罪处理;作为犯罪之违法程度,必须达到超越了其他法律法规的最高程度,严重到具备刑事可罚性。⑤有的行为人虽然实施了非法吸收公众存款的行为,对我国的金融秩序产生了一定的影响,但此种轻微的扰乱并不能达到刑法中所规定的程度。因而基于刑法的谦抑性,同时考虑到现在民间借贷行为与本罪难以界分而使本罪处于高发的现状,将本罪认定为结果犯可以较大程度地限制本罪

---

① 参见王新:《金融刑法导论》,北京大学出版社 1998 年版,第 36—38 页。
② 张军:《破坏金融管理秩序罪》,中国人民公安大学 1999 年版,第 199 页。
③ 王作富:《刑法分则实务研究》,中国方正出版社 2013 年版,第 456 页。
④⑤ 赵秉志、万云峰:《非法吸收公众存款罪探讨》,载《人民司法》2004 年第 2 期。

的处罚范围,保证民间融资的正常、顺利进行,进而促进民营企业的发展壮大。其二,相关的司法解释对扰乱金融秩序的进一步阐释,也表明其必须达到一定的程度才可成立本罪。最高人民法院2001年发布的《全国法院审理金融犯罪案件工作座谈会纪要》指出,行为人吸收公众存款必须达到一定的金额才可构成本罪[①],并非只要有行为即可。同时2010年发布的《非法集资解释》中除了规定数额,还增加了"其他行为"作为兜底条款,不过要符合此条款,也必须达到"造成恶劣社会影响的程度"。是故,将"扰乱金融秩序"认定为结果较为合理。

四、非法吸收公众存款罪犯罪数额的认定

《刑法修正案(十一)》对本罪的处罚档次进行了调整,由原本的两档增至三档:第一档次的处罚为非法吸收或者变相吸收公众存款,扰乱金融秩序的,处三年以下有期徒刑或者拘役,并处或者单处罚金;第二档次为数额巨大或者有其他严重情节的,处三年以上十年以下有期徒刑,并处罚金;第三档次是数额特别巨大或者有其他特别严重情节的,处十年以上有期徒刑,并处罚金。此处的"数额巨大"及"数额特别巨大"的表述是立法机关在经济类犯罪中用以衡量社会危害性的法律概念,至于其数额具体应认定为多少,是由各司法机关根据各地的具体情况,综合各方面的因素作出的。[②]是故,犯罪数额的司法认定十分重要,因其直接关系着三个档次处罚的选择,与行为人的切身利益息息相关。立法早期因立法机关未对数额的认定作出明确规定,所以司法实践中对该问题的做法多处于混乱失序的状态,学界对此也多有争论:有的主张应按行为人累计吸收的数额认定,有的认为应按照公众实际交付的数额认定,还有的则认为要按照行为人不能偿还的损失数额认定。

---

① 参见最高人民法院2001年1月21日《全国法院审理金融犯罪案件工作座谈会纪要》:具有下列情形之一的,可以按非法吸收公众存款罪定罪处罚:(1)个人非法吸收或者变相吸收公众存款20万元以上的,单位非法吸收或者变相吸收公众存款100万元以上的;(2)个人非法吸收或者变相吸收公众存款30户以上的,单位非法吸收或者变相吸收公众存款150户以上的;(3)个人非法吸收或者变相吸收公众存款给存款人造成损失10万元以上的,单位非法吸收或者变相吸收公众存款给存款人造成损失50万元以上的,或者造成其他严重后果的:个人非法吸收或者变相吸收公众存款100万元以上,单位非法吸收或者变相吸收公众存款500万元以上的,可以认定为"数额巨大"。

② 郎胜主编:《〈关于惩治破坏金融秩序犯罪的决定〉释义》,中国计划出版社1995年版,第49页。

针对上述问题,最高人民法院《非法集资解释》中规定犯罪数额按照行为人所吸收的资金全额计算,在提起公诉前积极退赃退赔,减少损害结果发生,可以从轻或者减轻处罚;在提起公诉后退赃退赔的,可以作为量刑情节酌情考虑。此规定便已明确排除了要按照行为人不能偿还的损失数额进行认定的观点,具备相当的合理性。在笔者看来,在行为人吸收公众存款行为完成之后,犯罪就已经既遂,此时的犯罪数额只应影响量刑,若是因行为人退还了全部赃款就能以无罪处理,则与立法原意并不相符,也会有损司法机关的权威性,不利于我国法治社会的建设。但《非法集资解释》中所表述的"行为人所吸收的资金"还是过于宽泛,难以解决司法实践中的诸多问题,例如行为人的续借金额是否应累计计算,复利又是否应算入犯罪的金额中等。

　　续借行为是指行为人在非法集资的款项到期之后支付了利息,但继续借用本金的情形。例如,将本金 10 万元以利率 10% 借用 1 年为例,当约定的一年期满行为人支付了 1 万利息之后,又与投资人签订了一份新的协议继续借用本金,在此情况之下,行为人非法吸储的金额应认定为 10 万元还是 20 万元存在着争议。有学者认为该金额无需累计计算,只需以犯罪金额 10 万元进行处罚。[1]有持相同观点的学者给出了详细的论证,认为续借本金的行为侵害的是同一笔金额,只是借款时间的延长,该行为与双方签订了一笔两年的协议,约定每年支付利息的做法并无本质的区别。[2]但与之相对的观点认为犯罪数额应当累计计算为 20 万元,主要原因在于其认为向同一个投资人反复吸收存款与向不同投资人吸收存款的危害后果是一样的,都会扰乱金融秩序,续借行为使得被害人的财产遭受了两次侵害,若不累计计算,不利于惩治非法吸储的犯罪行为,也会不当地减轻行为人的罪责。[3]笔者赞同前一种观点。其一,笔者认为持应累计计算观点的学者所给出的理由并不能完全成立,因为向同一个被害人反复吸收同一笔存款与向不同的被害人吸收存款的危害后果是不能等同的,前一行为所侵害的最终都只能是一笔 10 万元的财产,

---

　　① 参见朱晓芹:《非法吸收公众存款罪犯罪数额的认定》,载《检察日报》,2009 年 5 月 19 日。
　　② 参见肖晚祥:《非法吸收公众存款罪的司法认定》,载《东方法学》2010 年第 5 期。
　　③ 参见张晶、顾强:《论非法吸收公众存款罪的若干问题》,载《武汉公安干部学院学报》2009 年第 2 期。

而后行为则是分别侵害了两笔 10 万元的财产,是故计算为 20 万元并不存在争议。当然,传统意义上认为本罪属于行为犯,并不能以行为人损失的数额为定罪标准,重点在于行为人实施了几次"吸收"的行为。即便在此意义上,笔者也认为在续借时,行为人只是在第一次借款时实施了吸收存款的行为,但若是行为人将本息均返还给投资人后又重新订立协议吸收存款,那么就应认定为实施了两次吸收存款的行为,将金额累计计算。其二,若是将续借的金额累计计算,在非法吸收公众存款罪被日益滥用的今天,无疑更是降低了本罪的认定标准,扩大了本罪的打击面,难以符合刑法的谦抑性要求。

复利则是在续借行为上更近了一步,是指投资人在协议到期后不取回利息,而是将利息计入本金后将其继续出借给行为人。依旧以上述 10 万元为例,一年期满之后,投资人不收取 1 万元的利息,而是将 1 万元的利息加入 10 万元的本金内,共计 11 万元继续供行为人使用。此时利息的 1 万元是否应算作犯罪数额?在笔者看来,复利同样不可被纳入犯罪金额的计算之中。因其本来就不属于投资人的财产,而是行为人所支付,就本罪的犯罪对象而言,应是指投资人实际支付的属于其本人的钱款,才能体现行为人非法吸储行为的社会危害性。若是将复利也算作行为人非法吸储的犯罪数额,则会不当扩大行为人的刑事责任,这与实际情况并不相符。

第三节　非法吸收公众存款罪的犯罪形态研究

司法认定中关于犯罪构成要件的准确理解与适用,解决的是行为人的定罪问题,而在明确行为罪与非罪的认定问题以后,司法实践之中面临的则是需合理量刑,在这个阶段,准确无误地认定行为人的犯罪形态便发挥着至关重要的作用,这其中具体包括了本罪的停止形态、共犯形态以及罪数形态。

一、非法吸收公众存款罪犯罪停止形态之争议

我国刑法分则中对于犯罪的具体规定均是建立在犯罪既遂的基础之上,但并

非所有的犯罪都可以达到完成形态，受种种因素的影响，犯罪会出现预备、中止和未遂等情形，非法吸收公众存款罪也不例外。因相较于既遂状态，犯罪的未完成形态对社会的危害性较小，是故对犯罪人的刑罚也会相应的从轻或减轻，基于此，犯罪停止形态之认定在司法实践中对保障犯罪人的权益而言也尤为重要。

具体到本罪，争议较大的在于既遂与未遂状态之认定。一种观点认为只要行为人向社会不特定的多数人开展非法的存款业务，且为后者知晓，无论其是否现实地吸收了存款，即构成既遂。[①]与之相对的另一种观点则认为如果行为人意图吸收公众存款，并已经采取了相应的宣传手段，但在实际吸收到数额之前就已案发，那么应按照未遂论处。[②]相同的观点还认为只要吸收了公众存款，不论该存款是否已归还存款人，以及约定的利息能否如数给付，均不影响本罪的既遂。只有非法吸收公众存款的计划已作出，吸收公众存款的行为还未到实际收取存款的阶段，才是本罪的未遂。[③]仔细推敲上述相对的观点可发现，关于既未遂之争论，实质就是关于本罪应属行为犯还是结果犯的争议，但笔者在前面"扰乱金融秩序"的论争中就已经表明了立场，基于刑法的谦抑性要求，并非只要有非法吸收公众存款的行为就可构成犯罪，而是要达到一定的程度才可构成，即"扰乱金融秩序"应理解为结果属性。同时，笔者认为作为犯罪过程中的一种形态，犯罪既遂是指对法益侵害的完成状态，是故自然能够推导出笔者有关本罪停止形态的观点：并非只要实施了非法吸收或变相吸收公众存款的行为就可以成立本罪的既遂，而是要完成对法益的侵害，扰乱了金融管理秩序才可以既遂犯进行处罚。而判断行为是否对金融秩序造成了破坏，关键在于判断行为人所实施的犯罪行为对法益侵害的现实性，即应当以行为人实际吸收到的公众存款的数额作为认定的标准。因而，要成立本罪的既遂，标准为充分实施了实行行为并出现了犯罪结果，即行为人出于吸收公众存款的主观目的，公开的在社会中进行宣传，向不特定对象发出了要约邀请，并实际吸收到了较大金额的资金。若是行为人实施了非法吸收公众存款的行为但并未成

---

① 赵秉志主编：《破坏金融管理秩序犯罪疑难问题司法对策》，吉林人民出版社 2000 年版，第135 页。

② 参见曾文芳、段启俊：《个罪法定情节研究与适用》，人民法院出版社 2002 年版，第 290 页。

③ 周道鸾、张军主编：《刑法罪名精释》，人民法院出版社 2003 年版，第 269 页。

功,则不可以既遂论处。

二、非法吸收公众存款罪共犯形态之界分

在我国的司法实践之中,因非法吸收公众存款一般需面对众多的投资人,且具体实施过程中又会有层层环节,较为复杂,仅仅是依靠单个人的话,完成起来有着较大的难度,因而非法吸收公众存款的行为人多以共同犯罪的形式出现。在此需明确的是,本罪的主体既可以是自然人,也可以是单位,是故共同犯罪也可以由单位与自然人一起构成,不过笔者需在此强调的是,单位若是与自然人构成共同犯罪,则该自然人不可以是单位的内部人员,即绝不可误认为犯罪的单位与单位内的自然人构成了共同犯罪。究其原因在于我国采取的是单位犯罪一元论,单位是单位犯罪的唯一应受惩罚的主体,单位内的直接责任人员与其他主管人员只是代表着单位的意思形成与表示,并非作为独立的个体与单位构成共同犯罪。虽说我国刑法对本罪规定的是双罚制,但该法条规定的并非犯罪的主体,而是规定了应承担刑事责任的主体,所以在单位构成本罪时,其与内部的直接责任人员并不成立共犯。

司法实践中,对于本罪的单位犯罪,真正应引起我们关注的一个问题是在同一家单位内部的自然人之间共谋非法吸收公众存款的行为能否成立共犯? 这其中又能否区分主从犯? 对于上述问题,理论界是存在不同主张的。有观点指出,单位犯罪的内部责任人员之间自然不是共同犯罪,若承认是共犯,实际上就否认了单位犯罪的原理,刑法也就无甚必要规定单位犯罪了。[1]但也有观点指出单位内部各人员具有相对的独立性,完全可以像普通人一样形成共犯关系:主观上存在着共同犯罪故意,客观上又实施了犯罪的策划、指挥、实行等行为,是故他们的行为在共同的犯罪故意支配之下形成了整体,因此可以构成共同犯罪。[2]在笔者看来,单位犯罪的内部直接责任人员之间的行为实际上是与共犯原理相契合的,但因其实际代表的

---

[1] 参见熊选国:《关于单位犯罪的若干问题》,载万鄂湘主编:《中国司法评论》,人民法院出版社2002年版,第77页。

[2] 参见钟良添:《非法吸收公众存款罪研究》,厦门大学2009年硕士学位论文。

是单位的意志,因而刑法条文将其另行规定为单位犯罪,是故在定罪时不可违反法律的规定,而是应将其作为单位犯罪处理,但是在对各行为人进行量刑时可参照共犯原理划分主从犯,使其承担各自的刑事责任,2001年最高人民法院印发的《全国法院审理金融犯罪案件工作座谈会纪要》也持相应观点:"在个案中,不是当然的主、从犯关系,有的案件,主管人员与直接责任人员在实施犯罪行为的主从关系不明显的,可不分主、从犯。但具体案件可以分清主、从犯,且不分清主、从犯,在同一法定刑档次、幅度内量刑无法做到罪刑相适应的,应当分清主、从犯,依法处罚。"因此,在单位犯罪之中,可以根据内部责任人员的地位、所起的作用等来区分主犯、从犯,给每个犯罪人合乎其罪责的刑罚。

关于本罪的共犯形态认定,司法实践中另一重点问题是,若行为人向下家非法吸收公众存款,该下家又继续向其他不特定人员进行了非法吸收存款的行为,那么行为人与下家之间能否以共犯论处?若以共犯论处,那么所有犯罪人吸收的金额就要合并计算在每一个行为人的身上,而犯罪金额又与行为人的量刑有着重要的关联,所以对于此问题不能不慎重对待。典型案件如"吴英案",吴英非法获取的12 707余万元,是分别向18个下家集资而来,而部分下家的资金则是从社会公众处非法吸收得到的,那么对于吴英与这部分下家的关系应如何认定?是以共犯论处,还是分别定罪量刑?浙江省金华市中级人民法院采取的是后一种做法,即以非法吸收公众存款罪对上述人员分别定罪处罚。而判断该判决是否正确的关键在于行为人与下家之间是否存在着"共同的故意",这其中涉及两个方面的内容:第一,行为人与下家是否有相同的犯罪故意,即是否都有非法吸收公众存款的主观目的;第二,行为人与下家之间是否具有意思联络,若下家在非法吸收公众存款时是处于独立状态,基本不受行为人的支配与影响,那么对其行为应根据犯罪标准单独认定,而不可作为共同犯罪处理。那么我们将此标准放进"吴英案"中进行考量,较为遗憾的是,从吴英案的起诉书中并不能妄下吴英与其下家构成共同犯罪的结论,法院也没有对是否构成共同犯罪进行认定。不过笔者还是在吴英案的二审判决书中找到了相关的事实描述,即吴英是"委托部分不明真相的人向社会公众集资",至此,吴英与其下家并不存在共同的犯罪故意,无法认定为共同犯罪。

三、非法吸收公众存款罪罪数形态之确定

罪数是指一人所犯之罪的数量,区分罪数实际就是区分一罪与数罪,正确地区分罪数有利于准确定罪与合理量刑。[①]而非法吸收公众存款的行为人除了吸收公众存款的行为,还会实施其他的犯罪行为,譬如擅自设立金融机构、吸收存款之后又进行放贷等,此时对行为人应认定为一罪还是数罪进行惩处在司法实践之中具有重要意义。

在讨论本罪行为人的罪数形态之前,我们需要先明确本罪应为状态犯而非继续犯。继续犯是指犯罪行为从着手至终止,一直处于持续状态的犯罪,主要具备两个特征:第一是实行行为与不法状态同时存在,第二是实行行为在一段时间之内持续不断的存在。状态犯则是指一旦发生法益侵害的结果,犯罪便同时终了,但是法益仍然在持续不断的受着侵害,盗窃罪便是典型的状态犯。[②]有学者认为行为人非法吸收公众存款既遂之后,犯罪行为仍然处于没有间断的继续之中,持续侵害了金融管理秩序,应认为其行为与不法状态均为继续。[③]但有学者对此持反对的观点,其理由在于本罪是犯罪行为先行结束、不法状态单独继续的状态犯,不符合继续犯所要求的犯罪行为与不法状态同时继续的特征。[④]笔者支持后者的观点,本罪行为人在实施了非法吸收公众存款的行为之后,吸收行为已经宣告完毕,而其所吸收的钱款只是处于在行为人手中这一不法状态之内,是故根据继续犯与状态犯之理论,应将本罪认定为状态犯。

关于罪数问题的司法认定,主要难点在于行为人非法吸收公众存款的行为与其实施的其他犯罪行为是什么样的关系? 又应如何确定罪数? 比如在非法吸收公众存款行为之前,行为人可能会擅自设立金融机构,那么对此行为,应单独认定为擅自设立金融机构罪还是认定其构成了与本罪之间的牵连犯,直接以非法吸收公

---

① 参见张明楷:《刑法学》,法律出版社 2021 年版,第 614 页。
② 参见张明楷:《刑法学》,法律出版社 2007 年版,第 367 页。
③ 参见林亚刚:《金融犯罪罪形态探讨》,载《法商研究》2004 年第 4 期。
④ 参见屈学武:《金融刑法学研究》,中国检察出版社 2004 年版,第 173 页。

众存款罪论处？又如在非法吸收公众存款之后，行为人又将吸收到的钱款作为本金发放贷款，是否应单独认定为非法经营罪，与前非法吸收公众存款的行为数罪并罚？类此种种，就前一擅自设立金融机构的行为而言，刑事认定不可一概而论，应当对行为人设立金融机构的初衷、设立金融机构与非法吸收公众存款行为之间的时间间隔等多个方面进行综合性的考察，确认擅自设立金融机构与非法吸收公众存款两个行为之间是否构成牵连犯。若是行为人以非法吸收公众存款为目的设立了金融机构，即可认为其是本罪的手段行为，而非法吸收公众存款的行为则是本罪的目的行为，两者之间应认定为手段与目的之间的牵连关系，此时就只需择一重罪处罚即可，而无需数罪并罚。同样的分析思路也可用于非法吸收公众存款之后又违法放贷的行为中，行为人若是出于非法经营的目的实施了吸收存款与发放贷款两个行为的话，发放贷款就是吸收存款的自然结果，如果认定为非法经营罪，就可以把前一阶段的吸收行为一并评价，无需再认为成立两个犯罪。由此我们可以看出，解决罪数问题的关键是要分析非法吸收公众存款的行为与其他犯罪行为之间是否成立牵连犯，所谓牵连犯，就是指行为人主观上仅意图犯某一罪，实施的方法行为或实施的结果行为，另外触犯了其他不同罪名，其方法行为与目的行为，或原因行为与结果行为之间具有牵连关系，这种犯罪现象就是牵连犯。[1]具体到本罪中，便是结合案情综合分析行为人非法吸收公众存款的行为是否与其他犯罪行为成立牵连关系，若答案为肯定，则以一罪论处即可。

第四节　非法吸收公众存款罪的扩张与限缩

《刑法》第176条非法吸收公众存款罪设立之初便带有计划经济色彩，其立法目的本质上为避免公民个人与银行争利，保障改革开放初期国家对资金统一调配的绝对控制力。但随着我国经济的飞速发展，经济环境发生巨大变化，非法吸收公众存款罪条文模糊性的缺陷随之暴露，刑法规制面对复杂多变的集资模式尽显疲软。在"绝对的国家本位"和"金融垄断主义"观念的影响下，非法吸收公众存款罪

---

① 马克昌主编：《犯罪通论》，武汉大学出版社1999年版，第680页。

的适用范围不断扩张。然而,这种扩张却不当地抑制了合法的民间融资的发展,模糊了罪与非罪的界限,既不利于金融秩序的维护,又无益于社会公正的体现。因此,为促进金融市场的健康发展,发挥刑法在金融领域规制的积极作用和避免消极作用,合理限缩非法吸收公众存款罪适用的重要性日益凸显。

一、非法吸收公众存款罪的司法扩张

(一)非法吸收公众存款罪的扩张现状

1. 非法吸收公众存款罪的司法解释扩张

随着金融市场日臻完善,司法机关为维护金融秩序,适应金融市场中出现的资金流转模式灵活化、民间融资壮大化的新特点就非法吸收公众存款罪不断出台司法解释。2010 年最高人民法院发布了《非法集资解释》,该解释明确规定了非法吸收公众存款与变相吸收公众存款的四性特征,具体列出了十余种非法吸收公众存款的行为,并用"其他吸收非法资金的行为"进行兜底,公众性的判断由以"户"为单位改变成以"人"为单位。四性的判断标准的确给司法实践中认定非法吸收公众存款罪以指导,但其标准仍存在高度的抽象性与模糊性,兜底条款的设置更是给予司法工作者较大的自由裁量权。司法实践中出现疑难案件时,便以其作为认定非法吸收公众存款罪的理由,增加了罪名认定的随意性。以"人"为单位的判断标准简化认定过程的同时也容易陷入形式化的泥潭,失去对公众性这一特征的实质判断,一定程度上扩大了非法吸收公众存款罪的适用。2011 年最高人民法院《关于非法集资刑事案件性质认定问题的通知》第 1 条首次明确,行政认定不是非法集资案件进入刑事程序的前置程序。非法吸收公众存款罪为行政犯,本身具有二次违法性,刑法认定跳过行政程序直接对非法集资行为进行规制,无疑忽视了刑法最后一道防线的本质,违背了刑法的谦抑性,容易导致非法吸收公众存款罪犯罪圈的不当扩大。

2014 年《关于办理非法集资刑事案件适用法律若干问题的意见》第 2 条、第 3 条分别进一步扩大了公开宣传和社会公众的认定范围,将放任亲友或单位内部人员向不特定对象吸收资金与以吸收资金为目的,将社会人员吸收为单位内部人员的行为纳入公开性与不特定性的认定范围。2017 年最高人民检察院发布《关于办理涉互联网金融犯罪案件有关问题座谈会纪要》,第8条将合理资金用途并且能及时清退作为出罪标准。然而,实践中司法机关往往忽视出罪的认定,反而将不符合两项条件的行为直接认定为非法吸收公众存款罪,而跳过对行为本身的考察,这无疑助长了"结果主义"的认定标准。经过上述司法解释的演变可知,随着金融市场的日益开放与国家严厉打击非法集资行为的刑事政策导向,司法解释不断放宽非法吸收公众存款罪的认定标准,将更多的行为纳入非法吸收公众存款罪的规制范围内,这亦是非法吸收公众存款罪扩张的表现形式之一。

2. 非法吸收公众存款罪的案件激增

近年来,中国经济迅速发展,金融市场开放程度亦逐步扩大,民营资本在融资市场中的占比逐步递增,资金流转与商业运作模式不断创新。金融市场发展创新的同时,金融犯罪也呈现出不断走高的发展态势,其中非法吸收公众存款罪案发频率逐年增长,涉案价值、参与人员数量均处于历史高位,司法机关防范化解金融风险的任务更加艰巨。

最高人民法院于2019年1月30日公布的《人民法院审理非法集资刑事案件情况》显示,近年来非法集资类刑事案件处于集中爆发期,2015年至2018年全国法院新收非法集资刑事案件分别为5 843件、7 990件、8 480件、9 183件,同比分别上升109.23%、36.7%、6.13%、8.29%。①2019年至2021年,全国法院受理金融犯罪一审刑事案件分别为21 219件、21 577件、22 456件,其中非法集资案件数量多、占比大,每年均在5 000件以上,约占全部金融犯罪案件的40%。②根据上述数据可知,近年来非法集资等涉众型经济犯罪的适用频率较高,案件数量更逐年攀升。此外,为准确体现非法吸收公众存款罪司法适用的趋势,笔者通过中国裁判文书网进行检索,将检索案由限定为"刑事案由""非法吸收公众存款罪",搜索范围限定为刑事一审程序,该搜索结果显示:2012年非法吸收公众存款一审案件仅为66件,2013年为329件,2014年为1 146件,2015年为1 829件,2016年为3 583

---

① 参见《人民法院审理非法集资刑事案件情况》,中华人民共和国最高人民法院官网,http://www.court.gov.cn/zixun-xiangqing-141322.html。

② 《中国法院严惩非法集资犯罪 集资诈骗犯罪案件重刑率达78.78%》,中国新闻网,https://www.chinanews.com.cn/gn/2022/09-22/9858194.shtml。

件,2017 年为 5 406 件,2018 年为 6 033 件,2019 年为 7 652 件,2020 年为 8 509 件,2021 年为 4 394 件,2022 年为 1 024 件。由此可知,伴随我国对金融领域实施严格管控的政策与持续打击非法集资犯罪的高压态势,非法吸收公众存款罪案件数量从 2015 年开始逐年递增,虽然在近两年有所下降,但仍处于高位。

3. 合法民间借贷行为与非法吸收公众存款行为混同

基于现代经济结构自身复杂化与参与主体的多元化的特征,融资型民间借贷行为呈现出成员参与面渐广,危害波及面愈来愈大的趋势,企业的民间借贷型融资行为稍有不慎,就有可能造成广大投资者遭受巨大亏损以及金融秩序被破坏的结果。于是,21 世纪之初,基于维护金融秩序的需要,国家掀起了打击非法集资犯罪的热潮。打击非法集资犯罪的高压态势一定程度上抑制了民间融资中非法吸收公众存款的行为,与此同时严厉打击的执法理念也使得部分合法的民间借贷行为,仅因高于银行同期利率的还本付息承诺与经营者未及时归还投资者资金,而随意地被认定为非法吸收公共存款罪。显然,非法吸收公众存款罪与合法民间借贷行为的混同不当地扩张了该罪的司法适用范围。其中,引起广泛关注的孙大午案为其典型例证。孙大午因企业长期无法从银行获得贷款,便以"职工入股"、打借条等方式向亲朋好友、员工甚至附近居民筹措资金,所得资金用于企业经营。先后 4 000 多人将钱借给大午集团,累计 1.8 亿元。2004 年 10 月,徐水县人民法院以孙大午吸收资金行为构成非法吸收公共存款罪,判处其有期徒刑 3 年,缓刑 4 年,处罚金 10 万元。部分学者认为,孙大午将吸收民间资金用于企业正常生产经营的行为,本质上是合法的民间融资行为,法院的判决无疑窒息了民营企业发展。我国现行的金融监管模式未能给市场融资主体足够的空间,而民营企业为扩大生产经营确实存在着融资需求,随意地将合法的民间融资行为认定为非法吸收公众存款罪,明显不利于金融业的稳定发展。诚然,民间借贷信用基础的薄弱的确存在着市场难以承受的风险,民间借贷与非法集资行为存在模糊的边界,然而国家采取一味打击的高压态度并不能促进民间融资行为的合理规制,反而会产生"打击面过宽打击力度不足"的双重危机,从而导致非法吸收公众存款罪司法适用范围不断扩张。

(二) 非法吸收公众存款罪司法扩张之缘由

立足非法吸收公众存款罪司法适用扩张的现状,笔者尝试进一步挖掘其现象背后的原因,回归非法吸收公众存款罪法定犯的本质。法定犯又称为行政犯,是指违反行政法规,侵犯刑法所保护的法益,情节严重的行为,法定犯具有刑事和行政双重违法性。[1]就非法吸收公众存款罪而言,其为典型的法定法,判断该罪是否成立需要参考行政法规的规定,对于其构成要件中的概念解释也要依据行政法规的相关规定。如2010年最高人民法院发布的《非法集资解释》中关于"非法吸收公众存款"性质的认定,便部分吸收了1998年国务院颁布的《非法金融机构和非法金融业务活动取缔办法》中的相关规定。因此,非法吸收公众存款罪的适用与认定极易受到行政立法与刑事政策的影响。

此外,非法吸收公众存款罪设置为简单罪状,具有高度概括性和抽象性。简单罪状的设置,一方面因其简练的表述留下了罪名适用的空间以适应社会发展变化,另一方面也造成了简而不明,导致理解和执行该条规定的困难。"非法性"作为非法吸收公众存款罪罪状表述的核心特征,凝练了前置法律规范中关于合法集资行为的认定,具有高度的抽象性,导致了非法吸收公众存款行为罪与非罪认定的模糊。

法定犯的本质与简单罪状的设置,使得非法吸收公众存款罪的适用具有开放性且容易受到国家宏观政策的影响。事实上,随着融资形式的日新月异,该罪在司法实践中已经出现了泛化适用的倾向,且处于不断扩张的态势之中。

由上述论述可知,非法吸收公众存款罪的司法扩张有其内因和外因。该罪的司法扩张原因具体表现为以下几个方面。

其一,行政法"非法集资"的扩张倾向延伸至刑法领域。由非法吸收公众存款罪的立法演变可得知,非法吸收公众存款罪的刑事立法最初源于非刑事法律,而其所谓"非法吸收公众存款""变相吸收公众存款"在刑事立法上并未给予明确的界定。[2]2011年《非法集资解释》实施之前,司法机关不得不借助非刑事法律对非法吸收公众存款罪进行理解和适用。梳理2011年以前行政领域关于非法吸收公众存款罪的立法演变可知,行政机关最初严厉禁止银行以外的主体从事未经批准的集资行为,非法吸收公众存款作为非法集资行为的一种形式被认定为非法金融业务,

---

① 参见陈兴良:《法定犯的性质和界定》,载《中外法学》2020年第6期。

② 刘伟:《非法吸收公众存款罪的扩张与限缩》,载《政治与法律》2012年第11期。

同时加以禁止。随着集资形式的不断翻新,行政机关为归纳种类繁多的集资行为提出"非法集资"这一笼统的概念,并在随后出台的一系列行政规范文件中对这一概念进行定义和特征归纳。非法吸收公众存款的行为被当然地包含于非法集资中,其概念的内涵与外延也随非法集资概念的扩大而不断扩张。换言之,2011年前因刑法规范对非法吸收公众存款行为界定的缺失使其不得不参考前置性法规,前置性法规的有关非法吸收公众存款行为的扩张,当然地导致了刑法领域非法吸收公众存款罪适用的扩张。2011年《非法集资解释》实施后,司法机关并未跳脱固有的认罪思路,在运用非法吸收公众存款罪惩治非法集资行为时,理所当然地将非法集资行为特征等同于非法吸收公众存款罪的行为特征,致使两者失去了差异性。此外,一贯坚持取缔和打击非法集资类犯罪的宏观政策深深地影响了司法机关的执法理念,在判定吸收资金行为时有意识地参考行政法规的有关规定;加之非法吸收公众存款案件极易威胁社会稳定,司法机关在实践中也倾向于通过对法律条文的扩大解释或选择性执法等非规范方式,来解决法律的稳定性与社会发展之间的矛盾,因此,前置刑法规范的扩张倾向不断延伸到刑法领域。随着经济社会的发展与融资手段的日新月异,行政机关为维护国家金融秩序不断扩大"非法集资"概念的内涵,而司法机关将两者行为特征错误等同于"重刑主义"的司法理念,最终导致了"非法吸收公众存款"行为内涵的不当扩大,非法吸收公众存款罪的适用被不断扩张。

其二,"非法性"认定采用实质化的判断标准,导致非法吸收公众存款沦为非法集资类犯罪的口袋罪。根据《非法集资解释》关于非法吸收公众存款行为性质的界定,"非法性"采用形式与实质的二元认定标准。"未经有关部门依法批准"为形式认定标准,即"非法性"的判断参考前置法的相关规定,以审批制度为核心。但该形式认定标准只适用于应当审批而没有审批的非法集资行为,对于已经通过合法审批的"挂羊头卖狗肉"的行为无法进行规制,因此非法性的判断引入"借用合法经营的形式吸收资金"的实质标准。该标准的认定核心在于是否以生产经营为名,行非法集资之实,显然该认定标准具有较大弹性和极大的模糊空间。[1]实践中,许多司法人员无法准确把握非法集资行为的实质、明晰非法集资行为的特征,将中小企业

---

① 王新:《非法吸收公众存款罪的规范适用》,载《法学》2019年第5期。

合法的直接融资行为与非法集资行为混同。以合法形式吸收公众存款的企业一旦出现资金链断裂、企业经营困难进而无法及时归还投资者资金的情况时,司法便会为维护社会稳定的需要故意模糊非法性的边界,扩大实质性标准的认定空间。这在很大程度上等于废弃了"非法性"的认定门槛,导致刑法打击范围的任意扩大化,造成罪名适用的随意性,最终使非法吸收公众存款罪沦为非法集资类案件的"口袋罪"。

其三,"公众存款"异化为"社会资金"。我国对以银行业间接融资模式为底色的吸收公众存款行为实行融资准入监管,即指个人或企业在采用特定的融资方式并符合相应的条件时,需事先经有关监管机关批准后方可实施。然而,融资准入监管只是正规金融体系下的一种积极监管措施,对于游离于金融法规控制外的民间借贷,是非正规金融体系下的典型样态,当然地排除在融资准入监管体系范围之外。此外,我国融资准入实行分业监管的模式,银行业规制吸收资金再贷出的间接融资行为,证券业规制发行要式凭证的直接融资行为。相应地,刑法中分别设置了非法吸收公众存款罪与擅自发行股票及公司企业债券罪。然而,介于吸收公众存款和发行股票债券手段之间且不属于正规金融体系监管下的集资行为,一方面不属于融资准入监管的范围内,另一方面难以纳入现有制度框架进行评价,而这恰恰是现实中大量非法集资案件的典型样态。在前置法律缺乏规制的情况下,司法机关为打击大量扰乱金融秩序和威胁社会稳定的乱集资行为,将刑法条文中"公众存款"一词作扩大化解释,将具有固定回报率的投资款或保证高回复率的投资款理解为"存款"。在这种扩张中,以银行基础负债业务为特点的"存款"异变为"还本付息"的债权债务关系,"存款"的概念被不当扩大。这也导致司法实践中一方面将非法吸收公众存款案件与其他非法集资案件混同,另一方面将合法的民间借贷行为纳入刑事打击的范围内,最终造成非法吸收公众存款罪不断扩张。

(三)非法吸收公众存款罪的应然定位

不可否认,非法吸收公众存款罪的扩张适用一定程度上维护了我国金融管理市场的稳定,保证了国家经济健康发展,保障了社会的和谐稳定,但此扩张无论从构罪标准、认定标准,还是量刑幅度来说都存在巨大争议,以该标准处理的案件甚至在全国引发了持久、广泛的影响,理论界关于非法吸收公众存款罪存废的讨论随之日益激烈。

1. 非法吸收公众存款罪去罪论

随着经济社会的不断发展与金融市场的日臻完善,非法吸收公众存款罪罪状规定模糊化、适用罪名扩大化的弊端逐渐暴露。部分学者认为,现行关于"非法吸收公众存款罪"的规定滞后于当前经济发展现状,与民间借贷合法化、构建多元化金融体系,打破银行垄断等金融领域的深化改革背道而驰,因此,主张废除非法吸收公众存款罪。主要有如下几个理由。

第一,去罪论者认为非法吸收公众存款罪不利于民营企业的生存与发展,进而影响现行经济的发展。受国家垄断金融观念的影响,非法吸收公众存款罪设立之初旨在打击未经相关监管部门批准,违反金融管理法规吸收或变相吸收公众存款的行为。实质是为了保障银行业的垄断地位,维护国家的金融秩序。然而改革开放后,民营企业蓬勃发展,势头迅猛,生产资金需求逐渐升高,融资渠道却尚未拓宽,民营企业逐步转向门槛低、程序简便、形式灵活的民间借贷领域进行贷款活动。但非法吸收公众存款罪设立的模糊性与定位范围扩大化的趋势使得合法的民间借贷与非法融资行为的界限不清,民营企业走在合法与犯罪的钢索上,冒着随时被追究刑事责任的风险。这大大地压缩了民营企业的生存空间,不利于民间融资的开展与非公有制经济的发展。由此,非法吸收公众存款罪的设立已然不适应现行经济发展的需要。

第二,去罪论者认为非法吸收公众存款罪构成要件存在缺陷且难以通过立法解释或司法解释加以修改完善。其一,吸收公众存款与变相吸收公众存款的行为是融资者与出资人基于真实意思表示形成的契约自治,若融资者因经营活动中的正当原因造成吸收财产的减损,属于出资人应当承担的商业风险,不能认定吸收存款行为侵犯了个人法益。其二,传统观念将金融秩序扩大解释为金融机构的垄断利益,进而将吸收公众存款行为纳入刑法规制的范围,但随着民间融资合法化进程的推进,非法吸收公众存款罪的设立在理论上难以自圆其说。其三,"不特定社会公众"与"公开宣传"并不能明确界定本罪的非法性,极易造成定罪的随意化与泛化,不当扩大刑事打击犯罪圈。

2. 非法吸收公众存款罪保留论

相对于去罪论学者主张全面废除的坚定主张,部分学者认为"非法吸收公众存款罪"仍有其设立的必要性。

现阶段我国民事、行政法律法规尚不健全,我国金融体系亟待完善,对存款经营、借贷放贷业务仍需保持较高门槛,完全放开对贷款业务的批准,极易产生扰乱国家金融秩序的后果,威胁投资财产安全。因此,对于非法吸收、变相吸收公众存款的行为仍需要保留刑法规制,以维护金融秩序的稳定,实现国家的宏观经济调控,保障社会公众的财产安全。

将眼光放至世界,其他国家为了保障投资财产的安全,维护金融管理秩序,也设立了相关法律规制类似行为。如日本《关于取缔接受出资、吸收存款及利息等的法律》处拘役,并处罚金。美国《证券法》规定的投资合同行为,属于民事法领域中的正常投资交易活动。但若吸收公众存款中出现欺诈行为,对证券发行所需披露信息制作虚假报告或隐瞒漏报,该行为将被纳入诈骗罪的管制范围内,按自然犯的行为方式加以规制。德国通过《德国信用业法》将吸收公共资金的行为纳入银行业务的范围,未经许可则不得从事类似行为,具有银行"存款"性质的储蓄行为或者所谓的投资行为、信贷行为则予以严格禁止。所以,因倡导金融自由化而主张废除非法吸收公众存款罪的观点值得商榷,我国刑法仍有保留非法吸收公众存款罪的必要。

3. 保留并限缩非法吸收公众存款罪

基于对上述理论的分析,结合我国现行经济发展的态势,笔者认为应当保留并限缩非法吸收公众存款罪。其一,我国经济发展仍处初级阶段,经济体制尚不完善,金融制度的设立仍处于不断探索中,公民素质、法律素养较为匮乏。现行的法律环境难以实现去罪化,若贸然废除非法吸收公众存款罪必将引起社会问题,甚至可能产生经济危机。其二,非法民间融资仍有其存在的现实性,非法民间融资者采取欺诈、隐瞒、虚假宣传等方式造成出资者遭受巨大损失,给金融秩序的稳定带来了极大的风险,并随之产生严重的社会问题,影响社会稳定,非法民间融资行为需要由刑法规制。因此对非法吸收公众存款罪的限缩适用可能是解决目前问题的一条出路。

二、非法吸收公众存款罪限缩的必要性

由前文论述可知,我国现行经济发展态势下非法吸收公众存款罪仍有保留的必要。然而,面对非法吸收公众存款罪司法适用的不断扩张与"口袋罪"倾向,非法吸收公众存款罪的限缩尤为重要,其必要性体现在以下三个方面。

（一）宽严相济刑事政策的必要体现

刑事政策作为一种刑事司法政策抑或为一种政治决策,在刑法的制定和适用过程中发挥了重要的作用,实际上亦指刑事政治。犯罪问题也一直是一个公共政策问题,刑法与刑事政策的关系就是法律与政治关系的一个面相,它深刻地折射出一个国家的法治水平与政治生态。[1]2004年宽严相济刑事政策首次提出,它是建国以来刑法适用科学、理性的回归,也是正视社会稳定与犯罪增长关系后的理性回应。宽严相济所体现的本质为在法律适用的过程中该宽则宽,该严则严,严而不厉。宽严相济刑事政策不仅是指对于犯罪应当有宽有严,而且在宽与严之间还应当具有一定的平衡,互相衔接,形成良性互动,以避免宽严皆误结果的发生。[2]此外,2019年最高人民法院、最高人民检察院、公安部《关于办理非法集资刑事案件若干问题的意见》中规定"办理非法集资刑事案件,应当贯彻宽严相济刑事政策,依法合理把握追究刑事责任的范围,综合运用刑事手段和行政手段处置和化解风险,做到惩处少数、教育挽救大多数"。由此可知,非法吸收公众存款罪作为我国刑法典的组成部分,其适用应当贯彻宽严相济的刑事政策。

然而,由前述分析可知,非法吸收公众存款罪在其规制过程中呈现出不当扩张的趋势,一方面表现为前置性法规对"非法吸收公众存款"行为内涵的不断扩充,另一方面表现为司法实践中该罪泛化适用的倾向。近年来,该罪在实践中甚至有逐步沦为集资诈骗罪"候补罪名"的趋势,即当办案机关在处理非法集资犯罪中无法认定"非法占有目的"时,便会退一步考虑适用"非法吸收公众存款罪",这一做法也

---

[1]　陈兴良:《刑法的刑事政策化及其限度》,载《华东政法大学学报》2013年第4期。
[2]　参见陈兴良:《宽严相济刑事政策研究》,载《法学杂志》2006年第1期。

在相关文件①中得以体现。显然,该做法与当宽则宽,当严则严,宽严相济刑事政策的要求背道而驰。宽严相济刑事政策中的"严"并不意味着为维护金融秩序的需要一味对非法集资案件大力打击、从严处罚,而是指在对构成犯罪的行为严格用刑法进行规范,不随意放过,对不构成犯罪的行为不用刑法进行规制。因此,对于实践中不涉及国家金融信贷秩序的吸存行为与大量存在着的正当的民间融资行为,刑法不应当将其纳入其规制范围,司法机关更不能以非法吸收公众存款罪加以认定。非法吸收公众存款罪的适当限缩是宽严相济的刑事政策,厘清非法集资案件罪与非罪的界限,严格划分刑事法网的边界的必然要求。此外,宽严相济的刑事政策更为重要的意义在于能够实现法律与社会效果的有机统一,更大限度地解决社会的矛盾冲突。非法吸收公众存款罪的扩张适用否定了民间借贷的合法性,极大地打压中小企业的生存空间,加剧了社会矛盾。出于实现法律与社会效果有机统一的需要,司法机关应当适当限缩非法吸收公众存款罪的适用。

(二)民间借贷合法化的必然要求

改革开放以来,国家经济快速发展,中小型民营企业在经济增长中的重要性日益凸显。资金作为企业发展的命脉,是中小企业扩大生产规模、提高市场地位的必要要素之一,然而中小企业融资难问题已然成为现行经济发展中不争的事实。一方面,由于银行在审批贷款时过分注重贷款者身份,只看企业姓"公"还是姓"私",较少通过中小企业的贷款申请。另一方面,也由于中小企业本身存在信用度低、缺乏投资规划、内部管理混乱等问题,多数银行考虑到贷款的高风险后便拒绝中小企业的贷款申请。与此同时,改革开放也使得社会民众个体积累的存量资金不断增加,银行储蓄的低利率更迫使个体资金另求增值出路,大量的社会存量资金与企业发展的融资需求形成强烈的互补吸力,为民间融资提供了极大的生存和发展空间。

以正当生产经营为目的的民间借贷有其存在的必然性,更具有正当性。作为非正规金融体系不可或缺的重要组成部分,其运作有着正规金融所不具备的制度、

---

① 上海市高级人民法院、上海市人民检察院、上海市公安局《关于办理涉众型非法集资犯罪案件的指导意见》:对于多人参与、分工实施的集资诈骗犯罪,其中的组织、策划、指挥者应当以集资诈骗罪定罪处罚;对于确有证据或理由表明不知晓上述人员的非法占有目的,可以非法吸收公众存款罪定罪处罚。

信息、成本以及速度等方面的优势,在中国目前间接融资占比过高的情况下,民间借贷不但优化了融资结构,为中小民营企业、县域经济融资另辟蹊径,更减轻了中小民营企业对银行的信贷压力,转移与分散银行的信贷风险。中国人民银行也在相关报告中肯定了民间融资的补充作用,呼吁因势利导、趋利避害,民间融资合法化为大势所趋。然而,非法吸收公众存款罪的扩张适用模糊了正当民间融资与非法吸收公众存款行为之间的界限,压缩了民间融资的合法化空间,使得民间融资面临极高的法律风险,可能随时受到刑罚处罚。显然,非法吸收公众存款的现行规制具有不合理性,不利于民营企业的生存和发展。由此,限缩非法吸收公众存款罪的适用,明确该罪的对象范围,避免合法民间借贷与非法吸收公众存款构成要件的混淆迫在眉睫。

（三）非法吸收公众存款罪现行规制的效果欠佳

非法吸收公众存款罪设立后,司法机关不断出台相关解释对该罪的构成要件尽可能分解,刑事政策也持续秉持对非法集资案件严厉打击的态势,然而这并未带来犯罪减少的预期效果,反而呈现出"道高一尺、魔高一丈"之势,陷入越打击越严重的恶性循环中。笔者通过中国裁判文书网对该罪的相关信息进行了检索,将搜索范围限定为刑事一审程序,该搜索结果显示:2012 年非法吸收公众存款一审案件仅为 66 件,2013 年为 329 件,2014 年为 1 146 件,2015 年为 1 829 件,2016 年为 3 583 件,2017 年为 5 406 件,2018 年为 6 033 件,2019 年为 7 652 件,2020 年为 8 509 件,2021 年为 4 394 件,2022 年为 1 024 件。[①]从这组数据不难看出,非法吸收公众存款罪的发案频率逐年增高,自 2021 年以来涉案人员数量虽有所下降,但仍处于历史高位。非法吸收公众存款罪的扩张适用并没有起到震慑和预防犯罪的效果,反而加剧了该罪的发案频率,激化了社会矛盾。此外,在民间融资前期各个监管部门缺位的背景下,将刑法作为解决非法集资问题的首要方法,并没有带来加速挽回被害人资金的社会效果,大多数非法吸收公众存款的案件退赔率都在 10% 以下,甚至更低。相反,非法吸收公众存款罪的扩张适用加剧了民间融资的高风险性,多数集资者选择提高利益以对冲此风险,这无疑使得民间借贷陷入风险不断增

---

① 数据来源于中国裁判文书网,https://wenshu.court.gov.cn/website/wenshu/181029CR4M5A62CH/index.html?,访问日期:2020 年 5 月 3 日。

高的恶性循环中。

前述分析可知,非法吸收公众存款罪的扩张适用非但没有达到减少犯罪、挽回损失的社会效果,更极大地压缩了正当民间融资的生存与发展空间,极大地阻碍了经济的健康发展。出于实施宽严相济刑事政策与完善非法集资行为规制的需要,应当对非法吸收公众存款罪予以限缩理解。

三、非法吸收公众存款罪限缩的具体路径

网络金融飞速发展的时代,非法吸收公众存款罪扩张适用带来的弊病日益凸显,合理限缩非法吸收公众存款罪的打击范围也成为刑法学界的研究重点。然而以何种方式限缩非法吸收公众存款罪的适用,理论界众说纷纭。持除罪论的学者认为,吸收公众存款行为入罪化不当地压缩了为公司法等基本法律所保护的投融资活动,有悖于现代刑法所奉行的谦抑原则,有悖于保护公众投资者利益的原则,也有悖于发展社会主义市场经济之需要①,因此应当直接废除非法吸收公众存款罪。坚持司法克制论的学者认为直接废除非法吸收公众存款罪不切实际,刑事司法要保持最大程度上的克制与节制。在网络金融发展的背景下,进一步提高非法吸收公众存款罪的追诉标准。在量刑上尽量判处缓刑,后果不严重的可以免于处罚。②持限缩解释论的学者认为,非法吸收公共存款罪在当下仍有存在的必要性与合理性,我们应当结合当下的金融管理政策明晰刑法设立该罪所要保护的法益,进而通过实质解释的方法限缩本罪的适用范围。根据前述介绍可知,除罪说过于极端,忽视了金融市场鱼龙混杂,险象丛生的现实背景,司法克制论以"和稀泥"的方式掩盖了问题的本质,容易产生选择性执法的现象。限缩解释论无疑最符合我国法律环境特点与金融市场发展的需要,以解释的途径合理限制非法吸收公众存款罪的扩张适用带来的法律问题,更适合非法集资问题的解决,因此本书采纳限缩解释论的立场,具体的限缩路径阐述如下。

---

① 参见刘新民:《关于"非法"吸储罪立法政策的反思》,载《华东师范大学学报(哲学社会科学版)》2017年第1期。

② 参见刘宪权:《论互联网金融刑法规制的"两面性"》,载《法学家》2014年第5期。

（一）民间融资监管理念与司法观念的转变

受"渐进式"经济制度改革的影响,非法吸收公众存款罪的立法原意就是为了避免公民个人与银行争利,从而保障在改革开放初期,国家能够集中资金进行统一调配。[1]计划经济体制在经济领域表现为"垄断金融政策",在刑事领域表现为"金融管理本位主义"。然而,随着市场经济体制改革的进一步深化,金融市场不断完善,金融方式也在不断革新。民间金融的活动方式已由传统的线下借贷不断向P2P网络借贷、股权投资等新兴领域延伸。但是,"金融管理本位主义"刑事政策仍占据着主导,体现在打击非法集资犯罪领域即是非法吸收公众存款罪规制范围的不断扩张,合法民间融资与非法吸收公众存款罪适用界限模糊的现象严重。由此,我们应当转变现行民间融资刑事政策,从根本上扭转司法者在民间融资领域的执法观念。

民间融资的刑法制裁体系,是为国家管制民间资本的公共政策服务的,而作为一种政策工具的刑法制裁措施,难以摆脱民间融资管制的民商事法律制度和行政法律制度的约束。但刑法学界现有的限缩理论普遍对前置性法律规范缺乏关注,学者更多地将构成要件的改造与法益保护的转变限定在刑法领域内,过分强调刑法的独立性,忽视了法定犯对于前置性法律规定的依赖性,同时也忘记了刑法作为第二顺位的社会治理方法应时刻保持理性与克制。为此,我们应当对基础性金融法律制度进行有针对性的改革,转变民间融资监管理念与司法观念以逐步完善非法集资犯罪的刑法规范。现行金融领域的刑事政策是政府在民间金融领域金融抑制的体现,而现代制度面对民间金融的选择无非是金融抑制和金融自由。金融自由所预设的前提和追求的目标正好可以克服在金融抑制政策下出现的"合法化"陷阱,因而,金融自由至少对于民间金融是有效的。这便要求承认国家金融政策的有限性,通过构筑民间金融法制化的界限,对该法律边界之内的民间金融予以规制,而法律边界之外的民间金融则自由。[2]政府首先应摒弃与市场经济发展不相适应

---

[1] 邹玉祥:《P2P网络借贷的刑法管控——以非法吸收公众存款罪的限缩新论为视角》,载《北方法学》2018年第5期。

[2] 高晋康:《民间金融法制化的界限与路径选择》,载《中国法学》2008年第4期。

的传统管制观念,通过建立与完善相关金融法律制度来保障公民权利得以真正实现,促进民间融资的规范化、制度化与法制化。此外,规范民间金融不仅仅是将现有的融资方式予以制度化,更重要的是能够实现投融资渠道和方式的多元化,只有居民可以在各种期限不同、风险不同、收益不同的投资渠道间进行自由抉择时,非法集资才会失去吸引力而退出市场。①

(二)非法吸收公众存款罪构成要件的限缩

1. "存款"性质的界定

由前文可知,司法解释将"存款"扩大为"资金"导致非法吸收公众存款罪的适用无限扩张,最终沦为非法集资案件的"口袋罪"。由此我们应当探寻"存款"的本意,存款是典型金融学术语,必须回归其原本金融学含义。存款是指银行接受客户存入的货币款项,存款人可随时或按约定时间支取款项的一种信用业务。②由上述概念可知,只有客户的某笔资金与银行等金融机构建立起特定的法律关系,才能称之为存款。③作为与贷款业务相对的银行基本业务,存款的利益由货币自身产生,且对于储蓄人而言其本身不需要承担风险,到期即可获得相应利息。由此可以看出,存款的内涵区别于资金,其外延也远小于资金的范围。

实践中,司法机关常将"投资款"认定为"存款"从而极大地扩大非法吸收公众存款罪的打击范围,以维护金融秩序。因此我们应当厘清二者概念上的区别,存款是个人以储蓄为目的将款项交付给银行等金融机构,由金融机构运营资金,存款人不承担风险。本质上是将资金转化为对银行的债权并获得约定利息的行为。而投资款是投资人以投资为目的将资金投入到社会机构与企业的运营当中,是民事主体间建立的债权债务关系,即便存在还本付息性承诺,投资人也应当自担投资款可能产生减损的风险。投资款与存款在投资目的、法律性质、承担风险方面有着显著区别,应当区分"储蓄"与"投资"的意图,向储蓄人吸收款项的行为才有可能构成非法吸收公众存款罪。

此外,银行存款业务并不单纯指金融机构吸收社会公众资金的单一行为,还包

---

① 刘伟:《非法吸收公众存款罪的扩张与限缩》,载《政治与法律》2012 年第 11 期。
② 洪铁松主编:《货币金融学(第二版)》,上海财经大学出版社 2019 年版,第 127 页。
③ 参见王新:《非法吸收公众存款罪的规范适用》,载《法学》2019 年第 5 期。

括金融机构将吸收的资金从事后续货币资本经营活动。①吸收"存款"的目的在于贷出款(转存也相当于此类行为),并从中赚取存贷利差。②可见,存款本身不仅表明了资金的来源,还表明了资金所具备的特定流向和实际用途。只有将吸收的资金用于资本和货币的经营才有可能对银行等金融机构的专营业务造成冲击,进而产生扰乱国家金融秩序的不利影响,仅将吸收资金用于生产经营的行为明显不属于非法吸收公众存款罪的规制范围,不应在《刑法》第 176 条的文义射程之内。

2. "非法性"的解读

最高人民法院《非法集资解释》中,司法解释将非法性的特点概括为"未经有关部门依法许可或者借用合法经营的形式吸收资金",由此可知我国非法性的判断采取二元判断标准,形式上以"未经有关部门依法批准"为核心,实质上以"借用合法形式吸收资金"为核心。因此明确非法性的内涵也应当从形式侧面与实质侧面分别解构定义。

(1)前置性法律规范的效力位阶

作为典型的法定犯,非法吸收公众存款罪以行政违法为成立前提,从法律层面认定非法特征时应当遵循前置法律规范的相关规定。对于前置法律规范的效力位阶,学界主要存在着两种观点:一种观点认为,空白罪状所参照的法律应该具有较高位阶,不允许将行政规章、行政命令等作为空白罪状确立不法构成要件的参照法源③,即判断行为是否具有"非法性"的主要法律依据由我国《商业银行法》《非法金融机构和非法金融业务活动取缔办法》等"国字号"的金融管理法律规定构成,排除效力位阶较低的部门规章、地方政府规章的适用。另一种观点认为,在准据法或者前置性法律规范明确的情况下,法律当然具有适用的优先性和排他性,但是如果作为解释依据的法律本身需要再解读时,就必须通过其他规范性文件加以说明。因此在解释的意义上不排斥法规和规章的适用。④

---

① 参见陈思桐:《非法吸收公众存款罪司法过度扩张与纠偏》,载《东北农业大学学报(社会科学版)》2019 年第 2 期。

②③ 参见姜涛:《非法吸收公众存款罪的限缩适用新路径:以欺诈和高风险为标准》,载《政治与法律》2013 年第 8 期。

④ 邹玉祥:《P2P 网络借贷的刑法管控——以非法吸收公众存款罪的限缩新论为视角》,载《北方法学》2018 年第 5 期。

根据 2019 年最高人民法院、最高人民检察院、公安部《关于办理非法集资刑事案件若干问题的意见》的规定：“人民法院、人民检察院、公安机关认定非法集资的‘非法性’，应当以国家金融管理法律法规作为依据。对于国家金融管理法律法规仅作原则性规定的，可以根据法律规定的精神并参考中国人民银行、中国银行保险监督管理委员会、中国证券监督管理委员会等行政主管部门依照国家金融管理法律法规制定的部门规章或者国家有关金融管理的规定、办法、实施细则等规范性文件的规定予以认定。”可见，司法解释采纳了第二种观点，非法吸收公众存款罪的前置性法律规范可以扩大至位阶较低的部门规章和其他规范性文件。

当然，该司法解释具有合理性，《商业银行法》关于非法吸收公众存款非法性的认定仅以“未经国务院银行业监督管理机构批准”加以概括，缺乏具体的判断标准，若其他规范性文件能对非法吸收公众存款行为起到补充说明的意义，决定该行为是否违背了《商业银行法》这一前置性法律规范，该规范性文件则具有参考的必要性和正当性，可以作为非法吸收公众存款罪判断“非法性”的前置性法律规范。但是，部门规章与其他规范性文件使用的前提是缺乏高位阶的法律规定，只有当高位阶的法律出现空白时，才可以将前置性法律规范扩大至低位阶的法律。

（2）“未经批准的行为”的内涵

我国的集资审批行政管理体制由许可与备案两方面构成，因此“未经批准”的认定既可以依据法条的明示，也可以根据禁止性规定的默示。根据公民角度“法无禁止即可为”的原则，行政机关对负面清单外的行为类型实为默示授权，本质上是经批准的合法行为。而金融管理法律规定对于“吸收公众存款”行为的规制大都采取“禁止性规定”的负面清单形式，此时企业在不违反禁止性规定且无需行政许可的情况下，吸收资金从事生产经营活动当然不具有“非法性”，应当直接被排除出非法吸收公众存款罪的规制范围。

（3）“借用合法经营的形式吸收资金”的核心

“非法性”实质标准设立的本意是为纠正形式标准过于僵化，致使非法吸收公众存款罪打击面过小的问题。然而实践中，司法机关“保本付息＋不特定公众”的定罪思路使得实质标准沦为定罪的万金油，将非法吸收公众存款罪变成打击非法集资行为的“口袋罪”。因此，我们需要结合非法吸收公众存款罪的规范目的对“借用合法经营的形式吸收资金"进行限缩性解释。非法吸收公众存款罪的规范目的在于保护吸收存款这种金融业务的行业规范,通过对规范的坚守来保障投资人的资金安全。①吸收资金的行为是否会给投资人的资金安全带来风险进而扰乱金融秩序,成为实质标准的判断核心。

同时,行为的风险性由吸收存款的用途加以衡量。合法经营形式的主体没有将吸收的资金用于货币资本的运营,未将投资者的资金置于再借贷状态,也就不会给投资者的财产安全制造危险,无法影响金融秩序的稳定,不具备非法吸收公众存款的实质特征。

社会生活的有序运行依赖整个法律体系的协调运转,刑法作为社会治理的最后一道防线应当谨慎适用,当民事、行政法规可以消解违法行为时,刑法不得因其见效快而冲在社会治理的前沿。形式标准与实质标准齐备时,"非法性"要件才达成,结合非法吸收公众存款罪的其他要件,才能综合判断社会危害性是否达到追究刑事责任的程度,这亦是刑法谦抑性的要求。刑法不过多地干预金融市场,以保障法的地位自居,方能保障金融活动的自由与安全,也才能避免非法吸收公众存款罪成为"口袋罪"。

3. "利诱性"的定量

根据《非法集资解释》的规定,"利诱性"是指集资人承诺在一定期限内以货币、实物、股权等方式还本付息或者给付回报。可以看出《非法集资解释》明确了非法吸收公众存款行为还本付息的主要特征,但并未规定还本付息的额度。因此在实践中出现了只要行为人进行了还本付息或给付回报的承诺,就将其认定为非法吸收公众存款罪的情况,这种认定标准直接扩大了非法吸收公众存款罪的打击范围,模糊了罪与非罪的界限。因为从非法集资的制裁角度看,无论是固定回报还是非固定回报均可构成犯罪,而从合法融资的保护角度看,无论是固定回报还是非固定回报,也均可构成正常的民间融资。②合法民间借贷与非法集资行为在形式上均表

---

① 邹玉祥:《非法吸收公众存款罪之行为类型研究——基于网贷背景下的教义学展开》,载《政治与法律》2018年第6期。

② 张东平、赵宁:《民间融资的立法规制梯度及刑事法边界——以类型化的融资风险等级划分为依托》,载《政治与法律》2014年第4期。

现为"还本付息或给付回报的承诺",因此还本付息行为本身并不能区分合法的民间借贷行为与非法集资行为。作为非法吸收公众存款行为的构成特征之一,利诱性仅仅具有象征或者宣示意义,并不具有实质性的价值,但这依然是遏制非法集资犯罪的重要切入点。①我们将集资行为认定为非法吸收公众存款罪的根本原因在于,该行为严重扰乱了国家金融秩序,体现在利诱性特征上则表现为还本付息性承诺任意提高利率,超出法律允许的回报范围,这种高额回报的承诺形成了在吸收存款上的不正当竞争,破坏了利率的统一,影响了币值的稳定。由此,对非法吸收公众存款罪利诱性的限缩应当落脚在回报的高额性定量上。根据《最高人民法院关于审理民间借贷案件适用法律若干问题的规定》,民间借贷双方约定的利率超过合同成立时一年期贷款市场报价利率(下文简称 LPR)四倍的,人民法院不予支持。可知民事主体双方约定的利息处于 LPR 四倍之内受到法律保护,一旦超出,该融资行为就将会对现有金融体系造成冲击,法律就会以不予认定的方式实现对金融秩序的维护。法律在民事领域对利息的规制可以延伸至刑事领域,作为非法集资行为中高额回报的认定标准,我们可以认为超出民间金融利率上限的还本付息性回报,达到了足以破坏国家金融秩序的高额标准,这种吸收存款的行为即符合"利诱性"特征,将该行为认定为非法吸收公众存款罪。

4."公众"范围的再定位

2010 年发布的《非法集资解释》即规定,公众指社会不特定对象且排除亲友和单位内部人员。2014 年《关于办理非法集资刑事案件运用法律若干问题的意见》又将向"亲友"和"单位内部人员"吸收资金的两种情形视为向社会公众吸收资金。上述司法解释虽然能够给司法实践中如何确定"公众"提供判断依据,但却没有直接明晰"公众"这一概念的内涵,因此出现了只要行为人向个人吸收资金 20 万元以上,单位吸收资金 100 万元以上或个人非法吸收存款 30 人以上,单位非法吸收存款 150 人以上即构成非法吸收存款罪的僵化操作,导致非法吸收公众存款罪的范围不断扩大。为实现对非法吸收公众存款罪适用的合理限缩,我们应当对"公众"这一概念的内涵进行正面清晰的解读。

---

① 王新:《非法吸收公众存款罪"四性"特征的司法适用》,载《检察日报》,2020 年 6 月 20 日。

"公众"一词包含着两层含义：一为"公"，即不特定性，行为人于投资者间没有密切的人身关系，同时行为对象呈现扩大化的趋势，人员具备随时增多的属性；二为"众"，众代表着多，也就是说在向非特定的对象进行资金吸收活动时，对这些非特定的对象在数量上应当达到多数的标准。"公众"概念由此可简要概括为不特定的多数人。正是因为行为人向社会不特定多数人吸收资金才会导致金融交易处于高风险状态，且因对象的不特定使该风险具有不断扩散性，影响广度也随之提升，最终给金融秩序的稳定带来巨大的冲击。这也是立法者设立非法吸收公众存款罪以打击此类行为的原因，不特定多数人的内涵与该罪的立法意愿契合。

此外，以亲友作为出罪条件也具有相当的模糊性，"亲友"一词作为日常生活用语，"亲"本身包括近亲、远亲、姻亲等，"友"包括同乡、同学、同事等，过于宽泛的内涵和外延使该判断标准难以成为刑法上具有正当性和稳定性的犯罪构成要素。[1]我国将"亲友"作为出罪条件是因为亲友之间的紧密联系，使得交易中信息不对称的风险降低，且个人亲友形成的交际圈有一定的边界，对亲友吸收资金一般不易出现大规模不可控的金融风险，进而扰乱金融秩序。突破以"身份关系"作为出罪条件的形式，立法者界定公众范围的本质在于以何种标准实现交易双方的信息对称，有效防范金融风险。刑法之所以对公众投资人加以保护，是考虑到投资者的专业投资知识与投资理性的匮乏，以及投资者与资金募集者双方存在信息不对等的风险等问题可能会给金融秩序带来的巨大冲击。因此，司法适用限缩的着力点不应放在人员数量和亲密程度上，应借力投资者风险自担原则，判断出资人和融资人之间是否存在较专业的投资关系。[2]对此，我们可以引入美国私募融资领域中"合格投资人"的标准，将有充分的时间了解并且已经了解关于筹资的必要信息，以及具有一定的风险识别能力和风险承担能力的投资人排除在公众范围之外，以此标准作为出罪条件实现非法吸收公众存款罪的合理限缩。

---

① 陈思桐：《非法吸收公众存款罪司法过度扩张与纠偏》，载《东北农业大学学报（社会科学版）》2019年第2期。

② 李有星、范俊浩：《非法集资中的不特定对象标准探析——证券私募视角的全新解读》，载《浙江大学学报（人文社会科学版）》2011年第5期。

第五节　其他非诈骗型非法集资犯罪及其司法认定

除了最常见的非法吸收公众存款罪,刑法还规定了一些其他的非诈骗型非法集资犯罪,主要包括擅自发行股票、公司、企业债券罪,欺诈发行证券罪以及擅自发行基金份额型的非法经营罪等。这些罪名的规制领域主要在证券市场之中,相关法条的设立与修改完善与我国证券市场的发展历程紧密相连。本节将对此三种主要罪名及其司法认定进行介绍和论述,并厘清其中比较具有代表性的相关争议点。

一、擅自发行股票、公司、企业债券罪及其司法认定

(一)擅自发行股票、公司、企业债券罪概述

1. 擅自发行股票、公司、企业债券罪的基本概念及特点

擅自发行股票、公司、企业债券罪是指未经国家有关主管部门批准,擅自发行股票或者公司、企业债券,数额巨大、后果严重或者有其他严重情节的行为。截至2021年,我国债券和股票市场规模已达全球第二,其发展之迅速和繁荣得利于市场资本的快速流转,但资本利益之可图也为股票债券类犯罪打开了新的空间。

处于活跃的市场之中,擅自发行股票、公司、企业债券罪有着区别于其他破坏金融管理秩序类犯罪的特点。首先,犯本罪需要有一定的组织和计划。股票和债券的发行具有一套完整的流程,以正常情况下的股票发行为例,一般经过申请、预选、申报、复审、批准、募股等步骤。鉴于其专业性和复杂性,在整个犯罪过程中,行为人通常具备组织性,对于每一步流程有着明确的分工。其次,股票债券的发行与普通商品的上市和售卖具有根本区别,普通商品的新上市尚且需要组织内部进行相关文件的撰写和批复,擅自发行股票、债券更需要具有一定地位领导层或者专业人员进行协助,以获取相关批文批条和招股说明书等内部资料。由此,犯本罪容易伴随其他犯罪的发生,如贪污贿赂类犯罪。同时,擅自发行股票、债券的获利来自投资者,也正是利用了投资者的逐利心理,可能会存在欺诈的相关情节。

2. 擅自发行股票、公司、企业债券罪的构成要件

本罪的犯罪主体为一般主体，包括自然人和单位，具体又可分为不具备发行股票、公司、企业债券条件的自然人和单位与具备发行条件，但还没有得到国家有关主管部门批准而擅自发行股票、公司、企业债券的自然人和单位。主观方面应为故意，过失不能构成本罪。

本罪属于证券犯罪的一种类型，因此本罪侵犯的客体可以通过对证券犯罪客体的界定进而对本罪侵犯客体进行进一步的确认。对证券犯罪的客体，目前学术界存在着几种不同意见。

第一种观点认为，证券犯罪侵害了证券市场的正常管理秩序，也侵害了投资者的合法利益。该观点认为，证券市场要进行运作需要有维持公正和高效的管理秩序，而投资者在证券市场中的交易构筑了证券市场的网络。因此，证券投资者应当获得公平、公正、公开这证券市场三大基石原则的保障，而证券犯罪正是严重地侵犯这三大原则，从而侵害了证券投资者的合法利益。因此，证券犯罪在多数情况下侵害的是双重客体，其中证券市场的正常管理秩序是起决定作用的，是主要客体。[1]第二种观点在第一种观点的基础上更进一步，分别将证券市场正常管理秩序中的证券价格形成机制和证券投资者的合法权益表述为整体权益和个人权益，并指出在该罪所侵犯的权益中，整体权益处于核心地位，个人权益则处于辅助地位。[2]第三种观点认为，证券犯罪侵害的客体是证券市场的公正性、健全性及证券市场的秩序。[3]

笔者认为，本罪的客体是证券市场管理秩序。笔者于前面章节中提出，非法吸收公共存款罪的客体为金融管理秩序。由于本罪和非法吸收公众存款罪同样属于破坏金融管理秩序类犯罪，而证券市场的管理秩序当然属于金融管理秩序的一种类型，在特殊优于一般的前提下，认定本罪的客体为证券市场管理秩序并无不妥。

本罪的客观方面为行为人实施了擅自发行股票、公司和企业债券的危害行为，

---

① 参见陈兴良、陈正云、张旭：《论证券犯罪及其刑法调控》，载《中国法学》1994 年第 4 期。

② 参见王新：《证券市场操纵犯罪的刑法属性及推定规则》，载《河南财经政法大学学报》2017 年第 5 期。

③ 参见魏智彬：《证券及相关犯罪认定处理》，中国方正出版社 1999 年版，第 7 页。

造成了数额巨大、后果严重或者有其他严重情节的危害结果,且二者之间有刑法上的因果关系。对于如何界定"擅自发行"之行为以及危害结果的评价标准,将于下文司法认定中具体论述。

(二)司法认定

1."擅自"的界定

上文提到了本罪主体的不同情况,即不具备发行股票、公司、企业债券条件的自然人和单位以及具备发行条件,但还没有得到国家有关主管部门批准而擅自发行股票、公司、企业债券的自然人和单位。这也是"擅自"的两种不同情况。在第一种情况下,行为主体不具备发行股票、公司和企业债券的条件。第二种情况下,行为主体具备发行条件,但还没有得到国家有关主管部门批准而擅自发行。

2.发行对象的认定

本罪的发行对象有股票、企业和公司债券。股票是指股份有限公司发行的、用于证明投资者的股东身份和权益,并据以获得股息和红利的所有权凭证,包括上市公司在主板、中小板、创业板、新三板和科创板发行的股票以及非上市股份有限公司发行的股票。根据《公司法》以及新《证券法》中规定的股票发行方式主要有公开发行和不公开发行。《证券法》第11条和第12条的规定,上市公司发行新股,应当符合《公司法》规定的条件和经国务院批准的国务院证券监督管理机构规定的条件。

企业债券是企业依照法定程序发行,约定在一定期限内还本付息的债券。公司债券的发行主体是股份公司,但也可以是非股份公司的企业。所以一般归类时,可将公司债券和企业发行的债券合并直接归为公司(企业)债券。根据《公司法》第153条规定,公司债券,是指公司依照法定程序发行,约定在一定期限还本付息的有价证券。公司发行公司(企业)债券应当符合《证券法》规定的发行条件。

3.擅自变相发行行为的认定

根据2010年最高人民法院《非法集资解释》(2021年12月30日修改)第10条规定:"未经国家有关主管部门批准,向社会不特定对象发行、以转让股权等方式变相发行股票或者公司、企业债券,或者向特定对象发行、变相发行股票或者公司、企业债券累计超过200人的,应当认定为刑法第一百七十九条规定的'擅自发行股票、公司、企业债券'。构成犯罪的,以擅自发行股票、公司、企业债券罪定罪处罚。"据此可见,本条司法解释确立了擅自变相发行股票、公司、企业债券的行为构成犯罪的,以擅自发行股票、公司、企业债券罪定罪处罚。在具体的司法认定中,依据发行对象的不同,擅自变相发行股票或者公司、企业债券的类型也不相同,具体而言,应当包括以下两种。第一,未经过审批向不特定对象转让股权的行为。股权转让必须经过国家相关部门的审批,如果没有经过批准就转让,其本质上仍然是一种擅自发行的行为。只是这种行为与直接发行股票、公司、企业债券的行为存在形式上的差别,直接发行的对象是股票、公司、企业债券本身,而间接发行的对象是股权转让的权利。第二,未经审批向累计超过200人的特定对象发行、变相发行股票或者公司、企业债券的行为。在司法实践中,行为人经常利用第一种类型,即委托他人转让股权的形式来擅自变相发行股票或者公司、企业债券。①

4. 与非法吸收公众存款罪的区别

和非法吸收公众存款罪相同,本罪也是以行为人违反法律规定的审批制度,没有得到相关部门的批准就对公众进行集资的行为为犯罪的主要内容。现实生活中,进行集资行为的行为人会假借入股集资或者募集股金的名义,进行非法吸收公共存款的行为,因此需要将这两种行为和罪名进行一定的区别。对于这个问题,学界有不同的观点。多数观点认为,擅自发行股票、公司、企业债券罪与非法吸收公众存款罪并无差异,是一种变相的吸收公众存款的行为。但事实是,刑法已将此种行为规定为单独的犯罪,就不能再以非法吸收公众存款来论处。因此,持该种观点的人认为,刑法采取了普通法条与特殊法条并列的法条竞合的形式,遵循特殊法条优先原则,优先适用擅自发行股票、公司、企业债券罪。

另外一种观点认为,以行为人发给投资者书面凭证的性质,可以将擅自发行股票、公司、企业债券罪与非法吸收公众存款罪区别开来。简而言之,判断集资犯罪的行为人是在擅自发行股票、债券还是非法吸收公众存款,并不是以行为人对其集资行为的命名为判断标准,而要看行为人与投资者之间实质上是建立了什么样的

---

① 参见姚万勤、严忠华:《厘清擅自发行股票债券犯罪应把握五个重点》,载《检察日报》,2017 年 6 月 12 日。

投资关系。这种区别,可以根据行为人发给投资者的出资凭证作出判断。对于擅自发行股票、公司、企业债券罪的行为人发给投资者的出资凭证,不管以什么形式出具,都应当具有有价证券的性质。如此方可认定行为人是以发行有价证券的方式集资,即构成的应是擅自发行股票、公司、企业债券罪。非法吸收公众存款罪的行为人发给投资者的出资凭证,不应具备有价证券的性质。如果出资凭证不可转让,出资凭证上记载的出资、内容不具有标准性,出资凭证不是集资形式,虽然两罪的本质都是通过在短期内同时向不特定的多数人公开发行,但即使在集资时声称是发行债券,也可以认定行为人构成了非法吸收公众存款罪。①笔者赞成此种观点,这两个罪名之间并不仅是特殊法条与普通法条的关系,虽然两罪的犯罪客体相同,但是,以擅自发行有价证券的方式非法集资的社会危害性,远远大于以擅自吸收公众存款方式向公众集资的行为所造成的社会危害性。

二、欺诈发行证券罪及其司法认定

(一)欺诈发行证券罪概述

1. 欺诈发行证券罪的概念

欺诈发行证券罪,是指在招股说明书、认股书、公司、企业债券募集办法等发行文件中隐瞒重要事实或者编造重大虚假内容,发行股票、公司或企业债券、存托凭证或者国务院依法认定的其他证券,数额巨大、后果严重或者有其他严重情节的行为。欺诈发行证券罪原名为欺诈发行股票、债券罪。2020 年 12 月 26 日通过的《刑法修正案(十一)》对本罪的法条内容作了相关修改,2021 年 3 月 1 日施行的最高人民法院、最高人民检察院《关于执行〈中华人民共和国刑法〉确定罪名的补充规定(七)》,将《刑法》第 160 条"欺诈发行股票、债券罪"修改为"欺诈发行证券罪"。通过新旧法条对比,以原法条为样板,新法条增加了欺诈发行的对象,从股票、公司和企业债券扩大到证券,增加了存托凭证和国务院依法认定的其他证券。

---

① 参见陶月娥等:《论集资犯罪》,载《辽宁大学学报》1999 年第 2 期。

2. 欺诈发行证券罪的构成要件

（1）犯罪主体

欺诈发行证券罪同擅自发行股票、公司、企业债券罪一样，犯罪主体为一般主体，还是为具有特殊身份的自然人和单位的特殊主体存在争议。笔者认为本罪的犯罪主体应当为特殊主体，与普通证券发行主体略有区别。《刑法修正案（十一）》对本罪的实行主体进行了进一步的增加，主要包括控股股东和实际控制人。根据《公司法》规定，"控股股东是指其出资额占有限责任公司资本总额百分之五十以上或者其持有的股份占股份有限公司股本总额百分之五十以上的股东；出资额或者持有股份的比例虽然不足百分之五十，但依其出资额或者持有的股份所享有的表决权已足以对股东会、股东大会的决议产生重大影响的股东"，"实际控制人，是指虽不是公司的股东，但通过投资关系、协议或者其他安排，能够实际支配公司行为的人"。

本罪主体所要求的特殊身份从单位来说，应当为具备发行证券条件的单位。若单位具备发行证券的实质条件，但是并没有申请发行或者正在申请发行但还未受到正式批准的公司或企业不能构成本罪。对自然人来说，必须是那些已经获准募集设立的股份有限公司的发起人，或单位构成此罪时的单位中应负刑事责任的有关人员，而不可能是有限责任公司或者发起设立的股份有限公司的发起人，更不能是一般的自然人。[①]

（2）犯罪客体

本罪所侵犯的法益与擅自发行股票、公司、企业债券罪同样具有争议性。2020年实施的新《证券法》在总结科创板试点注册制的经验基础上，将证券发行审核制改为注册制，在立法中正式确立了证券发行注册制的法律地位。在注册制改革背景下，对本罪保护的法益应当作重新讨论与确定。对此，不同学者也作出了不同评论。有学者认为，刑法设立欺诈发行证券罪的直接保护法益是投资者对证券审查机关的信赖，间接保护法益是不特定或多数投资者的财产利益，不保护特定少数投资者的财产利益。[②]还有学者认为，应将证券市场诚信机制（金融信用）作为欺诈发

---

① 参见赵晓光：《欺诈发行证券罪探析》，载《河北法学》2004年第4期。

② 参见柏浪涛：《欺诈发行证券罪的教义学分析》，载《中国刑事法杂志》2021年第4期。

行证券罪的侵害法益。①

本罪在刑法中被归为妨害对公司、企业的管理秩序类犯罪，但笔者认为将本罪的客体简单认定为公司、企业的管理秩序并不十分妥当。本罪立法的价值目标是保障证券发行过程中的发行信息公开化和透明化，在此基础上，本罪从直接禁止在发行证券的过程中隐瞒重要事实或者编造重大虚假内容的方面，来要求证券发行公司在发行证券时要提供真实信息。同时，与擅自发行股票、证券罪相比，从法条描述的罪状来看，并不能发现二者存在根本上的差异。因此，笔者认为，欺诈发行证券罪的客体与擅自发行股票、公司、企业债券罪相同，为证券市场管理秩序。

（3）主观方面

本罪的主观方面应为故意，即明知在招股说明书、认股书、公司、企业债券募集办法等发行文件中隐瞒重要事实或者编造重大虚假内容，仍申请并发行股票、公司或企业债券、存托凭证或者国务院依法认定的其他证券。

（4）客观方面

本罪在客观方面主要是实施了在招股说明书、认股书、公司或企业债券募集办法等发行文件中隐瞒重要事实或者编造重大虚假内容，并且发行股票、公司或企业债券、存托凭证或者国务院依法认定的其他证券的行为，数额巨大，造成了严重后果或者其他严重情节。对于本罪的危害行为，更加翔实的分析与认定将于下文展开。

3. 立法演变

（1）1997 年之前的立法情况

对制作虚假的招股说明书、认股书、公司或企业债券募集办法发行股票、公司或企业债券的犯罪，1979 年《刑法》没有规定。1995 年 2 月 28 日第八届全国人民代表大会常务委员会第十二次会议通过的《全国人民代表大会常务委员会关于惩治违反公司法的犯罪的决定》对本罪作了规定。该决定第 3 条规定："制作虚假的招股说明书、认股书、公司债券募集办法发行股票或者公司债券，数额巨大、后果严

---

① 参见商浩文：《论欺诈发行证券罪的规范构造——以〈刑法修正案（十一）〉为视角》，载《中国政法大学学报》2021 年第 5 期。

重或者有其他严重情节的,处五年以下有期徒刑或者拘役,可以并处非法募集资金金额百分之五以下罚金。单位犯前款罪的,对单位判处非法募集资金金额百分之五以下罚金,并对直接负责的主管人员和其他直接责任人员,依照前款的规定,处五年以下有期徒刑或者拘役。"

(2) 1997年《刑法》的相关规定

1997年《刑法》将对欺诈发行股票、债券的相关规定纳入刑法法条,并进行了相应的补充和修改。法条将原来规定的"制作虚假的招股说明书、认股书、公司债券募集办法发行股票或者公司债券"修改为"在招股说明书、认股书、公司、企业债券募集办法中隐瞒重要事实或者编造重大虚假内容,发行股票或者公司、企业债券",在原有基础上增加规定了"企业"债券。刑罚规定上,增加了单处罚金的规定,将罚金由原来的"并处非法募集资金金额百分之五以下罚金",修改为"并处或者单处非法募集资金金额百分之一以上百分之五以下罚金"。同时,调整了对单位判处罚金的规定,将"对单位判处非法募集资金净金额百分之五以下罚金"修改为"对单位判处罚金"。

(3)《刑法修正案(十一)》的新修改

上文已对新法修改的各方面内容进行了详细论述,此处进行简要小结。新法在"招股说明书、认股书、公司、企业债券募集办法"后增加了"等发行文件"的规定;发行范围增加了"存托凭证或者国务院依法认定的其他证券"的规定;增加了实行主体,对控股股东、实际控制人组织、指使实施欺诈发行行为进行了专门规定;提高了本罪的刑罚,将法定最高刑提高至有期徒刑十五年;完善了罚金刑,将董事、监事、高级管理人员等一般主体实施欺诈发行行为与控股股东、实际控制人实施欺诈发行行为的罚金,予以区分;修改了单位犯罪的规定。

(二)欺诈发行证券罪的司法认定

1. 欺诈行为的认定

根据法条规定,欺诈发行证券需要在招股说明书、认股书、公司、企业债券募集办法等发行文件中隐瞒重要事实或者编造重大虚假内容,也即认定何为"隐瞒重要事实""编造重大虚假内容"以及个中细节是认定是否构成本罪的逻辑链上的重要环节。

（1）重要事实、重大内容的认定

重要事实和重大内容的说法源于欺诈案件中对信赖的评判标准，被欺诈者需要证明对欺诈人所作出的不实内容具有信赖的条件，这种不实内容能够成为影响被欺诈者判断的重要原因即欺诈内容是否属于重要事实和重大内容。在证券市场中表现为不实内容的陈述影响投资者交易决策的可能性，其高低代表重要性或重大性标准的程度。例如，在"中国证券民事纠纷第一案"红光实业案中，红光公司在股票发行上市申报材料中，对其管件生产设备彩玻池炉废品率上升，不能维持正常生产的重大事实未作任何披露。显然，如果红光公司对其生产设备不能正常运行的事实进行披露，将无法取得上市资格，即使取得了上市资格，在上市募股中也很难取得成功。不过，对重要事实和重大内容的界定，往往容易因所处角色对发行的证券所持态度不同而发生主观上的变动。因此，对重要事实和重大内容范围的界定不能过宽，信息披露范围的扩大会增加发行人信息披露的压力，也不利于投资者从披露信息中择取有用信息。应当以一个较为客观中立的角度，结合证券市场的特点，从对证券价格起到影响和对一般理性投资人的交易决策起到影响两方面进行圈定。

（2）隐瞒、编造行为的认定

隐瞒对于事件中的双方来说，是一方知而另一方不知，知的一方采取积极行为掩盖事实或采取消极行为不告知事实的行为。在本罪中，隐瞒即行为人在申请发行证券的必要文件中对法律所要求规定和记载的事项不予规定和记载（此为消极地隐瞒信息），或者对相关内容进行虚构（此为积极地虚构事实）的行为。例如，在著名的大庆联谊案中，为了申报公司上市，谋取巨额募集资金，大庆联谊石油化工总厂通过地方有关行政管理部门和中介组织，进行一系列弄虚作假、欺诈包装活动。为了满足上市的要求，大庆联谊策划了一系列的倒签日期行为，还编制了股份公司1994年到1996年间的会计记录。同样地，在上文提到的红光实业案中，红光公司也对公司亏损情况进行了隐瞒和少报。

当前，在发行注册制下，发行人提交上市审核的材料可能存在错误或缺漏时，可以退回进行补充、修改后重新提交，但发行人通过公告的文件向公众发布的信息，必须符合信息披露的真实性、准确性、完整性要求。"欺诈"是实施了违反信息披露义务的行为,不要求已经获得上市。新《证券法》对"欺诈"突出强调"公告",而不再是"核准",只要对外公布的信息含有虚假内容,就可以认定欺诈发行,至于是否骗取核准,是否已发行,则不是判断标准。[①]

2. 发行对象的界定

本罪中擅自发行的证券包括股票、公司或企业债券、存托凭证和国务院依法认定的其他证券。其中,股票、公司或企业债券与擅自发行股票、公司或企业债券中的内涵与外延相同,此处不再重复论述。因而对本罪发行对象要作出新界定的证券类型为存托凭证和国务院依法认定的其他证券。

(1)"存托凭证"的内涵与外延

存托凭证,简称 DR(Depository Receipt),又称存券收据或存股证,是指在一国证券市场内流通的代表外国公司有价证券的可转让凭证。目前,我国法律对存托凭证的相关规定较少,仅在银保监会、证监会以及证券交易所出台的规范性文件中有存托凭证的相关规范,并且较为分散,实践中产生的相关法律问题并不明确。2018 年 6 月 6 日,证监会发布《存托凭证发行与交易管理办法(试行)》,该办法第 2 条对存托凭证进行了明确界定,将存托凭证界定为存托人签发、以境外证券为基础在中国境内发行、代表境外基础证券权益的证券。存托人签发独立的存托凭证后,将导致存托凭证与所依赖的基础证券相分离,产生了独立的法律效力。投资人行使权利均是以存托凭证为基础。存托凭证投资人不能以基础证券所在公司的股东身份行使股东权利,只能按照存托凭证的协议约定,借助于存托人享有相关权利。[②]因此,存托凭证本质上是证明文件,证明存托人对外国股票等基础证券所享有的权利,可以由投资人来行使,类似于合同法中的无名合同。合同的主要内容是约定在不改变存托人对基础证券所有权的基础上,投资者购买存托凭证并享有存托人对基础证券所有权的权益。[③]新《证券法》第 2 条规定了存托凭证,从而在我国法律中扩大了证券的内涵和外延,将存托凭证定性为一种证券。

---

① 参见毛玲玲:《注册制背景下欺诈发行的罪与罚》,载《上海政法学院学报(法治论丛)》2020 年第 5 期。

② 参见郭锋:《中国存托凭证(CDR):基本原理与制度体系》,载《证券法律评论》2020 年。

③ 参见冯果、薛亦飒:《中国存托凭证存托人"自益行为"的规制进路——以〈证券法〉的规制逻辑为基础展开》,载《清华法学》2020 年第 6 期。

（2）国务院依法认定的其他证券的内涵与外延

国务院依法认定的其他证券，在本罪条文中更像是一种兜底条款。"其他"一词带来了对后者如何界定的问题，这个问题直接关系到罪与非罪的界限，对其进行辨析于司法适用而言意义重大。对此条款的理解，关键在于"国务院认定"的，且是"依法"认定的。对此兜底规定，笔者认为应当理解为授权性规定。首先，若理解为引用性规定，缺乏引用依据。在立法时，如果法律规范的内容中含有其他法律规范已经规定的内容，那么就可以进行直接引用，表述为文本就例如"违反票据法规定……"或"违反国家规定……"结合这个概念，根据罪刑法定原则的要求，在刑法中如果要采用引用性规定，需要明确引用的来源，但是我国《证券法》，甚至证监会制定的部门规章、规范性文件，亦无法界定何谓"其他证券"。鉴于此，这一兜底条款不应认为是引用性规定。其次，将其理解为概括性规定也欠妥。我国的"法"包括宪法、法律、行政法规、部门规章、地方性法规、政府规章、自治条例等，"依法"依照的是什么法，本身就很宽泛。"证券"更是个抽象概念，我国《证券法》亦未对证券进行定义。因此，在这种情况下，不能苛求行为人能认识到何谓"其他证券"，自然单凭该规定不能入罪。最后，笔者认为，对于本罪的发行对象，在国务院依法认定何谓其他证券之前，欺诈发行的证券种类为股票、公司或企业债券、存托凭证。之后，依法认定的语义射程应在所列举证券种类范围之内。股票、公司债券、存托凭证，分别由《公司法》《证券法》《企业债券管理条例》规定，均是由行政法规以上层级的法律认定的，那么国务院依法认定的法至少不能低于上述层级，上述三种证券具备投资性、市场流通性、风险收益性、涉众性、发行需审批或注册等特性，依法认定的其他证券至少应该符合上述特性。

3."发行文件"的界定

新法在"招股说明书、认股书、公司、企业债券募集办法"后增加了"等发行文件"的规定。对于原规定的发行文件，于具体法条中均有相关规定。对于兜底的其他发行文件，法条则没有明确具体的范围。根据证券发行过程的相关规定，其他发行文件应当包含在发行过程中涉及的重要性与招股说明书、认股书、公司、企业债券募集办法相当的文件，包括公司的监事会对募集说明书真实性、准确性、完整性的审核意见，募集资金使用的可行性报告，以及增发、发行可转换公司债券等涉及的发行文件。需要注意的是,注册制施行后,需要通过交易所审核和证券监督管理部门注册两个环节完成股票、债券等注册发行。交易所审核主要通过向发行人提出问题、发行人回答问题的方式来进行。这种"问答"环节所形成的文件也属于规定所称的发行文件。

4. 私募证券能否纳入本罪的规制范围

关于本罪是否包含私募证券,学术界和实务界对此存在着争议。发行证券有公开发行和非公开发行两种方式,又称为公募证券和私募证券。私募又称作不公开发行或者内部发行,私募证券是以特定的少数投资者为对象发行的证券。但《刑法》对欺诈发行证券罪的条文规定中,并没有明确指出证券是公募证券还是私募证券,抑或是两者皆可。对于私募证券是否能纳入本罪规制范围,识别关键在于私募证券行为是否侵犯本罪法益。笔者认为,由于私募证券实际上也是一种吸收资金的行为,尽管以特定投资者为对象,但是这种类型的发行方式应当被归于证券市场中的行为类型之一,当然也会产生破坏证券市场管理秩序的情形。因此,私募证券能够被纳入本罪规制范围之内。

5. 数额巨大的计算

法条除了对欺诈发行的行为作了规定,还要求行为造成的后果达到数额巨大、后果严重或有其他严重情节。其中对数额的计算与认定是辨别是否构成本罪的重要步骤。本罪中的数额巨大指的是发行证券后向投资者销售证券所得的金额巨大。

6. 欺诈发行证券罪与擅自发行股票、公司、企业债券罪的区别

欺诈发行证券罪与擅自发行股票、公司、企业债券罪的关键区别在于行为是否经过股票和债券的发行程序。后者的犯罪行为落脚点在于"擅自",行为人没有得到国家有关主管部门批准而发行,前者的落脚点在于"欺诈",是在申请审核和批准的过程中进行隐瞒和编造行为。后者是否存在欺诈行为,在所不问。

三、擅自发行基金份额型的非法经营罪及其司法认定

以非法发行基金份额的方式募集基金,是当前非法集资犯罪中较为常见的手

段之一。未经国务院证券监督管理机构批准即发行基金份额募集资金的行为,不仅是对我国证券市场管理秩序的严重破坏,同时也使资金在市场中流通的安全性减低,大大侵害了市场交易的正常秩序。基于实践中的情况,《非法集资解释》(2021 年 12 月 30 日修改)第 11 条规定:"违反国家规定,未经依法核准擅自发行基金份额募集基金,情节严重的,依照刑法第二百二十五条的规定,以非法经营罪定罪处罚。"这一规定将擅自发行基金份额型的非法经营罪归于非诈骗型非法集资罪的类型之一。据此,未经核准擅自发行资金份额募集资金,情节严重的行为,不论行为人主观目的为何,均不再定非法吸收公众存款罪和集资诈骗罪,而是以非法经营罪定罪处罚。

第四章　诈骗型非法集资行为及其刑法规制

诈骗型非法集资行为区别于前述非诈骗型非法集资行为,主要是指《刑法》第192条规定的集资诈骗罪,是非法集资犯罪中主要的犯罪类型之一。本章将重点对集资诈骗罪的司法认定问题予以分析与讨论。

第一节　集资诈骗罪概述

一、集资诈骗罪的概念

我国《刑法》第192条规定:"以非法占有为目的,使用诈骗方法非法集资,数额较大的,处三年以上七年以下有期徒刑,并处罚金;数额巨大或者有其他严重情节的,处七年以上有期徒刑或者无期徒刑,并处罚金或者没收财产。单位犯前款罪的,对单位判处罚金,并对其直接负责的主管人员和其他直接责任人员,依照前款的规定处罚。"据此可知,集资诈骗罪是指以非法占有为目的,违反有关金融法律、法规的规定,使用诈骗方法进行非法集资,扰乱国家正常金融秩序,侵犯公私财产所有权,且数额较大的行为。

对从集资诈骗罪设立至今相关的法律文件进行梳理后可以发现,集资诈骗罪的量刑档次与量刑标准虽有所调整,但其罪状的表述仍然与1997年《刑法》保持一致。而1997年《刑法》中该罪的设立依托于改革开放后集资诈骗行为愈演愈烈的背景,实为遏制日益猖獗的非法集资现象的救急性立法,加之当时学界对金融类诈骗犯罪的研究较少,相关司法实践经验匮乏,1997 年《刑法》中集资诈骗罪的设置存在许多法律漏洞。由此,学界对于集资诈骗行为的定义存在着一定的争议。有的学者认为集资诈骗罪指"以非法占有为目的,使用虚假事实或者隐瞒真相的方法,非法向社会公众集资,骗取集资款数额较大的行为"。①有的认为该罪应表述为"以非法占有为目的,使用非法集资的方法进行诈骗活动,数额较大"。②更有学者提出该罪的罪状应当表述为"以非法集资的方式骗取集资款为目的,数额较大的行为",将罪名完善为"诈骗集资款罪"。③

学界对于非法占有目的、数额较大才能构罪,单位与个人都能成为集资诈骗罪的主体等方面并未存在争议,其分歧点主要集中在该罪的手段与目的的关系上。持第一种观点的学者将非法集资的手段,限定在虚构事实和隐瞒真相等诈骗方法的范围内,将使用诈骗方法作为本罪的构成要件之一,是学界对于该罪定义的通说。但该手段的限定一定程度上缩小了集资诈骗行为非法性的范围,更无从解决司法实践中出现的部分集资者仅以高额利息为引诱,没有虚构主体资格也没有欺骗隐瞒集资款用途的非法集资行为。因此有学者提出,集资诈骗存在的法律意义在于以诈骗行为作为惩治对象,诈骗是集资诈骗罪的要件行为,非法集资只不过是集资诈骗的手段,通说对本罪的定义颠倒了二者的关系。持第二种观点的学者将非法集资罪的客观方面表述为以非法集资的方式进行诈骗活动,以灵活处理层出不穷的非法集资案件,但也容易产生将"使用非法集资"理解为犯罪手段,而将"诈骗活动"理解为犯罪目的的偏差。持第三种观点的学者将"非法占有目的"替换为"以非法集资的方式骗取集资款为目的",强调了骗取集资款这一重心,意在凸显集资手段与集资行为本身的双重欺诈性。但直接删除"非法占有目的"这一主观要件,而仅靠骗取集资款这一客观行为反推非法占有目的的存在,有客观归罪的嫌疑,极易造成司法实践中"唯结果论"的倾向。结合上述分析,笔者更加赞同通说对于集资诈骗罪概念的定义。法条原文为"使用诈骗方法进行非法集资",将诈骗理解为手段、非法集资理解为犯罪目的无疑更为切合法条本身的表述。集资诈骗罪

---

① 刘宪权主编:《金融犯罪案例研习》,上海人民出版社 2011 年版,第 91 页。
② 冯亚东、刘凤科:《也谈非法吸收公众存款罪——兼谈集资诈骗罪》,2000 年刑法学年会论文。
③ 高艳东:《集资诈骗罪的立法完善与解释对策》,载《贵州警官职业学院学报》2006 年第 6 期。

设立之初是为打击日益猖獗的非法集资活动,其修改也与金融制度深化改革的步调相一致,可以看出立法者更加侧重对金融秩序的维护,打击非法集资行为,以非法集资为犯罪目的切合立法原意。此外,本罪的行为人希望通过实施违法犯罪行为进而占有大量的集资款,在一定时期内甚至永久地占有出资人的资金使用权[1],而非针对投资人进行单独的诈骗,其期待的是资金集中运作的巨大效益。非法集资才是行为人真正的目的,诈骗只是实施犯罪时所采取的虚构事实或者隐瞒真相的方法,仅仅是一种手段。

二、集资诈骗罪的立法沿革

改革开放以来,市场经济得到了快速的发展,与之相伴的社会问题也逐步显现。集资诈骗行为在经济发展浪潮中日益涌现,我国关于集资诈骗罪的立法进程也同样与市场经济的发展和金融体制改革的推进一样,经历了一段相当长的时间。就该罪的立法过程来说,其主要经历了立法缺位阶段、专项罪名的确立阶段和立法完善阶段。

(一)立法缺位阶段

从中华人民共和国成立至 1995 年人大通过《关于惩治破坏金融秩序犯罪的决定》的时期内,我国并未就集资诈骗罪专门立法,这段时期概括为立法缺位阶段。1979 年《刑法》作为我国的第一部《刑法》未就集资诈骗行为单独设立罪名,究其原因,当时我国正处于改革开放初期,现代意义上的金融市场尚未确立,违反金融业规定的非法集资现象极少发生,该罪的设立缺乏现实基础。此外,受制于当时"宜粗不宜细"的立法原则,法条中有关诈骗行为的认定也仅体现为 1979 年《刑法》第151 条和第 152 条,罪状也简单表述为"诈骗""惯骗"等精简的法律用语,集资诈骗的表述在法条中尚未出现。在这样一个现实背景下,集资诈骗行为的定性上大体有三种意见:一种是定诈骗罪,一种是定贪污罪,一种是定投机倒把罪。[2]当时引起全国轰动的典型案件有北京长城机电技术开发有限公司沈太福案和无锡新兴公司

---

① 隋庆军:《办理金融诈骗犯罪案件的理论与实务》,中国农业大学出版社 2006 年版,第 19 页。
② 马克昌、丁慕英主编:《刑法的修改与完善》,人民法院出版社 1995 年版,第 505—507 页。

邓斌案,前者被称为改革开放后"非法集资第一案",非法集资额高达 10 亿元,沈太福以贪污罪、行贿罪被判处死刑。后者作为市场经济体制建立后出现的新类型的特大经济犯罪案件,非法集资额更高达 32 亿元,震惊全国,最终被认定构成受贿罪、贪污罪、投机倒把罪、挪用公款罪、行贿罪。

金融市场的逐步建立与上述非法集资案件数量的井喷式增长,使得国家不得不出台相应法规积极规制金融市场中的集资行为,而有关集资诈骗罪的立法活动最初表现为制定经济性行政法规或者文件。例如,1993 年中国人民银行发布《关于执行〈储蓄管理条例〉的若干规定》,其中第 14 条规定了"使用不正当手段吸收存款"的情形;1993 年国务院发布《关于坚决制止乱集资和加强债券发行管理的通知》中提出"坚决制止各种违反国家有关规定的集资。任何地区、部门、企事业单位和个人,一律不得在国务院有关规定之外,以各种名义乱集资";1993 年国务院批转中国人民银行《关于集中信贷资金保证当前经济发展重点需要意见的通知》中更是明确表示首先要坚决制止非法集资行为和纠正违章拆借行为,"非法集资"的概念由此提出。上述经济性的行政法规在金融市场的日益完善下,逐步被全国人大常委会所认可并进一步上升为法律,我国的金融法律体系也逐步建立。

（二）专项罪名的确立阶段

1995 年 6 月第八届全国人大常委会通过了《关于惩治破坏金融秩序犯罪的决定》,其中第 7 条规定"以非法占有为目的,使用诈骗方法非法集资的,处三年以下有期徒刑或者拘役,并处二万元以上二十万元以下罚金"。明确了集资诈骗罪的具体罪状,规定了法定刑,确定了犯罪主体为单位和自然人,以单行刑法的形式正式确立了集资诈骗罪。1996 年,最高人民法院根据这一决定出台了《关于审理诈骗案件具体应用法律的若干问题的解释》(下文简称 1996 年《解释》),该解释细化规定了集资诈骗罪的相关内容,明确了"诈骗方法""非法集资""以非法占有为目的"等相关要件的具体内涵,确定了集资诈骗罪这一罪名。这些法律文件的出台对打击日益猖獗的非法集资案件具有重要的意义,也在我国集资诈骗罪的立法史上具有承上启下的作用。

（三）立法完善阶段

经前述规制金融犯罪法律文件的铺垫与打击非法集资案件经验的积累,1997

年《刑法》在修订时吸收了《关于惩治破坏金融秩序犯罪的决定》的内容并作出修改，将集资诈骗罪纳入刑法典中。与之前规定相比，1997年《刑法》有关集资诈骗罪的内容增加了"数额较大"这一构成要件，提高了法定量刑幅度的下限，增加了死刑的适用条件，取消了单位犯罪中对直接负责的主管人员和其他直接责任人员死刑的适用。此外，1997年《刑法》另设破坏金融秩序罪和金融诈骗罪两节，完备的金融犯罪立法体系自此构建起来，集资诈骗罪也正式纳入刑法体系中。然而，随着金融业的日益发展与集资方式的日益丰富，实践中有关集资诈骗行为的认定争议不断，死刑的适用合理性的争论更是愈演愈烈。2000年最高人民法院召开了全国法院审理金融犯罪案件的工作座谈会，并在次年通过了《全国法院审理金融犯罪案件工作座谈会纪要》，该纪要重点研讨了人民法院审理金融犯罪案件中遇到的一些法律适用问题，其中就单位犯罪、破坏金融管理秩序罪、金融诈骗罪、死刑的适用和财产刑的适用五个方面进行重点讨论并形成一致意见。就"非法占有目的"这一要件的认定，《全国法院审理金融犯罪案件工作座谈会纪要》在1996年《解释》的基础上新增了四种情形，并不再要求满足挥霍集资款和使用集资款进行违法犯罪活动后致使集资款无法返还这一限制条件。从这些变化可以看出，司法机关严格限定非法占有目的的认定情形并不断扩充其认定内容，这也与严厉打击非法集资案件的刑事政策一脉相承。2010年最高人民检察院、公安部发布《关于公安机关管辖的刑事案件立案追诉标准的规定（二）》，第49条具体规定了集资诈骗罪的追诉标准，即个人集资诈骗额10万元以上，单位50万元以上。2010年，最高人民法院发布《非法集资解释》，该解释增加并修改了"非法占有目的"的认定情形，对"数额巨大""数额特别巨大"等要件作出了进一步的细化规定。2015年，《刑法修正案（九）》出台，删去了《刑法》第199条的"部分金融诈骗罪的死刑规定"这一条款，取消了对集资诈骗罪的死刑适用。2020年《刑法修正案（十一）》出台，该修正案提高了集资诈骗罪的法定最低刑，由原来的可能判处1—6个月的拘役上升至最低判处3年有期徒刑；调整了量刑档次，取消了"数额特别巨大或者有其他严重情节"的档次，法定刑三档变两档；删除了本罪罚金的具体金额，个人犯罪采无限额罚金制；修改了单位犯罪中对直接负责的主管人员和其他直接责任人员的处罚原则，其处罚与自然人犯本罪的处罚保持一致。伴随着《刑法修正案（十一）》对集资诈骗罪的修改,2021年最高人民法院发布《关于修改〈最高人民法院关于审理非法集资刑事案件具体应用法律若干问题的解释〉的决定》,修改后的解释明确了集资诈骗罪的定罪量刑标准和罚金数额标准,不再区分自然人犯罪和单位犯罪处罚标准,调整了"数额较大"与"数额巨大"的认定标准使其与《刑法修正案(十一)》集资诈骗罪的两个档次保持一致。

从上述立法变迁可知,集资诈骗罪经历了从粗到细、从宽到严的立法过程,并伴随集资手段的不断翻新而呈现一个多态势的发展方向,但就总体而言,其立法倾向仍与严厉打击非法集资犯罪的刑事政策保持一致,该罪的规制也随着经济社会的发展而不断完善。

三、集资诈骗罪的司法现状

近年来,我国的民营经济发展突飞猛进,互联网金融的出现给金融市场注入了新鲜血液,集资诈骗罪等非法集资案件的爆发也随之愈演愈烈。据最高人民检察院相关数据统计,2016年至2018年,全国检察机关办理非法吸收公众存款罪、集资诈骗罪的案件数量呈现逐年上升态势。办理集资诈骗罪案件,2016年起诉1 661人,2017年起诉1 862人,2018年起诉1 962人。[①]受新冠肺炎疫情影响,非法集资案件的数量也有所波动。以上海地区为例,2020年上海市检察院办理非法吸收公众存款罪1 193件2 183人,集资诈骗罪137件230人,非法集资类案件数量首次下降。[②]然而,随着全国新冠肺炎疫情形势逐渐稳定,防控措施常态化,金融犯罪打击力度持续加强。2021年北京市朝阳区检察院受理的金融犯罪案件量与2020年同期相比增长55.1％和37.8％,其中非法集资类案件(主要指非法吸收公众存款罪和集资诈骗罪案件)受理数占同期金融犯罪案件受理数的94.7％,集资诈骗案件总量

---

① 《人民检察院依法惩治非法集资犯罪工作情况》,中华人民共和国最高人民检察院官网,https://www.spp.gov.cn/spp/zdgz/201901/t20190130_407019.shtml,访问日期:2019年1月3日。

② 上海市人民检察院:《2020年度上海金融检察白皮书》。

仍处高位。①此外,2018年公安部查处非法集资案件涉案金额约3 000亿元,同比上升115%,2019年全国办理非法集资案件涉案金额54 351亿元,2020年全国公安机关立案侦办非法集资案件涉案金额3 800余亿元。②分析上述数据可知,目前我国非法集资案件的犯罪现状总体呈现三大特点:一是案件多发、高发,总体形势严峻;二是涉案人数众多,集资金额巨大;三是非法吸收公众存款罪与集资诈骗罪在非法集资案件中的占比持续处于高位,集资诈骗罪的认定处理仍是办理非法集资案件的重心。

　　面对集资诈骗案件的高发态势,司法机关在处理非法集资案件积累经验以取得进展的同时,也存在着亟待解决的实践困境。首先,刑民交叉案件程序处理存在疑难。集资诈骗案件属于典型的刑民交叉案件,根据具体诉求的不同,集资诈骗案件的受害人会求诸不同的救济途径,从而选择不同的诉讼程序,因此存在着同一案件民事诉讼与刑事诉讼并存的情况,此时依法妥善处理刑民程序显得尤为重要。2015年最高人民法院发布的《关于审理民间借贷案件适用法律若干问题的规定》中要求:“人民法院立案后,发现民间借贷行为本身涉嫌非法集资等犯罪的,应当裁定驳回起诉,并将涉嫌非法集资等犯罪的线索、材料移送公安或者检察机关。”非法集资案件先刑后民的原则由此确立,然而该原则不仅导致民事案件的处理为等待刑事判决结果停滞不前,从而使大量司法资源浪费,更不能处理实践中出现的民事程序业已终结,但刑民案件基础事实认定不同而使民事判决被撤销的具体问题。由此,刑民诉讼程序的处理仍是非法集资案件办理中的症结。其次,案件管辖权不明。我国刑事案件立案坚持属地管辖原则,集资诈骗案件一般由“集资平台”公司经营地的办案机关负责侦办,然而集资诈骗案件本身存在涉案人数多,集资跨地区化的特征,为了掩人耳目,不法分子甚至在不同行政区域内轮番设立不同公司进行非法集资活动。因此司法实践中经常存在不同地区的侦查机关同时立案管辖的情况,导致管辖权冲突、司法资源浪费。与此同时,有些办案机关为减少集资诈骗案件给本辖区带来的负面影响,当集资人可能通过在其他地区进行集资以偿还本地

---

② 《2018年公安机关共立非法集资案件1万余起　同比升22%》,中国新闻网,http://finance.sina.com.cn/roll/2019-01-30/doc-ihqfskcp1754016.shtml,访问日期:2020年1月30日。

区投资者本息的,当地的办案机关不急于介入,这带来了集资诈骗犯罪立案滞后的问题,不利影响随着时间的推移进一步扩大。最后,构成要件的认定难以把握。如"非法集资行为"中不特定范围的界定,相关司法解释虽规定向 150 人以上非法集资即可追究刑事责任,亲友等特定对象吸收资金不属于前述范围,但实践中亲友范围的认定与向特定多数人集资是否符合本罪的构成仍然存在着较大的争议。以吴英一案为例,吴英先后向林卫平、杨卫凌等 11 人非法集资 77 339.5 万元。对于该事实有人认为吴英只是直接向上述 11 人集资并不符合司法解释规定,不属于集资诈骗行为;同时,有人认为吴英的非法集资对象人数远远超过 30 户,林卫平等人向更大范围的公众筹集资金,吴英对此完全清楚,因此,吴英构成集资诈骗罪。[1]再如,集资诈骗罪主观要件"非法占有目的"的认定,其作为存在于犯罪人脑海中的主观要素,本身存在证明的困难,司法实践也通常采用刑事推定的方法。不论刑事推定本身的盖然性与随时被推翻的可能性,实践中对《非法集资解释》中明确列举认定非法占有目的 8 种情形的理解也莫衷一是,争议不断。由上可知,实践中司法机关对集资诈骗罪构成要件的不同理解给集资诈骗案件的处理带来诸多困难,同案不同判的现象大量存在。在这种形势和背景下,加强对集资诈骗犯罪的研究,特别是司法实践中如何有针对性地处理此类犯罪,变得越发重要和急切,笔者也将会在下文中重点论述。

四、集资诈骗罪的构成要件

(一)集资诈骗罪的客体

犯罪客体是我国刑法所保护的、被犯罪行为所侵害的社会关系。就集资诈骗罪而言,其行为一方面侵犯了我国刑法所保护的关于金融宏观调控、金融监督管理、金融市场交易管理秩序;另一方面侵犯了公私财产权。由此我们不难推出,集资诈骗罪所侵犯的是复杂客体,即国家正常的金融管理秩序和公私财产权。学界对于复杂客体这一性质的判断没有争议,但对两个客体的主次地位各持己见。

---

① 参见卢勤忠:《非法集资犯罪刑法理论与实务》,上海人民出版社 2014 年版,第 279 页。

通说认为,该罪的主要客体是金融秩序,次要客体是财产所有权。然而,另有学者认为应该把公私财产所有权放在主要地位。因为将金融管理秩序进行重点保护是计划经济时代立法思想的显现,一个是非物质性的,一个是物质性的公私财产所有权,立法者的导向应该倾向于后者。持该观点的学者同时指出该罪属于结果犯,其成立需"数额较大"这一要件。这表明集资诈骗罪所侵犯的法益性质是物质性法益而不是非物质性法益,公众财产权显然具有物质性特征,而金融秩序属于非物质性法益,因此立法者倾向于保护非物质性法益。就立法者将该罪设置在刑法第三章这一问题,持该观点的学者认为因其犯罪手段和犯罪对象的特殊性,立法者才将金融诈骗独立成节并放入破坏社会主义市场经济罪这一章中。集资诈骗罪的对象是社会公众的财产,若没有集资诈骗罪,仍然可按一般的诈骗罪追究责任。①对此,本书赞同通说观点。我国刑法依照各犯罪所侵害的客体进行章节的安排与划分,本罪设置在破坏社会主义市场经济罪一章而非侵犯财产罪这一章节,便体现了立法者着重金融秩序的维护这一倾向。若将公私财产权认定为主要客体,不仅会破坏我国刑法的体例规则,造成章节结构混乱,同时也会违背重点保护受侵害的社会主义市场经济秩序这一立法原意。另外,从整个经济活动的安定秩序和经济结构的安全看,集资诈骗行为极有可能引起资金信贷管理的混乱,进而导致金融运转体系失灵,其所造成的非物质损害和危险性显然高于物质方面。因此,本罪的主要客体为国家正常的金融管理秩序,次要客体为公私财产权。

(二)集资诈骗罪的主体

根据我国刑法和有关理论,我国刑法中的犯罪主体,是指实施危害社会的行为,依法应当负刑事责任的自然人和单位。②由法条推之,集资诈骗罪的主体既可以是自然人也可以是单位。但是,在司法实践中,本罪的自然人主体常呈现出单位化的特点。为获取投资者信任,避免暴露个人身份,行为人常常打着具有影响力的公司或企业的名号,实施集资诈骗行为。此时,如何正确界定单位犯罪与利用单位名义实施的自然人犯罪显得尤为重要。此外,就单位犯罪内部而言,金融机构是否具有本罪的主体资格也是学界争议的焦点。下文将就这些学术争议展开论述。

---

① 单晓华:《金融诈骗罪基本问题研究》,中国法制出版社 2007 年版,第 28—30 页。
② 高铭暄、马克昌主编:《刑法学》,北京大学出版社、高等教育出版社 2007 年版,第 93 页。

就单位犯罪和以单位名义实施的自然人犯罪的区分问题,首要便是明确单位范围的成立条件。2019 年最高人民法院、最高人民检察院、公安部联合印发的《关于办理非法集资刑事案件若干问题的意见》中对单位犯罪的认定作出了规定,可以将其归纳为以下四点:第一,单位形式上具有合法性,从事以创造经济利益为目的的生产经营活动;第二,以单位名义实施犯罪,为单位牟取非法利益;第三,具有单位整体意志,行为决定由集体讨论或决策机构作出;第四,违法所得归单位所有和运用。实践中本罪也多表现为单位主管人员和其他责任人员组织领导,使用虚构事实、隐瞒真相并承诺高回报的诈骗手段,为单位利益侵占他人数额较大的公司财产的非法行为。除此之外,1999 年最高人民法院发布的《关于审理单位犯罪案件具体应用法律有关问题的解释》中对认定以单位名义实施的自然人犯罪规定了如下情形:(1)行为人以实施犯罪为目的成立单位;(2)单位成立后以实施犯罪为主要活动;(3)行为人盗用单位名义实施犯罪,违法所得归个人所有。梳理以上司法解释,我们可以从以下三个方面把握本罪单位犯罪与个人犯罪的区分:第一,实施集资诈骗行为指向的是单位集体的意愿还是单位中个人的意愿;第二,集资诈骗行为人的身份是单位成员还是单位代理人;第三,行为的目的是集体利益还是个体利益,违法所得最终归属集体还是个人。①司法实践中,以单位为名义实施个人犯罪的情况纷乱复杂,多数行为人在自身企业经营不善的情况下仍用所募集资金于全国各地开设空壳公司,用以制造企业繁荣、集团资金雄厚的假象,借此进一步敛财,吴英案便是典型。因此实践中我们须查明集资单位是否正常运营,主要经营活动以及违法所得去向,以实现集资诈骗案件的妥善处理。

就金融机构能否成为本罪单位主体的这一问题,学界众说纷纭。一般而言,金融机构实施非法吸收公众存款等相应犯罪行为的,包括以下两类主体:一是经中国人民银行批准经营存款业务的金融机构,如商业银行;二是本身没有开展存款业务主体资格的金融机构,如证券机构、保险公司、典当行等。对于后者,学界争议较少,若其行为符合本罪的犯罪构成,即依法认定为集资诈骗罪。对于前者,学界存在较大争议。持肯定说的学者认为,其一,我国《刑法》第 192 条、第 200 条并未对

---

① 参见赵秉志:《金融诈骗罪新论》,人民法院出版社 2001 年版,第 70 页。

本罪犯罪主体作出特别的限制性规定,没有将商业银行等金融机构排除在外。其二,商业银行等金融机构采取欺诈手段吸纳资金具有较高程度的危害,且该形式的危害性更大、涉众更广,欺骗性更强。①其三,从市场经济主体具有平等社会地位的视角来看,商业银行等各主体应平等地享有权利和履行义务,若排斥在本罪的规制之外,当然违背市场经济中的平等原则。②持"否定说"的学者认为,一方面,集资诈骗罪设立之初就是为了打击无存款业务资格的个人或单位非法集资、扰乱国家金融秩序的行为,因此将商业银行纳入集资诈骗罪的单位主体范围内显然违背立法原意。另一方面,非法集资的认定应当参照相关行政法规等前置法的规定,应当属于"未经中国人民银行批准"从事存款业务的主体。即便商业银行出现高于同期人民银行规定最高利率吸收存款的行为,前置性法规也只是对其给予行政处罚,并未将其纳入刑法的规制范围内。梳理以上观点,笔者认为:商业银行等其他金融机构以非法占有目的,提高利率吸收公众资金,而后将其私吞的行为构成集资诈骗罪。商业银行的存贷业务多由国家或地方信用背书,代表国家或地方的公信力,以此为基础公众便很少对其业务产生质疑,因此一旦发生集资诈骗行为,其损害将远大于普通机构的违法犯罪行为。此外,商业银行虽主要以国有资产开办,享受特殊保护,出现亏损关闭而无法兑付居民储蓄存款的可能性较小。但因这一现象出现的可能性小,就把金融机构刻意地从单位主体中剔除出去显然过于草率。根据2014年最高人民法院、最高人民检察院、公安部出台的《关于办理非法集资刑事案件适用法律若干问题的意见》的规定,行政部门对于非法集资的性质认定,不是非法集资刑事案件进入刑事诉讼程序的必经程序。因此行政法规对商业银行等金融机构非法集资行为的处理,并不必然影响刑法对该行为的具体规制。

(三)集资诈骗罪的主观方面

根据《刑法》第192条的规定,集资诈骗罪的主观方面为直接故意,并且要求具有非法占有的目的。不同于民法意义上的占有,刑法上的占有是指行为人意图非法改变公私财产的所有权。③适用于本罪,即是集资诈骗行为人意图将他人投资款

---

① 参见肖晚祥:《非法吸收公众存款罪的司法认定研究》,载《东方法学》2010年第5期。
② 参见屈学武:《金融刑法学研究》,中国检察出版社2004年版,第267页。
③ 曲新久:《金融与金融犯罪》,中信出版社2003年版,第278页。

专归于自己或第三人所有,并完全、永久性地排除权利人所有的一种主观愿望。①显然,作为一种主观心理活动,非法占有目的深藏于行为人的内心,难以直接界定和查明。因此,我国司法界采取刑事推定的方法,通过分析行为人的客观行为来推定行为人主观上是否具有非法占有的目的。

关于"非法占有目的"的推定,我国司法解释列举了如下8种行为:(1)集资后不用于生产经营活动或者用于生产经营活动与筹集资金规模明显不成比例,致使集资款不能返还的;(2)肆意挥霍集资款,致使集资款不能返还的;(3)携带集资款逃匿的;(4)将集资款用于违法犯罪活动的;(5)抽逃、转移资金、隐匿财产,逃避返还资金的;(6)隐匿、销毁账目,或者搞假破产、假倒闭,逃避返还资金的;(7)拒不交代资金去向,逃避返还资金的;(8)其他可以认定非法占有目的的情形。由该8种情形可知,非法集资后资金的具体流向是判断行为人"非法占有目的"的重要依据。然而,刑事推定只是建立在经验法则上的逻辑推演,并不能当然地判定行为人的主观心态。因此,我们应注意谨慎客观判断行为性质,注意基础事实的全面性,综合理解《非法集资解释》规定的8种情形。同时,也应充分考虑到反证情况的存在,比如部分学者提出将"行为人将集资款主要用于生产经营"作为阻却事由。②

此外,"非法占有目的"起始点的覆盖面还影响到罪数形态的判别与认定,其本身更是区分非法吸收公众存款罪与本罪的核心。有关"非法占有目的"的理解与优化推定规则的内容,本书也将在后文着重阐述。

(四)集资诈骗罪的客观方面

根据《刑法》第192条,集资诈骗罪在客观方面表现为使用诈骗方法非法集资,数额较大的行为。分析上述定义可知,集资诈骗罪的客观方面由诈骗方法、非法集资行为、犯罪数额三个要素组成。

1. 诈骗方法

刑法分则中关于"诈骗方法"的罪状描述,一般指虚构事实、隐瞒真相的手段。学理上将诈骗行为的过程归纳为"五阶段构造论":行为人实施欺诈行为—被害人

---

① 王廷祥:《如何认定诈骗罪中的"以非法占有为目的"》,载《政治与法律》2003年第3期。
② 参见李勤:《非法吸收公众存款罪与集资诈骗罪区分之问——以"二元双层次"犯罪构成理论为视角》,载《东方法学》2017年第2期。

陷入错误认识—被害人基于错误认识处分财产—行为人取得财产—被害人遭受财产损失。相对于普通诈骗罪，本罪有其行为手段上的特殊性，但行为本质上仍与普通诈骗手段保持一致。根据最高人民法院印发的1996年《解释》的规定，集资诈骗罪的方法是指行为人采取虚构资金用途，以虚假的证明文件、良好的经济效益和高回报为诱饵，骗取集资款的手段。其中，"虚构资金用途"通常表现为行为人虚构公司前景，编造低成本、高收入、见效快的项目，以公司成立、扩大经营、项目融资为幌子吸引投资者的目光、获取投资者信任，诱导其参与投资活动并交付资金。"以虚假的证明文件隐瞒真相"表现为以伪造或编造证明文件的方式，虚构高可信度与高知名度的项目，诱导投资人产生投资项目前景良好、回报高额的错误认识。证明文件包括营业执照、企业活动合法证明、批准文号、资产证明、集资程序等证明文件。"高回报率为诱饵"是指利用投资人对高回报的追逐性，对集资项目作投资少、收益高、见效快等宣传，致使出资人忽视金融风险进行盲目投资。

分析上述规定可知，1996年《解释》对诈骗方法行为构造的描述采取列举外延的方式，该方式使得抽象法条具体化，对实践中案件的适用具有较强的指导性。但是，随着国内民间金融市场的逐渐兴起与新型金融模式的出现，集资诈骗手段不断翻新，花样百出。司法解释对诈骗方法的定义显然不能完全涵盖实践中千奇百怪的方法，因此笔者认为司法者可以在法律规范的范围内，适当突破1996年《解释》规定的内涵。此外，诈骗方法的认定更应回归其行为本质，只要有虚构事实或隐瞒真相，意图以高回报为诱饵，使人产生错误认识的行为，不论采取哪种手段，都已经符合了"使用诈骗方法"的要求。①

2. 非法集资行为

所谓集资，是指个人或公司、企业等单位面向社会公众筹措资金的行为。我国法律对集资活动规定了严格的募集条件和信息披露制度，集资主体、集资对象、集资项目、集资目的、集资方式和集资的审批都必须符合监管的要求。因此，现行法律制度下，个人不具备集资主体资格，公司、企业等单位也必须按照法定程序经有关部门批准才可进行集资活动。

---

① 刘远主编：《金融诈骗罪立案追诉标准与司法认定实务》，中国人民公安大学出版社2010年版，第65页。

最高人民法院在 1996 年《解释》中规定,非法集资是指法人、其他组织或者个人,未经有权机关批准,向社会公众进行募集资金的行为。随着市场经济的发展,立法者对于非法集资行为的解释也在不断更新。2001 年最高人民法院《全国法院审理金融犯罪案件工作座谈会纪要》中提出集资诈骗罪和欺诈发行股票、债券罪,非法吸收公众存款罪在客观上均表现为向社会公众非法募集资金。司法解释关于非法吸收公众存款行为的界定对于认定非法集资行为也具有相当的借鉴意义。根据最高人民法院《非法集资解释》,非法吸收公众存款需同时具备下列四个条件:(一)未经有关部门依法许可或者借用合法经营的形式吸收资金;(二)通过网络、媒体、推介会、传单、手机信息等途径向社会公开宣传;(三)承诺在一定期限内以货币、实物、股权等方式还本付息或者给付回报;(四)向社会公众即社会不特定对象吸收资金。由上述司法解释与相关规定可知,非法集资行为应具备非法性、公开性、利诱性和社会性四个属性。非法集资行为也指违反国家金融管理法律规定,未经有关部门批准向社会公众吸收资金,并承诺还本付息性回报的行为。

3. 犯罪数额

根据《刑法》第 192 条的规定,使用诈骗方法非法集资,数额较大,构成集资诈骗罪。换言之,集资诈骗罪属于数额犯,属于实害犯的一种。然而,在最初关于集资诈骗罪的规定中,并没有数额要求,直至 2010 年最高人民法院发布《非法集资解释》才将"数额较大"这一标准作为犯罪构成要件确立下来。这不仅体现了立法者对公私财产权的倾向保护,更体现了我国刑事立法日渐成熟化的发展趋势。

2010 年最高人民法院《非法集资解释》(2021 年 12 月 30 日修改)规定:集资诈骗数额在 10 万元以上的,应当认定为"数额较大";数额在 100 万元以上的,应当认定为"数额巨大"。集资诈骗的数额以行为人实际骗取的数额计算,在案发前已归还的数额应予扣除。值得注意的是,该司法解释将单位犯罪与个人犯罪的追诉标准调整一致,统一界定为 10 万元。该变化表明立法者肯定具有拟制的法律人格的单位和自然人一样是经济、民事法律关系中平等的民事法律关系主体,承担的刑事责任应当与自然人相同。除此之外,司法解释对犯罪数额的认定标准采纳实际总额说,以其实际骗取的金额计算,不包括案发前行为人已经归还的数额。行为人为实施集资诈骗活动而支付的广告费、中介费、手续费、回扣,或者用于行贿、赠与等费用,不予扣除。行为人为实施集资诈骗活动而支付的利息,除本金未归还可予折抵本金以外,计入诈骗数额。

第二节　集资诈骗罪的司法认定

一、集资诈骗罪"使用诈骗方法"的理解与认定

(一) 诈骗方法的理解

根据内容的不同,诈骗方法一般分为虚构事实型诈骗和隐瞒真相型诈骗。而根据 1996 年《解释》对使用诈骗方法的定义,该解释缩小了"诈骗方法"的外延,将集资诈骗罪的手段限定为虚构事实型诈骗。对此限缩,部分学者认为与普通诈骗罪和其他金融犯罪相比,集资诈骗罪是"行为人—被害人互动性"最强的罪名。[①]被害人追求法外回报的贪欲和投机心态,对该罪的发生具有重要促进作用,理应对集资的诈骗方法具有更强的辨识度和容忍性,因此隐瞒真相型诈骗一般不能被认定为本罪的诈骗方法。[②]但是,笔者认为集资诈骗是普通诈骗的特殊化规定,其基本特征和构成要件应当与普通诈骗罪保持一致,不能因被害人本身对诈骗行为具有一定的辨识度而否定集资诈骗行为中隐瞒真相型犯罪的存在。1996 年《解释》显然缺少了有关"隐瞒真相手段"的规定,若对其僵化理解,无法解决实践中大量存在的集资者并未虚构项目,仅以高额回报相诱惑,隐瞒资金用途的案件。因此,隐瞒真相型诈骗方法是集资诈骗手段中不可缺失的部分。除此之外,1996 年《解释》以外延列举的形式规定诈骗手段的定义,这使得刑法规范处于封闭状态,无法适应日益变化的集资诈骗手段。这是由于 1996 年《解释》用规范的构成要件取代了刑法条文中记述的构成要件要素,法官在处理集资诈骗案件时需借由价值判断补充评价,才可确定其不法构成要件要素的内涵,如此构造也导致了同案不同判的情形的出现。然而,司法解释对诈骗方法的定义目前尚未更新,集资诈骗案件又层出不

---

① 高艳东:《诈骗罪与集资诈骗罪的规范超越:吴英案的罪与罚》,载《中外法学》2012 年第 2 期。

② 王兆忠、雷涛、刘旎:《集资诈骗罪审理中常见疑难问题认定与证明》,载《法律适用》2019 年第 16 期。

穷。在此背景下,把握集资诈骗行为本质的重要性日益凸显。对此,笔者认为集资诈骗方法的本质特征为足以使被害人陷入错误认识。诈骗行为的本质在于行为人以欺诈手段取得在错误认识状态下处分的财物,也正是这种财物处分意识的不自由导致了处分行为的无效,刑法才需介入以恢复之前的财产状态。如果被害人不是基于被骗,而是基于同情或者其他原因自由处分财物,法律没有介入的必要性,更没有作为保障法的刑法介入的余地。因而,诈骗行为的判定要以陷入认识错误为核心,从集资者与投资者双方角度出发,充分考虑投资者的主观心理,判断其是否因集资者的欺诈行为陷入了错误认识进而处分财产。

(二)诈骗方法的认定

由前文论述可知,虚构事实、隐瞒真相是集资诈骗罪"使用诈骗方法"的结构特征,足以使被害人陷入认识错误是诈骗方法的本质特征,笔者将围绕上述特征展开关于诈骗方法的具体认定。

第一,诈骗方法必须针对基础事实。对基础交易信息的操纵是诈骗罪的不法本质,被害人的财产处分之所以是不自由的,是因为行为人在交易过程中对基础信息实施欺骗。[1]因此,诈骗行为必须基于基础事实进行虚构。基础事实仅指现有的事实,行为人对现有事实的虚构、夸大和隐瞒都可以认定为诈骗方法。对基础事实的限定主要基于集资诈骗行为本身波动性强的特质,与投资人本身具有相当的判断力。集资活动完成后,集资款项的用途和投资项目的获利与否等未来情况的发生发展受到诸多因素的影响,且作为一个理性谨慎的投资者,在了解集资活动的真正内容后不会贸然听信集资者的鼓动而盲目投资。因而集资者的欺诈方法必须针对基础事实进行。如周辉集资诈骗案,行为人通过注册中宝投资有限公司,在"中宝投资"网络平台发布大量虚假的抵押标、宝石标等,以支付投资人约20％的年化收益率及额外奖励等为诱饵,私设资金池,向社会不特定公众募集资金。实际上其所募资金未进入公司账户,绝大部分登记在周辉名下或供周辉个人使用。除部分用于归还投资人到期的本金及收益外,其余主要用于购买房产、高档车辆、首饰等。行为人周辉虚构借款人,发布虚假招标信息的行为极大地诱发和强化了投资者对

---

① 参见陈少青:《刑民界分视野下诈骗罪成立范围的实质认定》,载《中国法学》2021年第1期。

所投项目事实情况的错误认识,明显属于虚构事实。此外,在欺诈内容上,只能是就现有事实欺诈,对将来事实、价值判断,原则上不构成诈骗,如日本判例指出:"'将来地价会上涨'这一预测性意见,一般来说,该预测能否兑现并不确定,通常人们不会因此产生错觉,所以,它不是欺骗行为。"①

第二,陷入认识错误的衡量标准因领域不同而有异。由前文可知,足以使被害人陷入错误认识是集资诈骗行为的本质特征,因而陷入错误认识的判断尤为重要。作为一种主观心理活动,错误认识的形成与投资人所处的领域息息相关,不同领域陷入认识错误的判断标准不同,也即行为是否构成欺诈的标准不同。根据交易风险性的高低,我们将诈骗行为发生的领域划分为三个层级:生活领域、投资领域与投机领域。生活领域中诈骗罪的设置门槛相较于其他两个领域较低,原因在于基本生活涉及个人的生存权、安全感与尊严性,刑法对于基本生活采取严格的保护,因而立法者在生活领域中设置诈骗罪主要基于社会安全的保护而非经济效益的实现。同时,生活领域具有普世性,人们对一般生活事实具有一致判断(例如世界上不可能有长生不老药的存在),故而生活领域中使用的"诈骗方法"只要达到足以使社会一般人陷入错误认识的程度即可。不同于生活领域,投资领域的交易行为往往涉及股权、期货和基金等资本运作行为,该交易类型要求投资者具备相应的专业知识与分析能力,对投资领域中资本的运行规则与风险具有一定程度的了解,高风险高回报的特性更要求投资者具备较高的心理承受能力和对集资活动中可能存在的欺诈行为更高的容忍能力。因而,集资人的诈骗方法必须达到足以使专业人士陷入错误认识的程度。至于发生在投机领域的集资诈骗行为,其性质等同于赌博黑市、地下彩票、高利贷钱庄,对于这种谋求超高回报的博弈性投机行为,法律并不介入保护,出资人对出资额也没有返还请求权,其行为本身被法律所否定。投资者对投机行为的受骗风险有相应的认识,弃合法投资转而参与违法投机活动的赌徒心理就意味着承诺接受欺诈风险、放弃刑法保护。因而,发生在投机领域的集资诈骗行为不应认定为集资诈骗罪。

---

① [日]大谷实:《刑法讲义各论(新版第 2 版)》,黎宏译,中国人民大学出版社 2008 年版,第 69 页。

第三,诈骗行为与陷入认识错误之间应当有因果关系。在诈骗罪的构成要件中,"错误"作为中间要素,连接"欺骗行为"与"财产交付"。①"使用诈骗方法"的认定要求欺骗行为与集资参与者陷入错误认识,错误认识与财产交付之间具有双重因果关系。如果集资参与人根本不存在错误认识,或者虽然存在错误认识但非因欺骗行为导致,则不能认定为"使用诈骗方法"。

(三)诈骗方法是否为本罪必要构成要件的争议

纵观非法集资案件现状,越来越多的集资诈骗案件反映出这样一个现象,即集资人并未使用诈骗方法,仅仅凭借其高额回报便吸引了大批群众前来投资,另外集资参与人在暴利的驱使下全然忽视对集资项目、资金用途等基础投资要素的判断,在没有产生错误认识,甚至对诈骗行为完全知情的情况下交付了财产。据此情形,有学者提出删除"使用诈骗方法"这一罪状描述,并将其用"非法集资"加以替代。该学者认为集资诈骗罪的立法目的在于打击实践中日益猖獗的非法集资现象,该罪名只要求集资行为具有行政违法性,而不要求诈骗性,即使未使用诈骗方法,或诈骗性不十分明显,也可认定为本罪。②另有学者认为只要行为人主观上具有非法集资的目的,客观上必然会做致使集资款无法归还的行为,"诈骗方法"只是违法集资活动过程中存在的一种手段,不需要按客观要件的必要组成加以规定,主观目的加之客观非法集资行为的存在就能成立此罪。③上述两种观点代表"诈骗方法构成要件非必要论",对此观点,笔者持相反意见。首先,行为人是出于主观占有目的而进行非法集资行为的证明难度较高。其次,主观目的的存在并不能当然影响客观行为的走向,犯罪行为的认定由主客观两个方面构成,二者是相辅相成、不可分割的关系。主观当然地推之客观容易陷入主观归罪的泥潭。再次,"使用诈骗方法"是推定集资诈骗罪的违法性的核心要素。不同于非法吸收公共存款罪等罪名中包含的使用诈骗方法集资的行为,集资诈骗罪的实行行为具有侵害公私财

① 参见陈少青:《刑民界分视野下诈骗罪成立范围的实质认定》,载《中国法学》2021年第1期。

② 参见高艳东:《集资诈骗罪的立法完善与解释对策》,载《贵州警官职业学院学报》2006年第6期。

③ 参见邓中文:《论集资诈骗罪》,载《兰州学刊》2009年第10期。

产所有权的紧迫危险,即"使用诈骗方法非法集资"行为中的"诈骗"不仅具有"骗"的外形,还具有极易导致集资款无法返还的紧迫危险,[①]而这正是集资诈骗行为法益侵害危险性之所在。最后,刑法作为社会保障的最后一道防线应当具备其本身的谦抑性,只有集资行为而无诈骗手段最多构成行政违法,不应当由刑法进行调整。贸然删除使用诈骗方法这一构成要件,必然导致处罚范围的进一步扩大,本罪也将面临口袋化的风险。由此,"使用诈骗方法"是本罪的必要客观要件,其作为认定集资诈骗罪的客观行为、体现集资诈骗行为的法益侵害性的要素不可或缺。

二、集资诈骗罪犯罪数额的认定

所谓犯罪数额,是指以一定标准计算的财产数目,即一定数目的货币与物品。其本身不仅最直观地反映了经济类犯罪行为所指向的财物数量或实际造成财产损失,也在一定侧面揭示了犯罪行为人主观上的目的、动机,是衡量犯罪行为社会危害性的重要参考标准。根据《刑法》第 192 条的规定,集资诈骗罪的成立需满足"数额较大"这一要求。然而,不同于一般的经济犯罪,集资诈骗罪的行为人为掩盖其非法占有目的,在集资初始往往以利息、分红的形式将所集基金部分返还积极参与人,以吸引更多投资者,扩大集资规模。这使得集资活动的收益具有分次性、不确定性的特点,加之集资结束后集资流向渠道的多样性,集资诈骗罪犯罪金额的认定较之普通经济类犯罪显然更为复杂。由此,学界对集资诈骗罪数额认定的标准亦众说纷纭,主要分为总数额说、实际所得额说、实际损失额说、实际获利额说、行为后的隐匿数额和携款潜逃数额说五种不同的学术观点。

总数额说认为集资诈骗罪的犯罪数额是集资诈骗行为中采用诈骗方式进行非法集资所骗取的总数额,其包括案发后公安机关追回赃款的数额和以各种手段返还给投资人的资金和利息。[②]实际所得额说以行为人最终获得的集资款数额为集

---

① 参见王晓滨:《集资诈骗罪"以非法占有为目的"要素的误识与匡正——兼评〈最高人民法院关于审理非法集资刑事案件具体应用法律若干问题的解释〉第 4 条第 2 款》,载《河北法学》2021 年第 3 期。
② 张明楷:《刑法学》,法律出版社 2012 年版,第 596 页。

资诈骗罪的犯罪数额,在进行集资诈骗活动中所支出的利息、手续费和为保证诈骗活动进行而行贿的数额应当计算到犯罪数额中,犯罪人实际获得的数额与受害人的实际损失应在量刑时加以考虑。[1]2021年《非法集资解释》在修改时亦采纳此观点。实际损失额说以集资诈骗行为给被害人造成的损失数额作为认定犯罪数额的依据,案发后追回的资金或财产不应计入犯罪数额。实际获利额说认为本罪的犯罪数额应当扣除以返还给投资人的本金、利息以及运营资本造成的损失,以行为人实际获取并占有的数额为计算依据。行为后的隐匿数额和携款潜逃数额说认为集资诈骗的犯罪数额为行为后的隐匿数额和潜逃时的携款数额,该标准针对案发后企图逃跑的非法集资行为人。[2]

以实际损失说为依据,案发后若司法机关全数追回本金,那么集资诈骗罪的犯罪数额为零,其行为不构成集资诈骗罪,此认定显然不符合常理。实际获利额说更是变相承认了行为人维持非法集资活动实施手段(即归还部分本金与利息)的合法性,鼓励了非法集资行为,与打击犯罪的立法精神相悖。行为后的隐匿数额和携款潜逃数额说的适用范围具有局限性,实践中行为人的活动具有多样性与复杂性,若行为人将部分财产用于挥霍赌博,依照该学说则无法认定,计算范围过小,难以体现集资诈骗行为的社会危害性。此三种观点具有较大的理论缺陷,难以适应司法实践的需要,理论界也以总数额说与实际所得额说为主要观点争锋。总数额说与实际所得额说的分歧在于是否将案发前行为人归还的财物计入犯罪数额中。与实际所得额说相对,持总数额说的学者偏重考量金融秩序的维护和有效打击非法集资犯罪,主张将案发前归还的财物计入犯罪数额中。他们认为集资诈骗罪的既遂在投资人因欺诈行为而转移财产时业已成立,同一犯罪有且仅有一种犯罪形态,因此无论集资后行为人是否归还财物都不影响犯罪形态的认定,犯罪金额也不会发生改变,返还行为只能作为酌定量刑情节加以考量。此外,集资的过程中大部分行为不是同时进行的,对不同对象的非法集资行为更多时候是交错进行的,或者是有先后顺序;[3]

---

① 薛瑞麟:《金融犯罪再研究》,中国政法大学出版社2007年版,第362页。
② 张明楷:《诈骗罪与金融诈骗罪研究》,清华大学出版社2006年版,第510页。
③ 参考非法集资犯罪问题研究课题组:《涉众型非法集资犯罪的司法认定》,载《国家检察官学院学报》2016年第3期。

同一投资人也普遍存在分期投资、追加投资的情况。行为人在集资后返还部分本息大多并非出于悔过心理，而是营造集资项目经营良好的假象引诱更多人前来投资，本质上也是一种欺诈行为。加之多数集资诈骗案件案发时行为人已然丧失偿还能力，将返还本息排除在犯罪金额的认定之外并不能起到挽回受害者损失的作用，反而变相认可了这种集新换旧行为的合法性，有放纵该犯罪之嫌。由上可知，总数额说在犯罪金额的认定过程中具有一定的合理性，能有效遏制非法集资犯罪的高发态势，但刑法的目的不仅只在惩治犯罪，也包括社会秩序的维护，因而笔者认为采用实际所得额说计算犯罪金额更为恰当。相较于其他非法集资类犯罪，集资诈骗罪有其特殊性，侵犯金融秩序的同时也侵害了公共财产权，因此在非法占有目的支配下的数额应当作为认定犯罪数额的核心。非法占有即非法所有，只有行为对该集资款具有永久性占有使用，并排除他人权利的意思，才可将该部分集资款认定为犯罪数额。集资诈骗案件中频繁出现的集新换旧的行为的确存在"骗"的因素，但本质上行为人对该部分返还财产不具有非法占有目的，欺诈行为是否能引诱投资人追加投资或吸引更多人参与集资项目处于未知状态，行为人对未来的期待并不等同于非法占有目的；同时站在被害人的角度，返还行为实际上也挽回了其相当的损失，因此案发前行为人已经归还的数额显然不宜计入犯罪数额内。从犯罪客体的角度上看，总数额说不能反映集资诈骗行为对个人财产的侵害，只有以其实际所得数额，即在全部借款下扣除已经偿还的本金利息才能准确反映其侵害的客体。①综上，实际所得额说体现了宽严相济的刑事政策，符合我国的刑事立法精神。实际所得额说对案发前归还数额的扣除直接影响到该行为是否定罪与对行为人适用何种量刑档次，这无疑鼓励了集资人积极还款以减轻罪行，进而尽可能降低非法集资行为对金融秩序的影响，减少出资人的资金损失。由此，将实际所得额说作为犯罪金额的认定标准不仅维护了被害人的利益，也体现了罪刑相适应的原则。

三、集资诈骗罪"非法占有目的"的理解与认定

我国刑法认定犯罪采主客观相统一原则，即犯罪的成立不仅要求行为人客观

---

① 陈鹏鹏、王周：《集资诈骗罪的认定问题》，载《西南政法大学学报》2012 年第 2 期。

上具备实施犯罪的事实行为,主观上也应有相应罪过,因此集资诈骗罪的成立不仅要求行为人客观上具有相应的非法集资行为,主观上更应具有"非法占有目的"。然"非法占有目的"深藏于行为人内心,非主动供述而不可得,中外司法界大多采用推定规则加以认定,我国司法解释也通过列举实践中普遍出现的情形推定"非法占有目的"的存在。但实践中,非法占目的的认定标准仍参差不一,同案不同判的现象普遍存在,如何合理认定"非法占有目的"的问题亟待解决。

(一)"非法占有目的"认定之现状剖析

"非法占有目的"作为刑法理论中主观的构成要素存在,并没有独立的认定途径,其存在往往借助于法律推定。所谓推定,是指根据对某个事实的证明来认定或推断另一个事实的存在,它是一种逻辑思维活动。①纵观 1996 年《最高人民法院关于审理诈骗案件具体应用法律的若干问题的解释》、2001 年《全国法院审理金融犯罪案件工作座谈会纪要》、2010 年《非法集资解释》,司法解释关于非法占有目的的认定统一采用了刑事推定方法,由行为人的客观行为推定其主观"非法占有目的"的存在,大体分为"集资款未用于生产经营活动""挥霍集资款""将集资款用违法犯罪活动""逃避返还资金"四种情形,司法实践也以此列举情形作为认定"非法占有目的"的标准。然而推定具有一定的或然性,其结论的成立须得形成紧密的逻辑链条,层层推理论证;实践中承担证明责任的控方又往往因其权威性更易得到法官的认可,放松了控方证明的要求,变相地将存疑风险转移到被告人身上,背离了排除合理怀疑的证明标准,直接危及无罪推定原则所保护的价值与利益,因此有必要对刑事推定的运用加以规制。除此之外,司法解释列举情形本身存在设置上的不合理性,更随着非法集资行为高压打击态势的增强而不断扩张,这无疑更增加了刑事推定错误的风险,"非法占有目的"的认定隐忧丛生。

与民法上的"占有"不同,刑法上的"占有"指向公私财产的所有权,"非法占有目的"同时包含"排除意思"和"利用意思",即行为人不仅对财物有永久持续占有使用的意思,侵害权利人对财物的占有、使用、收益、处分的权能,排除归还的可能性,而且具有按财物的一般属性对财物进行支配的意思。具体在集资诈骗罪中,即指

---

① 李恩慈:《刑法中的推定责任制度》,载《法学研究》2004 年第 4 期。

行为人在主观上具有将非法集资的资金占为己有的目的,通过诈骗等非法手段,使被害人的财物转移至行为人的手中,为其任意性支配。以此标准考察现存的司法解释,2010 年《非法集资解释》第 4 条第 1 款中规定,集资后不用于生产经营活动等不当利用集资款致使集资款不能返还的应当认定为主观上具有非法占有目的,这种认定模式一定程度上确认了短期占有财物,部分侵害权能的行为同时也具有非法占有目的,这明显模糊了刑民界限,违背了刑法的基本原理。将集资款用于生产经营活动以外的领域只能推断出行为人具有利用意思,并不能直接推定其对集资款本身具有永久性排除占有的目的。集资诈骗罪的主观可罚性来源于长久占有、排除他人权利的意图,而非对集资款的不当利用,因此将集资款不当利用的行为认定为具有非法占有目的不具有科学性。此外,立法者还以"将集资款用于违法犯罪活动的"作为认定"非法占有目的"的情形,其原意在惩罚集资人明知违法活动会使资金处于高风险中,却仍漠视集资款安全性放任危害结果发生的态度。将资金用于违法犯罪活动的确会使资金面临随时缩水与案发即被没收的双重风险,但这并不能当然地推知其行为人主观上具有将财物永久性据为己有的目的,二者并不存在必然的逻辑关系。例如,行为人将所集资金用于印刷大量盗版书籍进行贩卖并承诺获利后将本金与利息归还投资人,该行为的确触犯了侵犯著作权罪,但对其行为的违法性评价并不能否定行为人主观上存在归还目的。由此可知,2010 年《非法集资解释》中的部分情形不符合刑法上"非法占有目的"的刑法内涵,弱化了"非法占有目的"的应有标准。

从思维模式上看,2010 年《非法集资解释》删除了 2001 年《全国法院审理金融犯罪案件工作座谈会纪要》中"明知没有归还能力而大量骗取资金的"的表述,采用单一的事后推定的方式,呈现出一种由果溯因的论证模式。除兜底条款与第 4 款外,行为人主观上的非法占有目的都是由客观上"无法返还""拒不返还"的犯罪结果推导而来,以集资行为实施后行为人对资金的处理作为判断集资诈骗罪非法占有目的的标准。这种认定模式一定程度上给予了"非法占有目的"的确定以一定参考,但也忽视了对主观目的的直接探究,实践中也随之出现了客观归罪的司法乱象,即只要行为人集资后实施了非法占有资金、拒不返还的客观行为,就无需查明其主观目的,可直接认定为集资诈骗罪。此种单一的认定模式无疑人为地扩张了构成要件的内容,集资诈骗罪作为目的犯,其目的属于主观超过要素,并不需要相应的客观行为与之对应,司法解释对其客观行为认定的偏重将本不属于构成要件范围内的行为纳入集资诈骗罪的认定中,违背了目的犯的基本原理,忽视了本罪应有要件的认定,造成了本罪构成要件的逐步异化。将事实行为等同于主观目的的简化认定也抹去了"非法占有目的"的实质判断,使其在司法判断中流于客观实质化,变相地将非法占有目的从集资诈骗罪的构成要件中加以排除,客观归罪的思想日益凸显。①《非法集资解释》蕴含的认定思路违反了主客观相统一的原则,也是近年非法占有目的标准不断降低,集资诈骗案件犯罪圈扩张的根本原因,司法实践中处理非法集资案件的思维定势亟待扭转。

从认定标准体系上看,演绎推理本身包含肯定性推理和否定性推理,肯定性推理遵循"大前提—小前提—肯定性结论"的公式得出近似反映同类事物的结论,否定性推理考量同类事物中个体的特殊性,对肯定性推理中得出的普适性结论提出质疑。梳理相关"非法占有目的"认定的司法解释,可以发现,相关规定随非法集资案件高发日益具体完善的同时,对"主观目的"的认定仍一直坚守肯定性推理的推定方法,从构罪的角度认定集资人的行为,缺少否定性推理的相关标准。而该标准的缺失深受经济犯罪和金融犯罪整体防控扩大化的影响,一方面来源于立法者对主客观特殊性的忽视,另一方面来源于对非法集资案件商事特性与商事规律理解的遗漏。区别于普通的诈骗行为,集资诈骗发生在商事活动中具有商事活动本身的营利性、高度灵活性的特点。其所集资金不一定非得用于生产经营活动,也可以进行炒股、投资证券、期货等非实体经济活动,因此将资金用于生产经营活动以外的领域并不能证明其主观上具有占有目的。此外,商事活动本身极具风险性,在企业经营状态良好时将所集资金用于高端奢侈消费以营造企业形象的商业技巧并不罕见,后因突发事件导致企业破产致使集资款不能返还的也不能证明该企业在募集资金时具有非法占有目的。上述特殊情形的存在从另一角度说明了依照肯定性推理得出的结论具有盖然性,无法达到使人确信、排除合理怀疑的刑事责任证明标准。这也反映出现存司法解释缺乏否定性推论的弊病之一——刑事证明上难以保

---

① 侯婉莹:《集资诈骗罪中非法占有目的的司法偏执》,载《法学》2012年第3期。

证肯定性推论"排除合理怀疑"。与此同时，否定性推理的缺失一定程度上不利于被告人辩护权利的行使，造成了控辩失衡，助长了重指控而轻辩护之风。现存司法解释对非法占有目的肯定性推理的一味强调使实践中产生认定主观目的存在的司法倾向，也使得司法人员在考虑例外规则无据可依，不敢轻易认定无罪，至此被告人的合法权益难以得到保障。可以认为，反推标准缺失是集资诈骗罪"非法占有"目的的认定标准体系存在的重大缺陷。①

（二）"非法占有目的"认定之规则优化

金融体制的改革使得各社会群体的利益重新分配，经济社会产生了诸多不安定因素，其中非法集资问题尤为突出。该类案件涉众较广且具有扩张性，手段翻新快、认定难度大，给受害人和社会造成了严重的损失。国家对该类案件给予了极高的关注度，并不断强调刑法在该类社会问题治理中的作用，采用从严的刑事政策，多角度全面打击此类犯罪。至此，非法集资活动得到了遏制，但集资诈骗罪的构成要件却不断扩张、异化，唯客观论、唯结果论的倾向愈加明显。究其根源，在于重刑主义思想作祟，刑法作为处理社会问题的后置法，只有在其他法律救助手段穷尽后才能使用，而不是从严治理的工具书。因此，为最大限度地在法益保护与人权保障间寻求平衡，非法占有目的认定应当转换思路，开辟正反结合的新路径。

其一，坚持主客观相统一的认定原则。刑法理论中，观察人的行为时，注重主观要素，例如动机、意思、性格与人格的，是主观主义；注重客观的外部动作及外界所引起的结果的，是客观主义。②在我国，认定某一行为构成犯罪则必须遵循主客观相一致的原则，即需考虑主观因素与客观因素及其内在的一致性，主观要件和客观要件的有机统一才可成立相应犯罪。然而，经前述分析可知，司法解释与司法实践在认定集资诈骗罪"非法占有目的"的过程中出现了主客观脱节的现象，将客观行为简单地等同于主观目的，致使罪名认定偏重客观结果忽视犯罪的心理状态、逐步走向客观归罪的泥潭。背后症结在于司法实践者为"目的"而寻客观存在的错误思路，主观已不再是客观的自然反映，客观也逐步沦为及时结案、高效处理案件的定罪工具。因此，我们需扭转思维，注重主客观内在的一致性，从行为人具体的思

① 胡启忠:《集资诈骗罪"非法占有目的"认定标准的局限与完善》，载《法治研究》2015 年第 5 期。
② 参见蔡墩铭:《现代刑法思潮与刑事立法》，台北汉林出版社 1977 年版，第 31 页。

维方式和心理状态出发寻找以往的行为中切合主观的客观证据,结合个案的具体情况考量非法占有目的是否存在。对于因经营不善、市场风险、政策变化等意志以外的原因造成数额较大的集资款不能返还的,不应当认定为集资诈骗罪。如扩大再生产而投入大量资金导致集资款暂时无法收回成本或因经营管理不善而破产导致"无法返还"的情况。此外,即使行为人卷款潜逃,若其主观仅为躲避非法暴力催债而暂时躲藏,无永久逃匿之意图也不应当认定为集资诈骗罪。非法占有目的的认定需着重分析行为人的主观心态,参考被告人供述,判断行为人主观心理,若行为人在集资之初便无真实的集资项目和资金需要却仍大肆敛财即明显具有非法占有目的。同时,要查清其客观行为,综合考量集资理由、资金流向、履约表现、违约原因和违约后态度,结合事前、事中、事后的各种因素以判定"非法占有目的"是否存在。

其二,建立反证制度,正推与反证相结合。刑事推定基于经验法则而来,推定的大前提更是通过归纳形成,其结论显然不能完全确定。因此为确保"非法占有目的"的认定排除合理怀疑,需得将正推与反证结合起来。如果反证无法证明存在合理怀疑,那么就可以认为正推结论足以排除合理怀疑,其可靠性得以保证;[①]反之则证明正推结论尚未排除合理怀疑,避免了正推缺陷的现实化。现行制度中,2001年《全国法院审理金融犯罪案件工作座谈会纪要》提及在处理具体案件的时候,对于有证据证明行为人不具有非法占有目的的,不能单纯以财产不能归还就按金融诈骗罪处罚。该规定实质认可了"非法占有目的"的推定中允许反证,但仅凭该认可并不足以形成有效的控诉平衡机制,司法实践中更应进一步建立并完善反证机制。第一,赋予当事人反证的权利,确立正反结合的双层评价机制。侦查、审查起诉以及审判阶段公诉机关需告知犯罪嫌疑人、被告人刑事推定的范围,明确告知其对这些事实的认定拥有反证的权利。反证既可以针对推定事实、也可以针对基础事实,更可以针对基础事实与推定事实之间的关联性。第二,结合商事特性确立类型化的反证标准。反证标准应当同正推标准一样对司法实践具有相应的指导性,

---

① 石奎:《集资诈骗罪"非法占有目的"司法认定的实证研究》,法律出版社2016年版,第138—157页。

其内容应当与实际发生的问题具有对应性。由此,反证标准也可以采用情形列举的形式,以类型化的思维方式解决问题。例如,为了企业发展进行高档娱乐消费,但因实体企业遭遇重大变故,资金链断裂从而导致集资款不能返还的,应排除"非法占有目的"的认定。如果适用于价值投资,投机性等盈利性质的行业,由于管理不善、市场风险等非预见性事由致使集资款不能返还的特殊情形,可以不认定具有"非法占有目的"。第三,明确反证的证明标准。反证虽针对正推结论而提出,但其证明程度却不用达到"案件事实清楚,证据确实、充分"的标准。这是因为被告人在控辩过程中处于弱势地位,举证能力有限,再加之正推结论本身尚未排除合理怀疑,因此反证的证明标准应当有所降低。但该标准的降低并非意味着只要被告人提供据以怀疑推定事实的存在的证据,反证即可成立,这种标准显然过于强调了被告人的利益,大大增加了公诉机关认定"非法占有目的"存在的难度,在实践中不具有可行性。因而,笔者认为反证的证明标准应当适用"优势证据"标准。被告人需举出相反的事实,该相反事实能够否定、超越基础事实。[1]此外,被告人提出证伪的证据需要令人信服,其辩解理由也应当说服正常人,符合经验和逻辑规律。[2]如此在保障被告人合法权益的同时也使得公诉机关得以依照合理标准更为严谨地认定"非法占有目的"的存在,实现真正意义上的公平公正。

第三节　集资诈骗罪特殊犯罪形态研究

前述关于本罪司法认定之讨论均是基于单个主体只犯集资诈骗一罪,且犯罪既遂这单一模式下的探讨,但现实中展现出来的犯罪现象千差万别:主体数量不一、实行行为错杂、犯罪未达到完成形态等。这些特殊的犯罪形态都是实践案例在法律上的反映,也是犯罪构成要件的具体表现形式,故而研究本罪特殊犯罪形态之认定是正确适用本罪定罪量刑的重中之重。

---

　　① 参见付立庆:《主观违法要素理论——以目的犯为中心的展开》,中国人民大学出版社 2008 年版,第 249 页。
　　② 董玉庭:《主观超过要素新论》,载《法学研究》2005 年第 3 期。

一、集资诈骗罪的停止形态研究

根据我国的刑法理论,在主观心态为直接故意的犯罪中存在着犯罪的停止形态,其中既遂是犯罪的完成形态,而预备、中止、未遂则是犯罪的未完成形态。虽然在司法实践中,因集资诈骗行为具有较强的隐蔽性,故而大部分集资诈骗罪案发时就已经具备了完整的犯罪构成要件,对社会法益造成了严重的侵害,构成犯罪既遂。但因现在犯罪现象的错综复杂,是故从理论上全面且深入的分析集资诈骗罪的停止形态,有利于对其有更为准确的认知,进而可精确把握案件性质,进行定罪量刑。由于集资诈骗罪的预备与中止状态在实践中发生的概率较小,因此本书将着重论述集资诈骗罪既遂与未遂状态的认定。

(一)集资诈骗罪既遂形态之界定

如前文所述,集资诈骗罪侵犯的客体为复杂客体,其既侵犯我国的金融管理秩序,也侵犯公私财产所有权。一般而言,对于侵犯复杂客体的犯罪,其既遂是以主要客体受到现实侵害为标准的,即本罪应当以我国的金融管理秩序受到实质侵害为既遂标准。但有学者认为所谓对金融管理秩序的侵害是一种非物质性的结果,若以此作为本罪既遂的标准会使得本罪既未遂的区分难以把握,对实践造成困扰,是故该学者建议以对公私财产所有权的侵害作为间接标准,去衡量我国金融秩序受到侵害的程度,进而确认行为人的集资诈骗行为是否可构成既遂。[1]也另有学者认为,与其论证本罪侵犯了次要客体作为本罪既遂的标准,不如直接认定公私财产所有权就为本罪的主要客体,在此情形之下,只要行为人在集资诈骗时骗取了较大数额的财产,便可依据刑法规定合乎情理的认定其成立了犯罪的既遂。[2]

本书赞同前一种观点,即本罪的既遂应以主要客体受到侵害为标准,但鉴于对国家金融管理秩序的破坏在司法实践中难以认定,此时可依据公私财产所有权能从犯罪数额中具体量化的特性出发,将行为人对集资参与人财产权的侵占达至一定的犯罪数额,作为对我国金融管理秩序遭受侵害的侧面验证,以此判断行为人的

---

① 参见卢勤忠:《非法集资犯罪刑法理论与实务》,上海人民出版社 2014 年版,第 178 页。

② 参见薛瑞麟主编:《金融犯罪再研究》,中国政法大学出版社 2006 年版,第 366 页。

集资诈骗行为是否成立既遂。与此同时,在我国的刑法条文中,集资诈骗罪与诈骗罪是特殊规定与一般规定的关系,集资诈骗罪本质上还是源于行为人的集资诈骗行为造成了集资参与人财产权的损害,并因本罪行为人以集资为目的侵害了众多集资参与人的财产权,是故又进一步造成了对国家金融秩序的破坏,可以说侵犯了公私财产所有权是集资诈骗罪成立的主要依据与基础,在此意义上,以行为人骗取集资参与人数额较大的财产为本罪的既遂标准便足具合理性。后一种学者的观点,则彻底混淆了犯罪成立与既遂之间的关系,犯罪客体作为刑法所保护的、为犯罪行为所侵犯的社会主义社会关系,属于犯罪成立范畴的概念,而既遂之判断理应在犯罪成立之后再进行,若仅因难以判定犯罪既遂的标准就溯前更改犯罪客体,难免有本末倒置的问题。

基于上述阐释,集资诈骗罪的既遂与否应以公私财产所有权是否受到侵害为标准,同时根据《刑法》条文之规定,本罪还是数额犯,非法集资要达到"数额较大"的标准才能以刑法进行规制,否则给予行政处罚即可。这里的"数额较大"依据2021年修正的《非法集资解释》第8条之规定,即集资诈骗数额在10万元以上。应当注意的是,此次《非法集资解释》修正后不再区分自然人与单位犯罪的处罚标准。在以犯罪数额为标准把握既未遂标准时,我国学界对于数额的认定持有不同的观点:有观点持"占有说",即行为人以非法占有为目的实际控制并支配集资参与人的财物时,就可认定其达到了犯罪目的,构成犯罪既遂;[1]也有观点持"损失说",即本罪应当以集资参与人是否实际交付了财物并造成财产损失为标准,而行为人是否真正的获取了财物在所不问;[2]还有观点持"交付说",该学说认为为了及时有效的惩治集资诈骗犯罪,无需将既遂的判断推迟到行为人已经实际占有集资款时,而只需有集资参与人的交付行为就可以认定行为人犯罪既遂。[3]笔者赞同将"交付说"作为判断本罪既未遂的标准,因为行为人是否实际占有了非法集资的款项只是本罪犯罪目的是否已经实现的外化,而非本罪客观要件的内容,且若将既未遂的判断关键放置在集资参与人是否实际遭受了财产损失上的话,即只有集资参与人遭受

---

① 参见张晨:《诈骗犯罪研究》,人民法院出版社2003年版,第85页。
② 参见林山田:《刑法特论》,台湾三民书局1978年版,第334页。
③ 参见高铭暄主编:《新型经济犯罪研究》,中国方正出版社2000年版,第856页。

了实际财产损失才能构成既遂,则有放纵犯罪之嫌。因此笔者认为,应当以集资参与人向行为人交付的集资款项数额较大作为本罪既遂的标准,交付的数额可间接反映出因行为人的非法集资行为,而使得金融市场中被改变的资金流的规模,在此意义上,交付的款项金额所反映的就不是公私财产所有权受损的程度,而是我国金融管理秩序被侵害的程度。

(二)集资诈骗罪未遂形态之分析

基于上述对本罪既遂形态之界定,我们可以认定在行为人主观上以非法占有为目的,客观上实施了以欺诈手段非法募集资金的行为,并使集资参与人交付了数额较大的款项时,即可判定其构成了集资诈骗罪的既遂。而犯罪未遂依据现行《刑法》第23条第1款之规定,即行为人已经着手实行犯罪,但却因犯罪分子意志以外的原因未得逞。由上可推出,本罪的未遂状态则是指行为人已经着手实行集资诈骗的行为,但集资参与人却因行为人意志以外的原因并未交付数额较大的资金。在此需阐明的一个争议焦点为集资诈骗罪作为数额犯,其是否存在犯罪未遂的可能? 学界对此问题存在着三种不同的观点,分别为否定说、肯定说以及折中说。否定说与肯定说的具体内涵不言自明,而折中说则是将其分为了结果数额犯与行为数额犯,前者以达到一定的数额作为犯罪成立的条件,因而不存在未遂犯,而后者则以有实行行为即可构成犯罪,故而存在未遂形态。虽然学界对此还未达成统一观点,但是最高人民法院发布的《关于审理诈骗案件具体应用法律的若干问题的解释》第1条即规定"已经着手实施诈骗行为,只是由于意志以外的原因而未获得财物的,是诈骗未遂",是故笔者认为本罪作为诈骗犯罪的一种,自然也存在着未遂之形态。

而明确本罪未遂状态的第一个关键要素即为"着手"。何为犯罪之"着手"? 我国刑法理论界一般认为,着手是实行行为的起点,标志着犯罪行为已经进入实行阶段,其具体内涵可理解为行为人已经开始实施刑法分则条文规定的某种犯罪构成要件的行为。[①]有学者进一步指出,着手即在罪状描述只有一个实行行为的场合,开始实施这单一的实行行为时就是着手,而在有双重或者多重实行行为的场合中,

---

① 参见刘宪权主编:《刑法学(上)》,上海人民出版社2016年版,第201页。

着手就是行为人开始实行第一个行为之时。①集资诈骗罪的构成要件即为双重的实行行为,其中行为人使用诈骗方法是其手段行为,而进行非法集资则是目的行为,本罪着手的标志乃是行为人以非法占有为目的,开始使用诈骗方法使得集资参与人陷入错误认识的行为。其通常表现为行为人借投资或者经营之名,向集资参与人许诺高额利息或者利用虚假的证明文件开始集资等。而第二个关键因素即为"犯罪未得逞",具体到本罪之中进行理解并无甚争论,即因集资行为人意志以外的原因,集资参与人未成功将资金交付给行为人。至此,在厘清本罪既遂与未遂形态之认定后,预备与中止形态的判断问题也就迎刃而解。行为人为了实施犯罪,准备工具、创造条件的即为犯罪预备,预备与未遂形态之差异仅在于是否有"着手"这一因素,即行为人为了骗取集资参与人的资金,积极的为犯罪准备条件,但却因意志以外的原因在还没有对参与人实施非法集资的"诈"的行为时,犯罪形态便已宣告停止。与之相对的是,中止形态的判断更为明晰,其在犯罪过程中,自动放弃犯罪或者自动有效的防止犯罪结果的发生即可,与未遂形态之差异仅在于犯罪停止的原因是行为人意志以外还是以内的因素,此类判断难度不高,在此便不多加赘述。

二、集资诈骗罪的共犯形态研究

因经济犯罪本身所具有的参与人数众多、涉案金额巨大、专业性与复杂性较强等特点,非法集资类的犯罪通常较难由行为人单独实施,故而司法实践之中本罪多呈现为共同犯罪的形态,各行为人之间相互配合、明确分工,形成一个固定的、有组织的集资诈骗网络。而共同犯罪相比于单独犯罪而言,有着更大的社会危害性与认定上的疑难性,因而关于本罪的共犯形态,本书将着重探讨几个较为典型的问题。

（一）集资诈骗罪中主从犯之区分标准

目前我国刑法学界的通说认为,我国刑法总则依据共犯在犯罪中所起作用与

---

① 参见徐留成:《混合主体共同犯罪定罪问题研究》,载《人民检察》2001年第9期。

分工相结合的标准,将共同犯罪人划分为了主犯、从犯、胁从犯以及教唆犯。①在司法实践之中本罪多以共同犯罪的形式出现,其中绝大多数的案件所牵涉的共犯人又为主犯与从犯,且因主从犯在犯罪中所起的作用与地位的不同,所需要承担的刑事责任也不尽相同,是故在共同犯罪的过程中,势必会产生主从犯的区分问题。

依据我国《刑法》第 26 条第 1 款的规定,组织、领导犯罪集团进行犯罪活动的或者在共同犯罪中起主要作用的,是主犯。基于上述条文的文义进行分析,主犯一般包括两种行为人:第一种是组织、领导犯罪集团进行犯罪活动的犯罪分子,换言之,也就是犯罪集团中的首要分子;第二种则是在犯罪中起主要作用的犯罪分子。一般来说,对于首要分子的认识并不存在较多分歧,关键在于如何认定在犯罪中"起主要作用"的行为人。笔者认为可从以下几个方面考虑:首先,参考行为人在集资诈骗犯罪中的身份或地位。譬如在以单位名义实施的非法集资案件中的法人代表,又如在集资形式为庞氏骗局的案件中,身处于树形顶端部分的集资诈骗人。通常情形下,如无相反证据予以排除,行为人的身份或者地位就可直接表明其在犯罪中所起的作用。其次,分析行为人对犯罪结果的发生是否起到了推动作用。这便需要结合行为人实施了哪些具体的犯罪行为辩证看待、综合分析。例如,提出集资诈骗意图并且制定了非法集资计划的行为人,即便其不一定实施了虚假宣传、吸收集资款等具体的犯罪行为,但因其对犯罪过程及结果的发生是起引导、推动作用,就可视为其对整个犯罪起到了主要作用。最后,可考察犯罪行为人对其他的犯罪分子或者资金是否具有支配权。在行为人对本案其他的犯罪分子具有支配力时,其主犯的身份便不言而喻,同时非法集资类犯罪的主要目的就是为了获取集资参与人的资金,在此意义上而言,很难想象一个集资诈骗案件的主犯对集资款项没有任何的支配权,反言之,对于非法集资的资金具有支配力的通常为起到主要作用的行为人。

在非法集资共同犯罪的案件中,除去起主要作用的犯罪分子,还存在着大量的帮助人员。但因集资诈骗案件一般隐蔽性较强、层级环节较多,是故并非所有的帮助人员均是以非法占有为目的或者明知他人有非法占有的目的而实施集资行为

---

① 参见高铭暄、马克昌主编:《刑法学》,北京大学出版社、高等教育出版社 2017 年版,第 172 页。

的,也就是说,并不是所有的帮助人员均可构罪,但因本段内容所讨论的是本罪主从犯区分之问题,故而在此明确本段内容所探讨的帮助人员均以成立犯罪为前提。《刑法》第27条第1款规定,从犯是指在共同犯罪中起次要或辅助作用的行为人。据此,从犯第一种是指共同犯罪中起到次要作用的行为人。所谓"次要作用",即与"主要作用"相对,在考虑行为人是否起次要作用时,可从"主要作用"判断标准的反面出发进行判断。例如,行为人并不具备类似于法人代表、总经理或者财务总监的身份,或者虽然名义上担任了这类的职务,但实际上只是空有虚衔,对犯罪结果的发生并不能起到引导、推动作用,对于案件中其他的犯罪人或者集资资金也均无支配力,那么对此类行为人就难以认定其为主犯,而仅以从犯论处即可。第二种则是指在共同犯罪中起辅助作用的犯罪分子,主要是指帮助犯,即为集资诈骗罪提供了方便,创造了有利条件。[①]综上,具体到共同犯罪的个案中,区分主从犯时结合行为人的身份、地位、对犯罪结果所起的作用以及对其他犯罪分子的支配力等因素综合分析考量,恰当认定主从犯,使得犯罪分子罪责刑相适应,有利于增强刑法的权威性,推动社会公平正义的实现。

(二)集资诈骗罪中其他参与人的共犯认定

在规模较大的集资诈骗案件中,除了诈骗单位的实际控制人、法定代表人等主要的犯罪分子,往往还会涉及单位中不同层级、不同岗位的员工,这些员工一般可分为两类:一类是直接参与非法集资的人员,例如销售、业务人员;另一类则是保障单位正常运行所必不可少的,但不直接参与非法集资的工作人员,譬如行政、后勤等。上述集资平台的工作人员是否要追究其刑事责任,实践中做法不一。有办案机关认为整个集资平台均是为了非法集资而设立的,那么在平台中工作的人员则均应视为对集资诈骗犯罪提供了帮助而应作为犯罪处理,更有甚者会依据个案的金额私自设立追责标准线,达到这一金额即定罪量刑,未达则不追究其刑事责任。[②]此"一刀切"的做法明显不妥,对平台中员工的责任,理应基于共同犯罪的基本原理进行全面的探讨。[③]

---

① 参见卢勤忠:《非法集资犯罪刑法理论与实务》,上海人民出版社2014年版,第209页。

② 参见季家琛:《集资诈骗罪的疑难问题研究》,华东政法大学2017年硕士学位论文。

③ 参见陈鹏鹏、王周:《集资诈骗罪的认定》,载《西南政法大学学报》2014年第2期。

我国《刑法》第 25 条规定:"共同犯罪是指二人以上共同故意犯罪",对此我国通说认为共同犯罪的构成要件为:第一,主体方面必须要二人以上,此"人"既可指自然人,也可指单位,如果是自然人,则需达到刑事责任年龄、具备刑事责任能力;第二,共犯所实施的犯罪行为所侵犯的客体是同一的;第三,共犯人有着共同的犯罪故意;第四,各行为人在共同的犯罪故意的支配下实施了具有内在联系的犯罪行为。①同时在自然人共同犯罪中采用实行行为过限以及部分犯罪共同说理论,各行为人因主观故意与客观实行行为的不同,可对其分别进行定性。②因此我们在分析集资平台的员工是否要成立共犯担责时,既需要验证其行为是否符合共同犯罪的构成要件,又应依据主客观相一致的原则对员工的主观心理与客观行为进行区分。由此我们先来分析第二种参与人,即不直接参与非法集资的工作人员。我们应当明确的是,行政、后勤类岗位在单位中均属于必不可少的基础性工作,此类岗位的工作职责并不会随着公司性质的不同而有较大的差异。是故在一个普通的公司中,我们便难言一个后勤类的工作人员在其职责范围内所实施的行为是犯罪行为,如此推至非法集资的单位中,将只是起到日常基础辅助作用的工作人员定为共犯似乎并不能使人信服。因此笔者认为,此类员工若仅是在自己岗位的一般性要求之中正常履行自己的工作职责,也并不明知其工作的平台所进行的是集资诈骗类犯罪活动,此时其行为便不能被认定为犯罪行为,与非法占有集资参与人钱款的犯罪结果也不存在必然的因果关系,对其自然就不可以追究刑事责任。

对于第一类工作人员,即直接参与了非法集资的员工能否成立本罪的共犯,则需分情况讨论。若是销售、业务类的工作人员明知本平台实施的是集资诈骗类犯罪活动,依旧为其吸收社会公众的资金,那么最终无论其是否参与了集资款的分成,对其以集资诈骗罪的共犯追责并无疑异。第二种情况则是员工主观上并不知道本平台实施的是集资诈骗犯罪,其仅作为一个普通的打工人做自己分内之事,领取的也是按照用工合同所签订的薪酬,在此情形中其主观上并未有集资诈骗的犯意,但是不可否认的是其客观上为集资平台吸收公众资金的行为,却又满足了我国

---

① 参见刘宪权主编:《刑法学(上)》,上海人民出版社 2016 年版,第 216 页。
② 参见王永强:《单位犯罪与共同犯罪关系辨析——以一起单位集资诈骗案为例》,载《政治与法律》2012 年第 10 期。

《刑法》中有关非法吸收公众存款罪的构成要件,具有违法性。此时行为人若以其不知非法集资行为的违法性为由进行开脱是不被接受的,因为我国刑法中的故意犯罪之成立仅需行为人认识到犯罪事实,其不知非法集资的违法性这一理由至多被作为其主观恶性较小而从轻处罚的佐证。实践中还存在一种较为特殊的情况,即集资平台做了相当认真与细致的保密工作。对外并不展示出集资的表象,换之以服务、保管、买卖等形式为幌变相进行集资;对内也只是一定层级以上的员工才知本单位的经营真相,基层员工根本无从获知本平台违法犯罪的事实,此时一旦案发,要是以行为人直接参与了非法集资为由要求其承担共犯责任则缺乏合理性。

(三)集资诈骗罪中共犯责任之分担

在解决完集资诈骗罪中有关共犯的认定问题之后,面临的便是各共犯的责任承担问题。因每位行为人在集资诈骗的过程中,所处的地位与发挥的作用各不相同,依据我国刑法中罪责刑相适应的原则,需对各犯罪人区别对待,处以不同的刑罚。而在非法集资类犯罪中,给予不同刑罚的关键标准即为犯罪数额,不过在共同犯罪中对于各行为人的犯罪数额应以什么规则进行认定存在着观点分歧,较为典型的有:分赃数额说,主张共犯中的行为人以自己实际分到的资金承担刑事责任;参与数额说,认为各共犯行为人应当以自己实际参与的集资诈骗的数额承担刑事责任;犯罪总额说,主张共犯便应当对共同犯罪的所有集资数额担责。[1]上述学说各有其合理与局限之处:分赃数额说与参与数额说均只关注了共犯个人最终获得或参与数额的多少,却忽略了共同犯罪的整体性,未明晰共同犯罪所产生的危害结果是行为人共同作用所得的;而犯罪总额说却又仅关注了共同犯罪整体性的特征,在共犯个人担责层面未做到有所差别,存在着一定的不当。

笔者认为,在研究本罪共犯责任之分担的问题时,不能简单的只从一个角度进行考察,而应从定罪数额与量刑数额两个角度分别考虑,力图使每位共犯人所担的罪刑相符。在对共犯人定罪时,应采取犯罪总额说为标准,即当集资诈骗的犯罪人共同非法集资的数额达到本罪所要求的"数额较大"这一标准时,其行为就构成集

---

① 参见崔楠:《集资诈骗罪"数额"的罪量刑量分析》,载《中国检察官》2010年第12期。

资诈骗罪,理应对各行为人进行刑事追责。在定罪时采犯罪总额说为标准,主要缘由在于共同犯罪是一个难以分割的整体,其危害结果是所有行为人共同作用所产生的,如果不以犯罪总额说为标准入刑,就很可能造成轻纵犯罪的不良后果。譬如各共犯人集资诈骗的总额已经达到了入罪标准,但具体到每一位行为人时,却因各自分得的或者参与的犯罪数额还未达到"较大",使得整案均不能作为犯罪处理,此举显然不能令人信服。而在量刑数额上,笔者认为不能再采犯罪总额说,否则各共犯人无论其发挥的作用几何,都依据共犯总额承担相同的刑罚,这显然是不合情理的。当然,此处存在一个特殊情况是,若是以犯罪集团的形式进行的集资诈骗,那么依据《刑法》条文的规定,组织、领导犯罪集团的首要分子应按照集团的全部罪行处罚,此时其自然应以集团的犯罪总额定罪量刑。但是在一般共犯中的各行为人,或者在犯罪集团中除首要分子之外的主犯、从犯等,笔者认为,在对他们定罪之后量刑时应以参与数额说为原则,同时考虑其在整个犯罪中所起到的作用等因素综合衡量刑罚。笔者此观点是基于我国《刑法》条文中,本就规定对主犯的刑事责任应以其所参与的或者组织、指挥的全部犯罪处罚,那么将其推至各共犯人的责任承担中,在量刑时以参与数额说为原则是具备相当的合理性的,同时考虑各共犯人在犯罪中所起的作用以及其他情节要素等综合权衡最终应判处的刑罚,以达到罪责刑相适应的目标。

三、集资诈骗罪的罪数形态研究

罪数就是指一个主体所犯之罪的数量,区分罪数就是区分一罪与数罪。[①]因集资诈骗罪侵犯客体的复杂性、"使用诈骗方法"认定时的易混淆性以及集资诈骗人"非法占有目的"产生阶段的不定性等各种因素影响,导致行为人集资诈骗行为所产生的法律后果也不可一概而论,其行为可能会触犯不同的刑事法律规定,从而在罪数形态上呈现一罪、数罪或竞合的情形。因此,如果行为人仅具有"非法占有目的",但其手段却触犯其他罪名时,自然不可直接数罪并罚,而是应基于罪数形态的

---

① 参见张明楷:《刑法学(上)》,法律出版社 2011 年版,第 411 页。

理论正确认定行为人的罪数,以此找到恰当的罪名对行为人的行为进行全面而又不重复的评价,这不仅是保障刑事被告人权益的合理要求,也是促进司法实践公平正义的有力前提。

（一）集资诈骗案中一罪的认定

集资诈骗罪的行为人在使用诈骗方法进行非法集资犯罪时,一般会采用多种不同的方式虚构事实、隐瞒真相以获取集资参与人的信任,例如,虚报注册资本后成立公司,伪造虚假的交易合同,擅自或欺诈发行股票、公司、企业债券等。上述一系列的行为均是行为人在非法占有他人财物这一犯罪目的的指导下所进行的,对于同一个犯罪故意支配下的一个或数个犯罪行为,司法实践中进行认定时,主要涉及牵连犯、想象竞合犯以及法条竞合犯三个方面。

1. 集资诈骗罪的牵连犯

我国刑法理论的通说认为,牵连犯是指行为人为了实现某一犯罪目的,其手段行为或结果行为又同时触犯另一罪名的犯罪形态。[①]构成牵连犯主要需具备以下三个要件:第一,行为人主观上只具有一个犯罪目的,此目的所指向的即牵连犯的本罪;第二,行为人客观上需实施了两个或两个以上的危害社会的行为,且此数行为之间需存在内在的牵连关系,即手段行为与结果行为都是为基本犯罪目的的实现而服务,这也是认定牵连犯的关键所在;第三,行为人实施的数个危害社会的行为需分别符合不同的犯罪构成,成立不同的犯罪。

集资诈骗罪的目标对象为不特定的社会公众,因此行为人为了达到骗取集资款的主观目的,往往会采取多种手段为其犯罪活动披上合法的外衣,以此迷惑公众,但行为人所实施的集资诈骗行为本就是触犯刑法的犯罪活动,是故为此犯罪活动披上的所谓"合法"的"外衣"自然也不可能符合法律规定,经常又会触犯其他的罪名。譬如行为人在实施集资诈骗犯罪之前,为了向社会公众展现自己的资金实力,使用虚假的证明文件或采用其他的欺诈手段虚报注册资本的行为,又如行为人在集资诈骗的过程中,伪造、变造公文、证件、印章等以虚构事实、隐瞒真相。上述行为会同时触犯集资诈骗罪与其他罪名,但刑法理论与实践中均认为虚报注册资

---

① 参见高铭暄、马克昌主编:《刑法学》,北京大学出版社、高等教育出版社2016年版,第193页。

168 涉民间借贷犯罪刑法理论与实务

本与伪造、变造公文、证件及印章的行为都是为实现集资诈骗这一目的服务，且行为与集资诈骗行为之间具有牵连关系，因而不能数罪并罚，而应成立牵连犯从一重处罚，鉴于集资诈骗罪的法定刑较高，一般情况之下便以集资诈骗罪论处。不过在此需提请注意的是，"从一重"并非一定是按照法定刑的轻重而一律依集资诈骗罪定罪处罚，也需依据具体情形的不同而区别处理。倘若行为人在伪造、变造公文、证件以及印章之后，还未着手实施集资诈骗犯罪便被发现，此时前者的社会危害性重于后者，就理应按照伪造、变造国家机关公文、证件、印章罪论处。对"重罪"的确定标准，以刑法规定的法定刑轻重为原则，兼虑各行为本身的社会危害性，从而决定以何罪论处。

成立牵连犯的自然不限于上文所列举的两种行为，判断手段行为与集资诈骗行为之间是否是牵连犯罪，可运用牵连犯之构成要件具体分析，其中主观要件与结果要件较易判断。主观要件是指行为人所实行的各行为均有统一的犯罪目的，具体到本罪就是指行为人必须是以非法占有集资款这一主观目的实施了各手段行为。结果要件则是指行为人实施的手段行为与结果行为成立了不同的犯罪。判断的难点在于如何认定各行为之间存在着牵连关系，这势必要寻求一个统一的标准，而此标准又应同时具备规范性与可操作性，规范性给予明确的尺度以限制司法人员的主观任意性，可操作性则加强办案人员定罪时的统一性。①考虑到我国依旧将犯罪构成作为罪数判断的标准，而牵连犯中行为之牵连也就是罪与罪之间的牵连，再进一步讲，罪与罪之间区别与联系的基准又在于犯罪构成，是故笔者认为，考察数行为之间是否存在牵连关系，实质就是考虑数行为所涉之罪的犯罪构成间是否存在包容或者交叉关系，若是具备包容或者交叉关系，则可推定数行为之间有可能成立牵连犯罪。

2. 集资诈骗罪的想象竞合犯

想象竞合犯也称为观念上的数罪，是指一个行为同时触犯了数个罪名的犯罪形态。一般来说，其成立必须符合以下两个条件：第一个条件是行为人只实施了一个犯罪行为；第二个条件是这一犯罪行为必须触犯了数个罪名，即在形式上同时符

---

① 参见刘宪权：《我国刑法理论上的牵连犯问题研究》，载《政法论坛》2001 年第 1 期。

合刑法分则所规定的数个犯罪。①具体到本罪而言，较为典型的想象竞合犯就是行为人以集资诈骗的故意，在招股说明书、认股书、公司、企业债券募集过程中虚构事实、隐瞒真相，发行了数额巨大的股票或公司、企业债券，后果严重或者有其他严重情节的，完全符合《刑法》第160条规定的欺诈发行证券罪与本罪的构成要件，因两罪并非法条竞合关系，是故产生想象竞合，从一重罪论处。②与之相似的还有《刑法》第179条所规定的擅自发行股票、公司、企业债券罪，该罪是指行为人未经国家主管部门批准，擅自发行股票或公司、企业债券，数额巨大、后果严重或者有其他严重情节的行为。该罪行为人主观上并没有非法占有目的，客体上侵犯的也仅是单一客体，即国家对股票，公司、企业债券的管理制度，不过若是行为人以为公司募集生产经营的资金为借口，持集资诈骗目的，未经有权机关的审核而向社会公众发行股票、债券，此时便完全符合擅自发行股票、公司、企业债券罪与集资诈骗罪的构成要件，但因行为人只实施了一个犯罪行为，故依据想象竞合犯的处断原则，以集资诈骗罪论处。

在此需先厘清想象竞合犯与法条竞合犯之间的关系问题。一般认为，想象竞合犯与法条竞合犯均是一行为触犯了数个罪名，处断时从一重罪论处，于本罪而言，因多数情况下，集资诈骗罪的法定刑均重于竞合的其他犯罪，是故即便不区分想象竞合与法条竞合，实践中最终还会依照集资诈骗罪定罪处罚。但事实上区分想象竞合与法条竞合不仅有理论上的意义，更会对司法实践中案件的判决产生实质的影响。最直接的影响便是司法判决时，因法条竞合仅是形式上的竞合，因而司法者在判决时只需列明适用的法条，而被排斥适用的法条则完全不会出现在判决书中，与之相反的是，若是想象竞合犯，法官则需在判决时言明数法条之间的想象竞合关系，以便让人判断司法者对从一重的把握是否正确，司法权是否被恰当行使。③有学者在论及这两者关系时指出，法条竞合的关系不以犯罪是否发生而转移，换言之，即无论犯罪是否发生，都可依据法条内容对其竞合关系进行分析，而想

---

① 参见林亚刚：《论想象竞合犯的若干问题》，载《法律科学》2004年第1期。
② 参见张明楷：《诈骗罪与金融诈骗罪研究》，清华大学出版社2006年版，第317页。
③ 参见周光权：《法条竞合的特别关系研究——兼与张明楷教授商榷》，载《中国法学》2010年第3期。

象竞合则不然,它的发生以犯罪为前提,若无犯罪发生,则自然就无想象竞合犯产生的土壤。①笔者认为此种观点可供参考借鉴,即法条竞合为静态的竞合,研究者完全可依据法条判断出我国《刑法》中所有的法条竞合(当然,部分法条间是否为法条竞合会存在争议),而想象竞合则为动态竞合,不可能仅依据刑法条文得出,势必要在有具体的犯罪事实时才可显现。

3. 集资诈骗罪的法条竞合犯

法条竞合是指行为人仅实施了一个犯罪行为,但却因法律的错杂规定,导致其触犯了数个法条的犯罪构成,又基于法条之间的逻辑关系而在数法条之中只能适用一个法条,成立单纯一罪的情形。从上述概念来看,法条竞合的几个显著特征为:其一,行为人仅实施了一个犯罪行为;其二,行为人所实施的行为可适用数个法条,且数法条所规定的犯罪间有某种包容或者交叉关系;其三,数法条在逻辑上为排斥关系,即在对行为定罪处罚时,只可适用其中的一个法条。②目前我国刑法中对于法条竞合时,适用法条的原则有:特别法优于普通法、吸收法优于被吸收法以及重法优于轻法。③因集资诈骗罪脱胎于普通诈骗罪,因此本罪与诈骗罪便是典型的法条竞合关系,在行为人实施了集资诈骗行为之后便会同时触犯普通诈骗罪与本罪,在适用法条时则应根据特别法优于一般法的原则将其按照集资诈骗罪论处。除此之外,合同诈骗罪与本罪也为法条竞合关系,行为人一般在实施集资诈骗时均会与集资参与人签订虚假的经济合同以实现其犯罪目的,此行为便同时符合集资诈骗罪与合同诈骗罪的构成要件,适用时则同样基于特别法优于一般法之原则,以集资诈骗罪一罪定罪处罚。

上述所提及的两种犯罪与本罪为法条竞合关系在理论与实践中均无争议,但是对于行为人在集资诈骗过程中冒充国家工作人员行骗的做法,应如何认定其罪数形态则有着不同的观点:第一种观点认为这是招摇撞骗罪与集资诈骗罪的牵连犯,应从一重处;④第二种观点认为其为招摇撞骗罪与本罪的法条竞合犯;⑤第三种

---

① 参见高铭暄、王作富:《新中国刑法的理论与实践》,河北人民出版社 1988 年版,第 374—375 页。
② 参见卢勤忠:《非法集资犯罪刑法理论与实务》,上海人民出版社 2014 年版,第 231 页。
③ 参见马克昌主编:《犯罪通论》,武汉大学出版社 1999 年版,第 637—638 页。
④ 参见黄京平主编:《破坏市场经济秩序罪》,中国人民大学出版社 1999 年版,第 479 页。
⑤ 参见卢勤忠:《非法集资犯罪刑法理论与实务》,上海人民出版社 2014 年版,第 236 页。

观点则主张两者应为想象竞合犯。①我们首先可以排除第一个观点，因为虽然冒充国家工作人员与集资诈骗是两个行为，但是冒充国家工作人员这一行为并没有被我国刑法单独设立为一个罪名，即严格来说，冒充国家工作人员行骗才是一个完整的犯罪行为，是故在此情形下，并没有牵连犯构成要件所要求的"两个犯罪行为"，便自然不可能成立牵连关系。而在法条竞合与想象竞合的判定中，鉴于前文所述，关键区别在于法条竞合关系存在与否并不取决于犯罪事实，其法条间本就有着交叉或者包容关系，而想象竞合犯则是因为具体的案件事实触犯了两个不同的罪名，但这两个罪名本身并没有包容或交叉关系。②那么冒充国家工作人员集资诈骗的，应构成招摇撞骗罪与集资诈骗罪的法条竞合还是想象竞合，判断关键就在于两罪是否有法条上的包容或交叉关系。依据我国传统的犯罪构成四要件进行判断，两罪显然不是包容关系，而鉴于招摇撞骗罪与诈骗罪法条间存在的交叉竞合关系，且集资诈骗罪又被包容评价于普通诈骗罪中，是故我们可以推断招摇撞骗罪和集资诈骗罪之间实际上为交叉关系的法条竞合，因而对行为人冒充国家机关工作人员集资诈骗之行为应认定为两罪的法条竞合犯，依据重法优于轻法的处罚原则，以集资诈骗罪定罪量刑。

（二）集资诈骗案中数罪的认定

上文所述均为行为人仅有一个犯罪故意或者行为人仅实施了一个犯罪行为时，应对其认定为一罪的情形，而在司法实践中，集资行为人主观上可能会具备多个犯罪故意，客观上实施多个犯罪行为，此时在多个犯罪行为又可分别构罪的前提下，理应对行为人数罪并罚。例如，行为人在已经非法占有集资诈骗款后，又实施了其他犯罪活动，将所得资金用于赌博、走私或者买卖毒品犯罪，在赌博罪、走私罪与贩卖毒品罪可独立成罪的情况下，便是典型的行为人在多个犯意支配下实施了多种犯罪行为，应当数罪并罚。

在此存在争议的一个问题为，若行为人起初进行非法集资活动时并未存在占有集资参与人钱款的目的，但后续因资金链断裂等因素影响，在集资过程中产生了

---

① 参见张明楷：《刑法学（下）》，法律出版社 2011 年版，第 920 页。

② 参见周光权：《法条竞合的特别关系研究——兼与张明楷教授商榷》，载《中国法学》2010 年第 3 期。

非法占有之目的,此时对行为人应以集资诈骗罪一罪论处还是以非法吸收公众存款罪与集资诈骗罪数罪并罚? 判断该问题的关键在于是否承认"事后故意"理论。否认"事后故意"理论的学者认为,因责任与行为同在原则的限定,非法占有目的应当与非法集资行为同在,这样才可以集资诈骗罪定罪处罚。①但肯定论者认为,非法占有目的为主观内容,必须通过外在的客观行为推测,若是行为人在非法集资时并未有外在客观表现其有非法占有目的,但在非法募集了部分钱款之后抽逃、隐匿财产的,就应以集资诈骗罪论处。笔者赞同前者观点,即我们不能以事后产生的故意来评价前面的行为,一个主观意志只可支配一个行为,过去的行为势必是受到过去意志的支配,且非法吸收公众存款属于行为犯,在行为人非法吸收或者变相吸收公众存款达到刑事法律规定的入罪标准时,其犯罪形态就已达既遂。因而从行为人非法占有目的之主观意图产生的时间来判断,在非法占有目的产生之前的行为可单独构成非法吸收公众存款罪,而后续在非法占有目的支配下所为的集资行为则应以本罪定罪,并数罪并罚。

第四节　集资诈骗罪中被害人过错因素的考量

一、被害人过错理论概述

行为人与被害人是犯罪活动中两个极其重要的角色,二者展现的是犯罪的两个方面,侵害与被害这两种关系。对被害人的研究主要集中于犯罪学中的分支学科——被害人学。根据被害人学的观点,被害人分为广义的被害人和狭义的被害人。广义的被害人不仅包括直接或者间接受到犯罪侵害的自然人、法人和非法人团体等具体意义上的被害人,还包括直接或者间接受到犯罪侵害的国家权力、自然或者社会公益等抽象意义上的被害人。狭义的被害人是指因犯罪行为而受到物质损害和身体及精神损害的自然人。②相比于犯罪学中对被害人角色带来方方面面的影响进行深入研究,刑法学理论中对被害人问题研究较少。刑法学关注的更多

①　参见单晓华:《金融诈骗罪基本问题研究》,中国法制出版社 2007 年版,第 74 页。
②　赵可:《被害者学》,中国矿业出版社 1989 年版,第 2 页。

是行为人这一角色,行为人的行为是否构成犯罪、构成什么犯罪、是否应当承担刑事责任以及承担何种量级的刑事责任。然而,犯罪侵害与被害关系是相互依存的,要判断如何对行为人进行定罪量刑,难以避免地会从被害人角度切入进行考虑。不过,在刑法学中讨论被害人问题,不能简单照搬犯罪学中对被害人的分类,这是因为此处讨论的最终目的是为了更好地对行为人的行为进行合理评价,若容纳进抽象被害人,不利于司法实践的实际考量和适用。因此,刑法学中的被害人,主要指受到犯罪行为侵害的自然人。

明确被害人的范围后,进一步探讨的是被害人这一角色在什么情况下会对行为人行为的定罪量刑产生影响。犯罪并不只是行为人单向行为的结果,在犯罪过程中必然存在行为人与被害人的互动关系,因此,被害人在此过程中的行为举动是影响危害结果发生的重要因素。诚然,正常情况下,社会一般人会进行合乎社会规则的作为或者不作为,以预防他人对自己进行犯罪活动;若进入被害人角色,也会积极与行为人进行对抗,尽最大努力减少损害。但这并不排除有些未进入或已进入被害人角色的人存在出于主观上的故意,通过侵犯他人合法权益等手段,诱发他人的犯罪意图、激化行为人的犯罪程度的行为,或者由于过失违反了谨慎义务,导致自身行为与法益侵害结果的产生存在因果关系。也就是说,被害人在犯罪中很可能起到"诱发犯罪动机、加剧被害后果、强化犯罪意识、创造犯罪实施条件、降低犯罪实施风险"等作用。[1]如此,不仅难以直接得出犯罪是完全归属于行为人的作品的结论,反而还会因为被害人的行为对行为人的刑事责任评价产生实质影响,这些情形又被称为被害人过错,是对被害人行为的否定性评价。但是,并不能因此就随意将被害人在犯罪过程中的所有举动都认为是存在过错的行为。被害人存在过错虽然意味着其自身行为对于法益侵害结果的发生,有一定事实意义上的可归因性,但其并不是刑法的评价对象,对被害人进行不必要的二次伤害也不符合刑法的目的,况且被害人过错的成立,意味着对行为人的定罪量刑产生影响,因此需要严格判断被害人的行为是否能够达到"过错"的程度,即需明确界定被害人"过错"的标准。其一,被害人过错应当与犯罪结果有刑法上的因果关系。虽然犯罪的进程

---

① 张应立:《试论被害人过错与犯罪》,载《福建公安高等专科学校学报》2002年第5期。

与结果的发生掌握在行为人手中,但是被害人的过错行为如果在相当程度上影响了行为人的决定,在判断行为与结果的因果关系链条时,就应当加以考虑。其二,被害人的过错行为需要逾越社会相当性。社会相当性是指社会生活中历史所形成的社会秩序范围内,存在这种秩序所允许的行为。社会相当性的存在并不意味着要对个体行为进行过分束缚,而是要在个体做出不利于社会稳定运转的行为时,以普适的价值对该种行为进行否定评价。如果犯罪过程中,被害人做出了这种能够加之于社会伦理非难的行为即是一种相当性过错,必须为自己施加原因力的行为承担一定的不利责任。

二、集资诈骗罪中的被害人过错问题

（一）集资诈骗罪应当考虑被害人过错的原因

在了解被害人过错理论相关问题的基础上,有必要将该理论融汇进具体犯罪活动中予以讨论,这是因为,被害人过错对于不同犯罪是否都会达到影响定罪量刑的程度,被害人的何种行为才属于不同类型犯罪中的被害人过错,仍需要进一步予以具体判断。在集资诈骗罪中,对被害人是否有过错进行讨论是基于公正立场下的选择,也取决于集资诈骗罪的独有特征。

由于集资诈骗罪是诈骗罪的特殊罪名,因此集资诈骗罪的基本构造同普通诈骗罪一样,也是"行为人实施欺骗行为,被害人因此产生错误认识,并且基于此种错误认识处分财产,行为人或者第三者取得财产,从而使被害人遭受财产损失"。在这个构造中,被害人处分财产的原因是产生错误认识,然而在集资诈骗罪中,行为人实施的欺骗行为不是仅面对一个人进行的,而是面对不特定多数人进行的,例如,以高额利息为条件吸引投资,这就意味着行为人提出的条件会更加具有诱惑性,能够最大程度上抓住不同年龄阶层被害人的心理。进一步讨论集资诈骗罪中应当考虑被害人过错的原因,可以结合以下三种比较具有代表性的刑法理论进行理解。

1. 被害人教义学理论

被害人教义学于 20 世纪 70 年代末在德国问世,是被害人学和刑法教义学结合形成的新理论。被害人教义学是一种从被害人的角度切入来建立不法评价的观点，主张在不法成立与否的判断上不应该只是考虑行为人的作用，被害人的作用更是这种不法判断的关键。这种理论以被害人保护可能性原则和需保护性原则为核心，被害人如果对行为人持有怀疑，并且这种怀疑已达到足以让其放弃向行为人处分自己财产程度，这时候就应当构成能够阻却行为人既遂的因素。在集资诈骗罪中可以体现为，如果行为人向被害人提供了超高利息为条件的借贷请求，此时以社会一般人的角度而言，被害人应当预见到这种借贷行为的危险性。同时，推崇被害人教义学的学者认为，由于刑法具有谦抑性，是调整社会关系的最后手段，对刑法的保护法益和具体内容都需要仔细判断和甄别。①在此前提下，必须尊重被害人的处分自由，不能违背其自身意愿来通过刑法对其法益进行保护，也就是说，不管是对被害人本身有利的权利处分，还是对其不利的权利处分，都应该被纳入尊重的范畴。总结来说，被害人教义学反对刑法保护有自我保护能力的被害人。②

2. 被害人自我答责理论

被害人自我答责理论是德国刑法学界的典型理论，它考虑的是被害人与被告人之间的答责关系。③有学者主张需要对行为人所创设危险发生的领域进行区分答责：发生在行为人管辖领域的行为，因行为人违反刑法规范义务而由他自己负责，发生在被害人管辖领域的行为，因属刑法规范所放任的自由而由被害人负责。就算风险是行为人创设的，但被害人能够控制和主导是否进入风险领域，能够进行风险和回报的判断，能够自由处分财产，也能够在自我管辖领域内追求、放任或忽视法益侵害结果的发生，就不属于他人答责的领域。④在此学说之下，集资诈骗中的被害人应当更偏向于所谓的"参与人"，也就是其作出的投资行为应当被尊重，这是其自我决定权的行使。何况，在集资诈骗案件中，最常见的就是以高额回报为承诺，这种高额回报在正常运转的市场中显然是违背投资规律的。因此，集资诈骗罪中的被害人应对这种自陷风险的行为进行自我答责，而不应该归因于行为人身上。

---

① 申柳华：《德国刑法被害人信条学研究》，中国人民公安大学出版社 2011 年版，第 104、112、236 页。

② 车浩：《被害人教义学在德国：源流、发展与局限》，载《政治与法律》2017 年第 10 期。

③ 张明楷：《刑法学中危险接受的法理》，载《法学研究》2012 年第 5 期。

④ 马卫军：《刑法中自我答责的基本原理》，载《云南大学学报（法学版）》2016 年第 2 期。

3. 犯罪互动理论

犯罪互动理论认为,犯罪不一定都是行为人单方面的作为或不作为,被害人对犯罪的产生和形成也起着很大的作用。根据犯罪互动理论,学者们将以被害人与加害人在犯罪中的互动关系分为不同类型,如被迫被害的犯罪、缺席被害的犯罪和交易被害的犯罪。在交易互动型中,被害人是在面对面与加害人进行交易的情况下受到侵害,因而是被害人有机会但没有有效运用自身判断力的情况下对犯罪侵害的积极服从。[①]犯罪互动理论将犯罪者中心主义进行扭正,肯定了被害人在犯罪过程中所起的作用,如被害人自冒风险行为就属于犯罪互动模式中一种较为常见的类型,被害人不再如以往那般被视为消极被动的受害对象,而是犯罪活动的积极参加者,因此极有可能导致犯罪人刑事责任的减免。具体到欺诈型犯罪领域,被害人贪利、疏忽甚至放任的心态对犯罪的发生和得逞起着较大的推动作用。这意味着,欺诈型犯罪的被害人比其他暴力型的侵犯财产罪中的被害人更可能作出影响行为人犯罪实施的行为。[②]

综上所述,在集资诈骗罪中考虑被害人的行为,判断是否存在被害人过错,以致对行为人的定罪量刑造成影响是十分有必要的。

(二)集资诈骗罪中被害人存在过错的具体表现

要判断集资诈骗罪中是否存在被害人过错,需要根据集资诈骗案件中被害人的常见表现,梳理出集资诈骗罪中被害人的一般行为。在此基础上,结合行为人常见的欺诈内容,对被害人存在过错的具体表现进行归纳。

根据集资诈骗罪的犯罪构造,被害人在整个犯罪过程中最重要的行为就是"产生错误认识,并基于此种错误认识处分自己的财产"。换言之,这也是被害人可能产生过错行为之处。由于行为人实施的欺骗行为不同,被害人对此的认识能力也不尽相同,因此不同被害人产生的错误认识内容和程度大小也有所不同,对此,可以分为被害人陷入完全错误认识和陷入部分错误认识两种情形。至于行为人欺骗行为的实施对象(此时已经不能称其为被害人)没有陷入错误认识的情况,例如一些专业的

[①] 白建军:《从犯罪互动看刑罚立场》,载《北大法律评论》2003 年第 5 期。

[②] 陈荣飞、肖敏:《融资与投资错位互构下的被害人自冒风险——基于集资诈骗罪视角》,载《兰州学刊》2017 年第 9 期。

高利放贷者或者投机者，由于熟知行为人的财务情况，或者对于行为人提供的吸引投资的相关虚假资料已做了调查，但仍然出于投机心理故意迎合行为人的行为，处分自己的财产最终遭受财产损失的，笔者认为，此种情形从根本上就不符合"基于错误认识处分财产"的条件，其完全是基于自己的意志处分自己的财产，行为人的欺骗行为沦为被害人掩护自己投机心理的保护壳。行为人此时不满足集资诈骗罪的构成要件，无法构成集资诈骗罪。甚至，此种情况下的投资人还存在从犯罪实施对象向犯罪参与人角色转变的可能。因此，在讨论集资诈骗中的被害人过错行为时，不考虑这部分情形。与此同时，对于陷入完全错误认识的被害人来说，他们对行为人的所作所为从始至终没有产生怀疑，行为人的行为完全符合集资诈骗罪的构成要件，可以构成集资诈骗罪，此时应当认为不构成被害人过错。这是由于在集资诈骗案件中，有相当一部分集资参与人是年龄较大的退休人员，这些人利用自己的退休金、养老金或者闲余工资进行投资，希望能够发挥小钱的作用。若文化程度不高，加上没有金融市场的投资经验，在行为人"花言巧语"和"高回报"的圈套诱导下，很容易上当受骗，在此情况下，这些被害人没办法对行为人提供的虚假信息进行辨别，也不能苛责其产生一定程度的怀疑，因此笔者认为，被害人陷入完全错误认识的情形也不应纳入被害人过错的讨论。也就是说，在排除了这两种情况之后，集资诈骗罪中真正可能存在和成立被害人过错的情况，是被害人陷入部分错误认识的情形。

被害人陷入部分错误认识，通俗地说，就是对行为人的所作所为产生怀疑的心态。行为人与被害人进行信息交互时，被害人会运用自己的经验和逻辑对行为人主张的事实进行判断和认知，这是一个从"未知"到"信任"的过程，囿于被害人的个人因素，可能导向被害人完全信任，也可能导向被害人拒绝信任，但很多情况下被害人会对诈骗的内容怀有不确定的内心感觉，产生将信将疑的心理，即徘徊于拒绝和接受之间的认识状态，这就是被害人怀疑。被害人怀疑还存在程度的不同，可以根据程度的不同对其进行更为具体的划分。德国学者哈赛默将被害人怀疑分为模糊怀疑和具体怀疑。[①]被害人的模糊怀疑是指被害人对行为人虚构的事实或隐瞒的真相并非完全确信，但是无法具体说出怀疑之处，也不具有查证真实性的能力。被

---

① 申柳华:《德国刑法被害人信条学研究》，中国人民公安大学出版社 2011 年版，第 360 页。

害人具体怀疑是指被害人对于行为人的欺诈行为以及欺诈事项产生特定内容的具体怀疑,但是仍然放任这种欺诈行为的继续进行,并且向行为人处分自己的财产。

　　参照此种分类,并结合集资诈骗罪的案件特点,笔者认为,仅将此处的被害人怀疑简单划分为模糊怀疑与具体怀疑两类过于笼统。应当将其扩展为从最模糊到最具体的怀疑程度范畴,在该范畴中,通过考察决定怀疑程度的具体因素,从而决定具体被害人在范畴中所处的"位置"。决定怀疑程度有两大因素:查证意愿强烈程度和客观可能性大小。一方面是查证意愿强烈程度,是指被害人对行为人所主张的集资理由和条件进行查证和检验的意愿有多大。例如,行为人虚构投资开发项目吸引投资,在进行投资之前,投资人可以对该项目背景和是否审批备案进行相关调查。然而,被害人自身情况,如生活经验水平和辨别真假的能力;行为人自身形象,如过往的信誉和行为;行为人与被害人之间的关系,如是否认识、是否为亲戚关系等都会影响被害人查证意愿。另一方面是客观可能性,这是指被害人有没有能力和可能对行为人所提出的事项进行查证。例如,集资诈骗的经典套路,行为人承诺高额返本付息借取贷款,此时贷款人对国家规定的利率可以进行便捷的查阅、查证的客观可能性大。再如,对于一些经验丰富的投资人或者专业放贷者,他们所拥有的专业知识和社会资源能够较为轻松地对行为人提出的事项进行求证,但如果行为人利用此点,编造一些较为小众的投资项目或者以较为弯绕晦涩的语言进行欺诈,很可能就会让广大意欲投资的人难以对其进行验证,查证的客观可能性也就相应降低。综合以上两个主观和客观因素,就可以判断被害人应当产生的或是说对应的合理怀疑程度。如此,若被害人怀疑程度很高,却仍然决定交付财物,说明贪利心理和投机心理越强,违反了其应有的谨慎义务。根据前文提到的相关理论,被害人怀疑的程度提高和处分自己财产之间的关系,体现了被害人自我决定意识的强烈程度提高,处分自己财产法益的意愿提高。这种情况下,刑法则越需要尊重其自主意志,就降低了被害人的需保护性,从而越减轻行为人的责任,由被害人承担应当由其负责的部分损害结果,最终降低对行为人的量刑。

　　(三)集资诈骗罪中的被害人过错对定罪量刑的影响

　　1. 被害人过错对集资诈骗罪定罪的影响

　　如果行为人的行为符合集资诈骗罪的构成要件,那么该探讨的就是,被害人过错能否随着程度的变化对行为人的不法产生影响？上文提到,被害人过错适用的理论在犯罪阶层体系中是不法阶层中研讨的理论,那么被害人过错这一影响定罪的因素自然也存在于不法阶层之中。然而,被害人过错能否排除行为人的不法值得商榷。这是因为,被害人过错一般产生于行为人实施不法行为之后,此时行为人的行为就算没有侵害财产法益,但也已经侵犯了国家金融管理秩序,具有社会危害性。被害人陷入错误认识的程度,此时可以在行为人不法的程度上进行探讨,但是无法直接排除不法。

根据上文阐述的集资诈骗罪中被害人过错的具体表现,总结而言,对于集资诈骗案件中存在被害人过错的情况,如果全体被害人都属于完全没有陷入错误认识的情况,则行为不符合集资诈骗罪的构成要件,行为人不构成集资诈骗罪,但由于行为人的行为侵害了国家金融管理秩序,可能构成其他罪名;如果被害人中只有部分属于完全没有陷入错误认识的情况,其他属于部分陷入错误认识或者完全陷入错误认识的情形,那么行为人构成集资诈骗罪。

2. 被害人过错对集资诈骗罪量刑的影响

在讨论被害人过错对集资诈骗罪量刑的影响之前,应当明确此处讨论的前提。即根据上文论述,如果案件中的所有被害人均为完全没有错误认识,那么行为不构成集资诈骗罪,也就不需要考虑集资诈骗罪的量刑,在计算数额时,也不需要将这一部分人受损的财产数额计入其中,只计算部分和完全陷入错误认识的被害人之财产受损数额;如果被害人存在有部分或者完全陷入了错误认识的,那么行为仍然构成集资诈骗罪。但是,在被害人完全陷入错误认识的情形下,由于被害人对行为人有完全信赖,此时行为人的欺骗行为和被害人处分财产的行为存在最高程度上的因果关系,因此没有理由减轻或者从轻行为人的量刑。

从这类被害人角度而言,在对行为人有怀疑的情形下还处分自己的财产,其财产受损的结果实际上是自身过错和行为人的行为叠加产生的结果。既然如此,被害人财产法益受到侵害的结果部分归责于自身并不过分。从行为人的角度而言,被害人过错程度如果并非达到完全没有错误认识的地步,但其还是在一定程度上影响了结果的发生,同等既遂的条件下,与被害人没有过错的集资诈骗犯罪人相比,可以从轻或者减轻量刑,具体的从轻或者减轻幅度,应当在个案中根据被害人陷入错误认识的程度进行具体衡量,从而从轻或减轻量刑。

三、集资诈骗罪中被害人过错理论适用的现状及完善建议

从上文所述可以发现,被害人过错在集资诈骗罪中的适用不仅有充分的理论支撑,还有值得适用的空间,并且可以根据不同情况细化成不同类型。更重要的是,集资诈骗案件中依据被害人存在的不同程度的过错,根据法理和刑法的基本原则,当然会对行为人定罪量刑产生影响。

(一)司法实践中对集资诈骗被害人过错适用的现状及存在问题

1. 关于被害人过错的相关法律匮乏

目前,被害人过错这一对定罪量刑会产生影响的情节在我国刑法中并没有明确的规定或体现,只零星见于一些司法解释中。1999 年最高人民法院发布的《全国法院维护农村稳定刑事审判工作座谈会纪要》提出,在故意杀人、故意伤害案件中,"对于被害人有明显过错或对矛盾激化有直接责任,或者被告人有法定从轻处罚情节的,一般不应判处死刑立即执行"。可以看出,被害人过错是可以作为酌定量刑情节适用的。最高人民法院于 2009 年发布修订的《人民法院量刑指导意见(试行)》中第 11 条规定:"对于被害人有过错或者对矛盾激化负有责任的,应当综合考虑案发的原因、被害人过错的程度或者责任的大小等情况确定从宽的幅度。"该规定将被害人过错全面覆盖在了所有犯罪的适用上。然而,2010 年最高人民法院关于印发《人民法院量刑指导意见(试行)》通知中,新版本的量刑指导意见删去了关于被害人过错的规定。后这份指导意见被废止,由《最高人民法院关于实施量刑规范化工作的通知》代替,但也未规定被害人过错相关内容。2007 年最高人民法院发布的《关于为构建社会主义和谐社会提供司法保障的若干意见》第 18 条规定:"对于因婚姻家庭、邻里纠纷等民间矛盾激化引发的案件,因被害方的过错行为引发的案件,案发后真诚悔罪并积极赔偿被害人损失的案件,应慎用死刑立即执行。"将被害人过错的适用扩展至故意杀人罪限制死刑立即执行之外的其他犯罪中。2013 年最高人民法院发布的《关于办理敲诈勒索刑事案件适用法律若干问题的解释》的第 6 条第 2 款规定:"被害人对敲诈勒索的发生存在过错的,根据被害人

过错程度和案件其他情况,可以对行为人酌情从宽处理;情节显著轻微危害不大的,不认为是犯罪。"这一规定直接表明了被害人过错成为了敲诈勒索罪的酌定量刑情节。但是这一规定也仅针对敲诈勒索罪。另外,在刑法的一些法条规定中,可以认为隐含将被害人过错纳入考量的意味,例如罪刑相适应原则、正当防卫制度、交通肇事罪中的责任等。

然而,对于集资诈骗罪来说,在现行刑法条文和相关司法解释中并不能找到有效的适用点,至多可以套用"罪刑相适应原则"。现行最高人民法院、最高人民检察院《关于常见犯罪的量刑指导意见(试行)》和 2021 年 12 月 30 日新修改的《非法集资解释》中,对于集资诈骗罪的量刑指导意见和应用解释,也没有体现被害人过错这一量刑情节。这种适用法律匮乏的情况让集资诈骗罪的定罪量刑少了一个重要的具有参考价值的因素。

2. 集资诈骗中的被害人过错行为被多阶段忽视

当前我国在侦查和审理集资诈骗案件时并未系统规范地对被害人过错进行适用。以几个著名的集资诈骗案件为例,可以看出我国对集资诈骗中行为人和被害人的互动性和被害人对案件事实的认识程度几乎持忽视的态度。例如,著名的吴英案,2005 年至 2007 年,吴英以高额利息为诱饵,以投资、资金周转等名义,先后从 11 人处非法集资人民币 7.7 亿元,用于偿还本金、支付高额利息、购买房产与汽车及个人挥霍等,实际集资诈骗人民币 3.8 亿元。2009 年 10 月 29 日,一审法院认为,被告人吴英以非法占有为目的,隐瞒事实真相,虚构资金用途,以高额利息或高投资回报为诱饵,骗取集资款人民币 77 339.5 万元,实际集资诈骗人民币 38 426.5 万元,数额特别巨大,其行为不仅侵犯了他人的财产所有权;而且破坏了国家的金融管理秩序,已构成集资诈骗罪。判决被告人吴英犯集资诈骗罪,判处死刑,剥夺政治权利终身,并处没收其全部个人财产。被告人吴英违法所得予以追缴,返还被害人。[1]2012 年 1 月 6 日浙江省高级人民法院二审维持原判。最高人民法院经复核认为,综合全案考虑,对吴英判处死刑,可不立即执行,裁定发回浙江省高级人民法院重新审判。2012 年 5 月 21 日,浙江省高级人民法院经重新审理后,综合考虑,

---

① 浙江省金华市中级人民法院(2009)浙金刑二初字第 1 号刑事判决书。

对吴英判处死刑,缓期二年执行。①作为 2012 年度人民法院十大案例之一,吴英案无疑引起了社会各界的广泛讨论,其中就有一争议点落脚于被害人过错问题。该案中,吴英直接非法集资的 11 个人还发展了 100 多个下游集资对象,如此"能力"表明这些人应当是一群经验丰富的放贷者,对投资放贷过程和风险的熟悉度,以及群众"风险越大收益越高"的普遍认知让他们准确拿捏了下游集资对象的心理,以较低利率收取资金再转手以高利率借给吴英,从而赚取差额利率。然而,本案中报案的也是这群人——在吴英无力偿还这些借款之后,他们的角色从相对于下游集资对象而言的集资人摇身一变成了相对于吴英而言的集资诈骗罪受害人。其实细究可以发现,吴英缺乏注册资金、投资期货、投资石油等借款理由,只要通过查看公司财务报表、个人征信报告等简易的方式稍加辨别,就很容易发现其中的破绽。对应前文论述提到的集资诈骗罪中被害人过错的具体表现,作为经验丰富的放贷者,其查证真伪的可能性很高,但是查证的意愿却很低,此处的被害人怀疑程度应当达到了最高级别,其财产权受到损害的结果应当部分归责于自身行为。

然而,不论是在取证阶段还是审判阶段,被害人过错的情节都被忽视了。在集资诈骗罪的取证阶段,侦查人员偏重于对集资诈骗行为人罪证的收集,而忽略了行为人和被害人之间的互动性,不会对被害人存在过错的相关证据予以重视和收集。从行为人角度出发,囿于自身方面的限制,无法有效对被害人的过错行为进行取证。如此,被害人过错在取证阶段就难以打下作为量刑情节的证据基础。

到了审判阶段,集资诈骗罪量刑常参考的情节主要有数额特别巨大、损失严重、自首、认罪认罚和悔罪态度等。一般来说,对于被告人提出的以被害人过错为理由对其进行从轻处罚,法院至多稍加考虑,但更多是驳回和忽视。究其原因,无非是法院重点考虑和优先使用有法律明文规定的或者司法实践中常用的量刑情节,对于被害人过错这种法律没有明文规定且审判中适用不多的量刑情节持谨慎保守态度。在此影响下,被告人一方很可能会意识不到被害人过错对自己行为的作用,也不会试图提出这一量刑情节。

---

① 浙江省高级人民法院(2012)浙刑二重字第 1 号刑事判决书。

（二）对集资诈骗罪适用被害人过错理论的完善建议

1.集资诈骗罪中适用被害人过错情节的立法设想

（1）将被害人过错规定为法定量刑情节

如上文所述，被害人过错在我国现行法律和司法解释中并没有明确的规定，然其对定罪量刑的影响已不言而喻。为了根据犯罪行为人在犯罪过程中的具体表现，对其行为的性质和危害程度作出更加精准的判断，继而对其施以更加合适的刑罚，在刑法中将被害人过错规定为法定量刑情节十分必要。因此笔者建议，在现行《刑法》第四章中增设关于被害人过错作为法定量刑情节的规定。

（2）细化集资诈骗罪中适用被害人过错情节的规则

在《刑法》总则部分对被害人过错作出一般的量刑规定后，需要通过司法解释或者其他指导量刑的规范性文件，结合集资诈骗罪的常见情形和不同类型的被害人过错，对集资诈骗罪中适用被害人过错这一法定量刑情节的具体规则作出进一步的规定，为司法实践中适用被害人过错作为影响量刑的情节提供统一而合理的参考标准，同时提高可操作性。

在此，笔者根据前文对集资诈骗罪中被害人过错行为的分析，试提出如下量刑规则。由于实践和具体案件中的相关因素较多，因此笔者罗列出的只为具有代表性的因素，对于未列举出的情况，应当在司法实践中进一步具体分析。

表1　影响被害人过错的因素对量刑的作用程度

	具体因素	具体情况		对应等级
被害人查证意愿	被害人自身情况	未涉猎投资领域		A
		曾经或者正在进行普通投资		B
		专业投资人		C
	行为人自身情况	行为人信誉	优秀	A
			良好	B
			较差	C
		行为人与被害人的关系	熟识	A
			仅认识	B
			不认识	C

具体因素		具体情况	对应等级
客观可能性	投资回报率（实际年利率）	≤一年期贷款市场报价利率的4倍	A
		超过一年期贷款市场报价利率的4倍，36%以下	B
		>36%	C
	被害人的参与程度	仅出资	A
		有机会了解项目情况	B
		能参与到相关业务中	C
	被害人查证途径	毫无途径	A
		存在一些途径	B
		查证十分便利	C

如表1所示，笔者根据影响被害人过错的因素，即被害人查证意愿和客观可能性，再延伸出两大因素中的具体条件，再结合集资诈骗罪的典型案例，细化具体情况。表中"对应等级"指的是该种具体情况对应的是在此条件下被害人过错的程度，其中从A到C表示程度由轻到重，对应量刑从轻或者减轻的幅度由小到大。

在被害人查证意愿因素中，可以从被害人自身情况和被害人视角下的行为人这两个角度切入。对于被害人自身而言，如果是未涉猎投资领域的，自然难以通过自身经验对行为人编造的项目进行初步判断，更加容易听信行为人的花言巧语；如果是身处投资市场中的普通投资人，虽然可能并没有相当专业的知识，但也能对一个新接触到的投资项目有初步判断，能够大致理解行为人所言，但也有一定的可能在行为人的欺骗下产生误判；如果被害人是专业的投资人，那么其对行为人提出的投资项目，相对于前两种被害人来说一定拥有最直观清楚的了解和判断，同时在投资前对于所欲投资项目的评估意愿和谨慎程度自然应当更强。因此，专业知识越丰富、投资能力越强，被害人查证的意愿应当越强，若其相反地不愿查证行为人主张的事实，则意味着其过错程度越高。除去被害人自身情况，在行为人与被害人"互动"过程中，被害人查证意愿也会受到其认知里的行为人形象以及其与行为人关系的影响。集资诈骗中的行为人往往拥有一个企业家、专业投资人、老板等人设,但事实可能并非如此,更多时候是其刻意伪装或打造的,目的是使得被害人误以为其投资能力强、可靠程度高。行为人形象越可靠,越容易获得被害人信任,被害人查证意愿便随之越弱,其过错程度越低。而与行为人形象关联最为紧密的要素是其过往的信誉,如果其过往信誉优秀,没有不良记录,加上其描绘的"商业蓝图",被害人一般没有怀疑的理由,查证的意愿也会随之减弱。另外,行为人与被害人之间的关系也会影响被害人对行为人的信任程度。一般人对于越亲近和熟悉的人信任程度越高,而对于不认识的人常常会有天然的抵触和警惕心理,因此行为人与被害人之间的关系从熟识到陌生,也会让被害人想去探究行为人是否在欺骗的意愿由弱到强。

在客观可能性的考察中,主要以投资回报率、被害人参与程度以及被害人查证途径为条件进行进一步分级。第一项是投资回报率,在民法中,最高人民法院发布的《关于审理民间借贷案件适用法律若干问题的规定》对法律所保护的利息限制在中国人民银行授权全国银行间同业拆借中心自 2019 年 8 月 20 日起每月发布的一年期贷款市场报价利率的 4 倍之内。超过 LPR 的 4 倍,也就是俗称的"高利贷"。而在刑法中,最高人民法院、最高人民检察院、公安部、司法部联合发布的《关于办理非法放贷刑事案件若干问题的意见》规定的非法放贷承诺的利率应有"超过 36％ 的实际年利率"。虽刑法和民法目前在利率上的认定不一致,但由于此处是从被害人的角度对回报率进行判断,并不是要对行为人对是否符合非法放贷进行评价,因此不妨碍判断。在日常生活中,利率达到多少为"高利贷",比利率达到多少会构成犯罪更加为人所知。如果行为人提出的回报率在 LPR 的 4 倍之上,被害人明知此时的回报率远高于正常投资,达到了等同于高利贷利率的回报率,超过了法律保护的范围,是明显不符合正常投资规律且不合法的,还配合出资,足以体现其投机心态,同时对行为人可能实施非法行为是有认识的,存在一定的过错。不过,以去年发布的一年期 LPR 3.85％ 的 4 倍,即 15.4％ 为例,仍远在刑法规定的 36％ 之下,如果行为人提出的回报率高于 36％,被害人此时还同意出资,就说明被害人的贪利心理甚至达到了刑法入罪的门槛般的高度,此时被害人的过错程度达到了最高。当然,集资诈骗案件中也可能存在行为人不以高利率为条件吸引集资,而可能是以其他形式吸引资金,此时,在投资回报率这一考量项中,被害人过错程度最轻。总结而言,行为人承诺回报率越高,被害人的过错程度越高,越可以从轻或减轻量刑。第二项是被害人参与程度,具体指的是被害人是否有机会、有条件对投入的资金进行后续跟踪。例如,行为人以所经营的公司需要资金运转为由集资,此时如果有被害人能有机会接触到行为人公司业务,如在被告人公司任职、与被告人公司有经济往来等,就比其他被害人更具备发现行为人正在诈骗的可能,其需刑法保护性也较低。此时被害人若不利用这些便利条件,怠于查找真相,可以认为被害人存在过错。如果被害人不具备职务上的便利,但是能够通过其他一些途径探知项目情况,如参加公司组织的推介会等,被害人选择放弃的,亦可以由此漠不关心的态度,判定其存在一定过错。①第三项是被害人是否存在查证途径,此处的查证途径与前文的途径侧重点略有不同,侧重的是专业领域的查证途径和手段,与被害人是否具备专业投资经验和知识相挂钩。投资经验越丰富、专业知识越充足,查证途径和手段一般就会越丰富和可靠,能够查明真相的可能性越高。若有条件而怠于利用条件进行投资前的谨慎调查,导致最后因陷入错误认识而处分财产,那么损失的财产由自己的不谨慎负责并不为过。

---

① 汪明亮、唐韵:《非法集资案件审理中的被害人过错因素》,载《法律适用》2020 年第 11 期。

第五章　套路贷行为的刑法规制

在非法放贷行为中,套路贷是一种披着民间借贷外衣的违法犯罪行为。近年来,我国套路贷违法犯罪行为频繁出现,并且与黑恶势力关联,不断呈现出集团化、多样化的发展趋势。准确认定套路贷犯罪,有力惩处套路贷犯罪,既是当下扫黑除恶专项斗争的重要内容,也对维护社会经济生活秩序、保障公民的合法权益有着至关重要的意义。

第一节　套路贷行为概述

一、套路贷行为的概念与特征

(一)套路贷行为的概念

所谓"套路贷"并非一个法律概念或政策,也不是一个独立的罪名,而是在办案实践中对假借民间借贷之名非法占有他人财物的这一类犯罪行为的概括性称谓。在2019年4月9日之前,关于套路贷行为并无一个统一的概念,且对该类行为的行为特征也无相应的描述。直至2019年4月9日最高人民法院、最高人民检察院、公安部、司法部《关于办理"套路贷"刑事案件若干问题的意见》(下文简称《"套路贷"意见》)根据套路贷行为常见的手法与步骤,对套路贷行为及其特征作出了相应的规定。根据该意见的规定,"套路贷"是指以非法占有为目的,假借民间借贷之名,诱使或迫使被害人签订借贷或变相借贷、抵押、担保等相关协议,通过虚增借贷金额、恶意制造违约、肆意认定违约、隐匿还款证据等方式形成虚假债权债务，并借助诉讼、仲裁、公证或者采用暴力、威胁以及其他手段非法占有被害人财物的相关违法犯罪活动。从这一对套路贷犯罪行为的描述可知，"套路贷"的核心在于通过欺诈、胁迫等系列犯罪手法，形成行为人与被害人之间虚假的债权债务法律关系，并通过诉讼、仲裁、暴力、胁迫等手段，最终将虚假的债权债务法律关系予以实现，借此获利。

（二）套路贷行为的特征

如上所述，套路贷行为为了实现非法占有目的，采用欺诈、胁迫等手段使行为人与被害人之间形成虚假的债权债务关系，进而通过诉讼、仲裁、暴力、胁迫等手段，最终将虚假的债权债务法律关系予以实现。此类行为因为给非法占有的目的披上了合法债权债务关系的外衣，使得其犯罪行为更具有隐蔽性与欺骗性，司法机关在案件办理过程中往往难以辨明，从而增加更多的司法成本，更难以实现对被害人的救济。因此，套路贷犯罪往往比一般的诈骗、敲诈勒索等犯罪所具有的社会危害性更大。《"套路贷"意见》对套路贷作出了较为详细的界定，从其规定就可以归纳出套路贷犯罪的几个特点，具体如下。

第一，套路贷行为具有目的的非法性，以非法占有为目的。在套路贷行为中，行为人是以非法占有被害人财物为目的实施借贷行为的，所谓的借贷只是行为人非法占有他人财物的幌子，行为人以借贷之名行非法占有他人财物之实。非法占有目的与营利目的有着本质的区别，非法占有目的是指无对价地取得他人财物，它是在行为人客观上实施欺骗行为的基础上的主观违法要素。[1]如果行为人只是通过放贷行为获取利息收入，即便利息收入较高或并不合理，其主观上也只体现为具有营利目的，其与套路贷犯罪中行为的非法占有目的有所不同。非法占有目的是构成侵犯财产犯罪的重要特征，行为人主观上是出于非法占有目的还是营利目的，是正确认定行为人的行为属于套路贷犯罪，还是民间借贷中的民事欺诈的重要环节。虽然在有些高利贷行为之中也存在非法讨债的行为，但套路贷犯罪与高利贷中的非法讨债行为也有所区别，高利贷中非法讨债行为虽然也采用非法手段实现

---

[1] 参见陈兴良：《套路贷犯罪研究》，载《法制与社会发展》2021年第5期。

高收益,行为人主观上虽然也具有逐利的心理,意图牟取高息收益,但与套路贷行为依然存在区别,高利贷过程中非法讨债行为的行为人虽谋求高息收益,但其主观上还是追求借款人正常还贷,并不具有非法占有他人财物的故意,其行为性质依然属于民间借贷行为。非法索要债务的手段行为若构成其他犯罪的则应根据具体事实定罪处罚,与套路贷有所区别。

第二,套路贷行为具有欺骗性与迷惑性。如上所述行为人主观上具有非法占有的目的,所谓借贷只是幌子。也即行为人在实施套路贷行为过程中往往假借借贷的合法外观,掩盖其行为的刑事违法性。在司法实践中,行为人常见的以小额贷款公司、车贷担保贷款公司、网络借贷平台等载体,以手抄贷、招工美容贷、捆绑搭售保险、车辆担保贷等各类合法的民事行为为由,引诱被害人进行借款。[①]可见,套路贷行为明显具有欺骗性与迷惑性,以此实现借用合法的借贷外观或民事违法行为来掩盖侵财行为的刑事违法性。

第三,套路贷行为的手段具有多样性与多变性。套路贷行为手段的多样性与多变性主要体现在两个方面,一方面是行为人与被害人之间形成虚假的债权债务关系,行为人为了与被害人之间形成虚假的债权债务关系,往往会采取欺诈、胁迫等各种手段。另一方面是行为人讨债手段具有多样性,即实现债务时所利用的手段具有多样性。行为人为了实现非法占有的目的,在被害人未按照要求交付财物时,往往会借助诉讼、仲裁、公证或者采用暴力、威胁以及其他手段向被害人强行讨债,以此实现对被害人财物的非法占有。

第四,套路贷行为在法律性质上具有交叉性与复杂性。由于套路贷行为经常以民间借贷为外衣,因此在很多情形下容易出现民事违法性、行政违法性与刑事违法性的交叉,进而使得套路贷犯罪案件也往往属于典型的刑民交叉案件或刑行交叉案件。套路贷行为法律性质的复杂性主要体现在两个方面,一是,套路贷犯罪常与黑恶势力犯罪联系在一起,从而具有一定的组织性、暴力性与经济性,使其行为的法律性质具有复杂性。二是,由于套路贷行为在构成上本身是由设立虚假债权与实现虚假债权等多个违法行为和多种违法手段组成,因此常常触犯数个罪名,进

---

① 课题组:《"套路贷"案件办理的刑法适用困境与出路》,载《海峡法学》2020 年第 4 期。

而引发牵连犯、想象竞合犯、数罪并罚等问题。

（三）套路贷行为的行为构造

套路贷行为作为司法实践中常见的一类犯罪，已有学者对其犯罪手法和步骤进行分析。套路贷犯罪的客观行为具备一定的逻辑顺序与相对稳定的犯罪手法与步骤，主要包括五大要素：制造民间借贷假象——制造银行流水——肆意制造或认定违约——恶意垒高债务——软硬兼施索债。[①]司法实践中，套路贷行为主要体现在这五个套路环节上，各环节往往环环相扣、层层递进。从套路贷的犯罪步骤可以看出套路贷行为的行为构造，主要可以分为三大环节，一是虚假债权的设立行为；二是恶意制造违约行为；三是虚假债权的实现行为。笔者将在下文详细对其行为构造予以分析。

1. 虚假债权设立行为

虚假债权设立的行为即制造民间借贷的假象，是套路贷行为的主行为，也是套路贷行为的第一个环节和必经环节。在套路贷案件中，行为人并非真实地放贷，而只是将行为伪装成民间借贷行为，事实上则是意图假借借贷之名实施诈骗行为。设立虚假的债权是套路贷行为的关键环节，如果行为人并没有设立虚假的债权，而只是在民间借贷行为中制造不利于借款人的条件，则不能构成套路贷。在套路贷中，设立虚假债权之前，行为人通常会有引诱借贷的行为。所谓引诱借贷，是指夸大贷款的优惠条件，甚至采用欺诈手段，诱惑他人进行借贷的情形。行为人在实施套路贷行为前常会通过各种渠道投放借款要约邀请，如通过微信、微博等网络社交平台及游戏等热门网页进行线上宣传，以张贴广告、中介介绍、定向拨打电话等手段进行线下推广，以"无利息、无担保、无抵押"等虚假宣传广告作为诱饵，吸引急需用钱但一时难以通过正规渠道融资的被害人上钩。被害人一旦接受"要约邀请"，就会被引诱到"套路贷"公司或者其开设的网络平台签订借款协议，并在借款协议的"借款金额""借款主体""还款方式""违约条款"等重要约定事项上设置陷阱，使得借款金额虚高。在引诱借贷的情况下，行为人虽然实施了欺诈行为，但客观上存在真实的借贷内容，即行为人并没有虚设债权，因而其行为不能构成套路贷诈骗

---

① 参见彭新林：《论"套路贷"犯罪的刑事规制及其完善》，载《法学杂志》2020 年第 1 期。

罪,而是一种民间借贷中的民事欺诈行为。因此,在套路贷行为中行为人利用诈骗手段设立虚假债权是必不可少的环节。在设立虚假债权的过程中常见的套路贷手法主要的砍头息、制造银行流水和虚增借贷金额。

首先,在套路贷中常见以砍头息的方式设立虚假债权。所谓砍头息是指出借人在发放借款的时候,先将借款期间的利息从借款中一次性地扣除。砍头息使借款人提前将利息归还给出借人,通常会对借款人产生不利后果。我国原《合同法》和最高人民法院发布的《关于审理民间借贷案件适用法律若干问题的规定》都有关于砍头息的禁止性规定,可见,砍头息是违法的。《民法典》第670条明确规定:"借款的利息不得预先在本金中扣除。利息预先在本金中扣除的,应当按照实际借款数额返还借款并计算利息。"然而,在实践中,砍头息在民间借贷中仍然非常盛行,甚至已经成为民间借贷中的潜规则。当下,在出借方市场的条件下,借款人通常不得不接受砍头息,否则就很难借到钱款。对于收'砍头息'的现象,如果行为人预扣的利息、收取的费用是基于借贷双方的约定,借款人对于扣除的利息、收取费用的金额也心知肚明,出借人之后也没有实施故意制造违约、恶意垒高借款等行为,则不宜轻易认定为诈骗罪。

其次,在设立虚假债权的过程中,为了使套路贷行为能够披上民间借贷的外衣,行为人往往会刻意制造银行流水的痕迹,即通过制造资金走账流水痕迹,形成按照借款协议履行放款义务的假象,从而为后续肆意制造或认定违约奠定基础。同时,行为人还会通过制造银行流水的痕迹固定行为人将虚高的借贷金额借给被害人的证据,为之后进一步实施非法索取债务、非法占有被害人财物奠定基础。通常情况下,行为人在制造民间借贷的假象后,会将虚高借款金额转入被害人提供的银行账号,从而形成银行转账与借款合同一致的流水证据,然后再要求被害人到银行柜面提现后返还虚增部分的现金。①除了虚增借贷数额,行为人在这一过程中还经常以索要服务费、平台费、手续费等方式,进一步削减实际放贷的金额。

最后,在套路贷中必不可少的重要一步是虚增借贷金额。虚增借贷金额也被称为恶意垒高借款。实践中,行为人虚增借贷金额主要通过介绍被害人"转单平

---

① 参见彭景晖:《识破"套路贷"的套路》,载《光明日报》,2019年2月27日。

账"或者"以贷还贷"等手段进行。具体来说,在被害人无力还款或者"违约"时,不法分子往往又会向其热情推荐"另一家"贷款公司或者新债权人,让其向新的贷款公司或者新债权人借钱平账,其实新的贷款公司或者债权人仍然是"套路贷"犯罪团伙控制的公司或者团伙成员。在巨额违约利息以及索债的巨大压力下,很多被害人不得不再次签订新的借款合同,而新的借款合同的金额和利息明显高于之前的借款合同。之后,不法分子再重复上演虚增债权、阻挠还款、肆意认定违约等套路,通过反复压榨,让被害人的原始债务被数倍放大,不断虚增借贷的数额,使被害人财产被"榨干殆尽"。

2. 恶意制造违约行为

在套路贷行为中,行为人通常会恶意制造或认定借款人违约的情形,其目的主要在于为最后非法侵占被害人财物提供"借口"。恶意制造或认定违约的行为在套路贷行为中往往是一个承上启下的环节,在设立虚假债权的过程中行为人固定了银行流水痕迹等虚假给付事实的证据,在之后的环节中需要通过恶意制造或认定借款人违约的情形才可能最终实现非法占有他人财物的目的。恶意制造或者认定借贷人违约还通常与恶意垒高债务的行为相互交织,行为人通过恶意制造或认定借贷人违约迫使被害人通过前述"转单平账""以贷还贷"等方式又不断虚增债权,以达到最终最大程度地非法占有被害人财物的目的。具体来说,行为人在制造资金银行流水痕迹等虚假给付事实后,不法分子往往会设置违约陷阱或者制造还款障碍,故意造成被害人违约或者肆意认定被害人违约,要求偿还虚高债务。例如,在被害人依约定时间履行还款义务时,不法分子或以平台升级、系统故障等为托词,或者以出差在外等为借口故意失联,使被害人无法正常还款,进而利用合同约定肆意解释违约条款及相应罚则,认定被害人违约,并要求偿还巨额"债务"。还有些行为人在借款协议中将履约条款规定得十分严苛,如将还款日期精确到某月某日某时某分;或者在贷款协议中将违约条款和违约后罚金的计算规则描述得十分模糊;或者在贷款协议中故意隐瞒违约的认定情形及相应罚则,等等。上述这些情形使得被害人极易造成"违约"的结果,进而要求被害人承担贷款协议中约定的不利后果。行为人在与被害人签订借款协议时,行为人就已经为之后肆意认定违约的行为预设了各种陷阱和提供相应的便利。

3. 虚假债权实现行为

虚假债权的实现行为是"套路贷"犯罪的最后一个环节,也是行为人设计各种套路最终实现非法占有他人财物的关键环节。套路贷犯罪的财产侵害性及社会危害性特征主要就体现在这个环节中。虚假债权实现的行为完成,作为一个整体的套路贷犯罪即实施完毕。在虚假债权实现过程中,由于被害人对于虚假的债权往往不愿轻易接受,行为人为实现债权,通常会采取各种不法手段或方式进行索债。行为人索要债务的方式主要有三种。第一种方式是在银行流水的痕迹等刻意制造的借贷证据的基础之上,恶意利用诉讼、仲裁、公证等"合法"手段进行索债。第二种方式是通过跟踪、盯梢、威胁、恐吓、滋扰等让被害人受到心理强制的手段进行索债。第三种方式是通过殴打、非法拘禁、寻衅滋事、人身伤害等直接暴力方式进行索债。在常见的这些手段中,诸如殴打、人身伤害这些传统的暴力手段通常较容易使公安机关介入,遭受法律制裁的风险较大,因此,为了确保非法占有目的的实现,行为人采取暴力手段索债的套路贷犯罪越来越少。取而代之的是诸如跟踪、盯梢、威胁、恐吓、滋扰等软暴力手段。软暴力手段的索债效果比较明显,而且易于逃避打击,因此越来越多的套路贷犯罪行为人采取软暴力手段进行索债。软暴力手段虽然会给被害人及其近亲属等造成较为严重的心理伤害,破坏日常生产生活秩序和社会安全感,但其表面上来看是因民间借贷纠纷引起且通常不会造成严重的后果,因此,对行为人软暴力手段的处理长期处于法律模糊地带,公安机关对此一般只是给予民事调解至多给予治安处罚。当然,在司法实践中,套路贷犯罪团伙为了更快速、更有效地获取被害人的财物,通常会采用多种手段进行索债。

二、套路贷犯罪的立法发展与现状

如前所述,套路贷犯罪不是一个具体的罪名,而是司法实践中常见的一类犯罪,因此刑法中并没有关于套路贷犯罪的具体罪名规定。关于套路贷犯罪的法律规定主要是以司法解释的形式作出的,且最早出现的相关立法是地方司法性文件。套路贷犯罪现象最早是在上海、浙江、江苏等地出现的,犯罪分子主要是通过民事诉讼的方式实现虚假债权、非法占有他人的财物。随着这种以民事上合法形式掩盖非法占有目的的套路贷行为的不断出现,司法机关开始重视这一类行为,并对该类行为进行刑事打击。最早针对套路贷犯罪进行立法的是上海,2017 年 10 月 23 日,上海市高级人民法院发布了《关于加大审判工作力度,依法严惩"套路贷"犯罪的工作意见》(下文简称《工作意见》),该《工作意见》根据司法实践中套路贷行为的表现形式,对套路贷的概念和特征进行了初步的归纳。至此便有了最早的关于套路贷概念及表现形式的立法,该《工作意见》指出,套路贷即通常打着小额贷款公司的幌子,采用虚假宣传、降低贷款门槛、隐瞒实际资费标准等手段,诱导被害人陷入借贷陷阱,并以各种非法手段或者虚假诉讼等方式催讨债务,非法占有被害人合法财产,甚至导致被害人辍学、自杀、卖房抵债等严重后果。对于套路贷犯罪的主要方式,《工作意见》也进行了相应的归纳。套路贷犯罪的行为方式主要包括五种:一是制造民间借贷假象,被告人对外通常以小额贷款公司等名义招揽生意,并以个人名义与被害人签订借款合同,制造个人民间借贷假象,并以违约金、保证金等各种名目骗取被害人签订虚高借款合同、阴阳合同以及房产抵押合同等明显不利于被害人的合同。二是制造银行流水痕迹,刻意造成被害人已经取得合同所借全部款项的假象。三是单方面肆意认定被害人违约,并以此要求被害人立即偿还虚高借款。四是恶意垒高借款金额,在被害人无力支付的情况下,被告人介绍其他假冒的小额贷款公司或者扮演其他公司与被害人签订新的虚高借款合同予以平账,进一步垒高借款金额。五是软硬兼施索债,或者提起虚假诉讼,通过胜诉判决实现侵占被害人或其近亲属财产的目的。《工作意见》对于套路贷的相关规定,揭示了套路贷犯罪的主要特征。仅在《工作意见》出台后的两天,2017 年 10 月 25 日,上海市高级人民法院、上海市人民检察院、上海市公安局又出台了《关于办理"套路贷"刑事案件的工作意见》(下文简称《工作意见(二)》)。相对于《工作意见》,《工作意见(二)》更具有权威性和指导性。《工作意见(二)》的特征主要在于其特别强调了在套路贷刑事案件的定性中,要结合案件的本质特征从整体上进行把握,进而予以准确定性,并指出套路贷行为从本质上主要是以诈骗罪为核心的侵财类犯罪,行为人的主观目的是非法侵占被害人或其近亲属的财产。

此后,有些地方司法机关也陆续出台了类似的指导性文件。其中,具有一定影响的是 2018 年 3 月 18 日浙江省高级人民法院、浙江省人民检察院、浙江省公安厅颁布的《关于办理"套路贷"刑事案件的指导意见》。该指导意见对于非法占有目的的认定规定引起了争议。该指导意见规定,犯罪嫌疑人、被告人实施套路贷犯罪时,未采用明显暴力或者威胁手段,被害人依约定交付资金的,则犯罪嫌疑人、被告人的行为从整体上属于以非法占有为目的,虚构事实、隐瞒真相骗取被害人财产的诈骗行为,一般可以诈骗罪追究刑事责任。从这一规定可以看出,只要行为人存在具有套路贷行为的欺骗行为,就可以认定犯罪嫌疑人、被告人在主观上具有非法占有的目的。有学者指出,这种将欺骗行为与非法占有目的直接等同的表述,虽然有利于将套路贷行为认定为诈骗罪,但去除了非法占有目的所具有的独立功能。①确实,在犯罪认定中要做到主客观相统一,对于财产犯罪而言,主观方面要求具有非法占有目的,在客观方面则要求行为人实施诈骗行为。我们在犯罪认定过程中,不仅要考察行为人是否在客观上实施了诈骗行为,而且还要考察行为人在主观上是否具有非法占有目的。只有主客观要素同时具备,才能认定构成诈骗罪,不能将欺骗行为与非法占有目的等同起来,认为只要实施了欺骗行为就等于具有非法占有目的。

地方司法文件对套路贷的规定引起了较大的反响,也确实在司法实践中起到较大的作用,终于在 2019 年获得了国家司法机关的回应。2019 年 4 月 9 日,最高人民法院、最高人民检察院、公安部、司法部出台的《"套路贷"意见》就是对地方司法文件的回应。《"套路贷"意见》的出台使得套路贷概念从地方司法机关的规定正式上升为国家最高司法机关的规定。《"套路贷"意见》对套路贷的概念作出了明确的规定,根据意见的规定,所谓套路贷,是对以非法占有为目的,假借民间借贷之名,诱使或迫使被害人签订"借贷"或变相"借贷""抵押""担保"等相关协议,通过虚增借贷金额、恶意制造违约、肆意认定违约、毁匿还款证据等方式形成虚假债权债务,并借助诉讼、仲裁、公证或者采用暴力、威胁以及其他手段非法占有被害人财物的相关违法犯罪活动的概括性称谓。从《"套路贷"意见》的一些具体规定可以看出,《"套路贷"意见》的出台吸收了上海、浙江等地司法机关针对套路贷的一系列规定,并且在此基础上结合司法实践中具体问题进行了相应的完善。

---

① 参见陈兴良:《套路贷犯罪研究》,载《法制与社会发展》2021 年第 5 期。

三、套路贷犯罪的司法现状与困境

虽然《"套路贷"意见》出台后对套路贷犯罪的认定作出了一系列详细的规定，一定程度上解决了套路贷犯罪在认定时无统一法律文件作为依据的问题。但是，在司法实践中，对于套路贷案件的处理依然存在不少争议与困境。套路贷案件处理中存在的典型问题包括套路贷行为刑民界分不明确、套路贷犯罪认定标准不统一，以及刑法对套路贷行为过度介入等方面。

（一）套路贷行为刑民界分不清晰

从 2019 年《"套路贷"意见》的规定可以看出，其中所规定的套路贷并非仅指套路贷犯罪，而是对套路贷相关违法犯罪活动的概括性称谓，既包括套路贷犯罪行为也包括套路贷违法行为，其中的违法行为主要是指涉及民间借贷的民事违法行为。虽然《"套路贷"意见》对于套路贷行为的民事违法性与刑事违法性的差别作出了相应的规定，但从实际情况来看，司法实践中关于套路贷行为的刑民界分问题依然存在界限不清晰的问题，如何判断套路贷行为是否构成犯罪，也是司法实践中的一个难题，且定罪标准不统一也是司法实践中存在的一个较大的困境。

套路贷行为刑民界分不清晰不仅体现在立法上，也体现在司法实践中。从立法上看，"套路贷"刑民界定不清晰的问题首先源自《"套路贷"意见》的规定不明确。根据《"套路贷"意见》的规定，民间借贷的出借人主观上不具有非法占有的目的，只是为了到期按照协议约定的内容收回本金并获取利息，在客观上也不会在签订、履行借贷协议过程中实施虚增借贷金额、制造虚假给付痕迹、恶意制造违约、肆意认定违约、毁匿还款证据等行为。《"套路贷"意见》对民间借贷的这一界定并无法有效厘清套路贷行为的刑民界限。第一，实践中纯粹利用犯罪手段实施套路贷犯罪的情形并不多见。套路贷犯罪的实施过程中行为人一般都会假借民间借贷作为合法的外衣。如此一来，即使是套路贷行为，由于其以民间借贷为依托，行为人与被害人之间就必然存在一定的意思自治。第二，简单地认为民间借贷的出借人不具有非法占有他人财物的目的并不客观，在司法实践中，也存在某些情形下的民间借贷行为的行为人主观上也一定程度上具有非法占有目的。例如，有些恶意欠债不还的行为人,其主观上就具有非法占有目的。第三,客观上将制造虚假给付痕迹、毁匿还款证据等作为民间借贷与"套路贷"犯罪的本质区别并不合理。司法实践中,有些民间借贷行为因为借贷双方之间存在借贷纠纷,其行为人不履行给付义务或者拒不承认已发生的给付,从而制造虚假给付痕迹、毁匿还款证据等也是客观存在的。从上述分析可知,《"套路贷"意见》对于套路贷行为的规定本身,没有对套路贷民事违法行为与犯罪行为作出明确且合理的界分,进而使司法实践中对于套路贷行为的刑民界分标准不明确也不统一。

在司法实践中,司法机关通常会将"假借民间借贷为名""以民间借贷为幌子""形成虚假债权债务"等特征作为"套路贷"违法犯罪的基本特征,一旦行为人的行为具有上述特征就认定构成套路贷犯罪。事实上,不少套路贷行为依托于合法、有效的民间借贷,并通过设置"套路"非法占有他人财物,但并没有假借民间借贷之名形成虚假的债权债务达到非法占有他人财物的目的。另外,"非法放贷"是"套路贷"违法犯罪的常见"套路",很多时候非法放贷是借助高利贷谋取非法利益的,但高利贷显然不是假借民间借贷之名形成虚假债权债务。

（二）套路贷犯罪认定标准不一

如前所述,套路贷行为的刑民界分标准不明确,使得行为是属于民事违法行为还是构成犯罪的认定标准不一。同时,在司法实践中,即使认定套路贷行为构成犯罪,也依然存在一系列犯罪认定的困境与司法不统一之处,典型的有对套路贷犯罪行为的罪名界定不统一、犯罪罪数认定标准不统一,以及犯罪数额认定标准不一致等。

1. 罪名界定混乱不一

套路贷犯罪行为具有一定的复杂性,在套路贷犯罪过程中不同的行为会侵犯不同的法益,因此在整个套路贷犯罪中,行为人的行为可能会侵犯多种法益,进而触犯多个罪名。套路贷行为所涉及的罪名较多,主要有诈骗罪、敲诈勒索罪、寻衅滋事罪和非法拘禁罪等,若是团伙犯罪,犯罪团伙还可能构成组织、领导黑社会性质组织罪。由于套路贷行为可能涉及的罪名较多,因此在司法实践中,对于套路贷犯罪行为,在具体罪名的选择上却存在较大的混乱。一方面,在传统的套路贷犯罪中,即便常用的罪名主要集中在诈骗罪与敲诈勒索罪两个罪名中,但司法机关在定罪时经常在这两个罪名中摇摆不定,从而导致了司法实践中经常出现同案不同判的情形。另一方面,在一些特殊的套路贷犯罪中,罪名的认定也是五花八门。例如,对于被害人明知型的套路贷案件,有些被认定为构成诈骗罪,也有些认为不构成诈骗罪,而以索债行为触犯的寻衅滋事罪定罪处罚。再如,对于虚假诉讼型的套路贷犯罪,有些案件单独认定构成虚假诉讼罪,再与先前行为触犯的罪名数罪并罚,有些案件则认为虚假诉讼是为实现侵财目的而服务的手段,属于套路中的一种,因此直接认定为诈骗罪。由此可见,司法实践中对于套路贷犯罪界定存在混乱不一的问题。

2. 套路贷犯罪数额认定标准不一

在套路贷案件的处理中,套路贷犯罪数额的认定也是当前司法实践中的一个难点问题。由于借贷行为中往往伴随着不断进入或陆续归还的情形,难免出现行为人对于部分数额构成犯罪既遂,而部分数额属于犯罪未遂的情形,从而使得案件所涉数额的认定较为困难。对此,《"套路贷"意见》第6条规定:"在认定'套路贷'犯罪数额时,应当与民间借贷相区别,从整体上予以否定性评价,'虚高债务'和以'利息''保证金''中介费''服务费''违约金'等名目被犯罪嫌疑人、被告人非法占有的财物,均应计入犯罪数额。犯罪嫌疑人、被告人实际给付被害人的本金数额,不计入犯罪数额。已经着手实施'套路贷',但因意志以外原因未得逞的,可以根据相关罪名所涉及的刑法、司法解释规定,按照已着手非法占有的财物数额认定犯罪未遂。既有既遂,又有未遂,犯罪既遂部分与未遂部分分别对应不同法定刑幅度的,应当先决定对未遂部分是否减轻处罚,确定未遂部分对应的法定刑幅度,再与既遂部分对应的法定刑幅度进行比较,选择处罚较重的法定刑幅度,并酌情从重处罚;二者在同一量刑幅度的,以犯罪既遂酌情从重处罚。"虽然《"套路贷"意见》对于套路贷犯罪数额的认定作出了相应的规定,但司法实践中应如何操作仍然存在争议与困难。

就以《"套路贷"意见》规定的本金扣除规定为例,实践中对此的理解就存在争议。有观点认为,《"套路贷"意见》规定的本金扣除原则是指借款人获得的本金分别从既遂、未遂数额中扣除,而并非将所有本金一律从既遂数额中扣除。构成诈骗罪的套路贷案件中,放贷人支付本金约定利息后,借款人一般陆续还款,直到案发也未还清，也就存在借款人已经归还的本金、尚未归还的本金、已经归还的利息、尚未归还的利息四个部分。对于归还的资金，借贷双方有的明确约定为本金，有的则明确约定为利息，还有的既不明确是本金也不明确是利息。如果现有证据能够查明归还的资金为本金或是利息的，按照已经归还的利息作为既遂数额，尚未归还的利息作为未遂数额。对于不能查明归还资金是否为本金的部分，本着存疑有利被告的原则，也应当在归还数额中扣除本金认定为既遂数额，对于未支付的数额认定未遂。如果归还数额低于本金的，继续在未归还部分扣除剩余本金，认定为未遂数额。①也有观点认为，本金扣除原则是指将借款人获得的本金一律从既遂数额中扣除，也就是无论是否能够查明或者约定归还资金的性质都应当在既遂部分中整体扣除本金，归还数额低于本金的，继续在未遂部分扣除剩余本金。②对于《"套路贷"意见》已作出相应规定的本金扣除尚且存在不同的理解，使得数额认定标准不统一，除此之外，关于套路贷案件犯罪数额认定还有不少困境与疑问亟待解决，以避免犯罪数额认定标准不统一的问题。

3. 套路贷犯罪罪数认定标准不一

如前所述，套路贷案件的行为较为复杂，包括多个环节，多种手段，且不同环节、不同手段可能涉及不同的罪名，因此套路贷案件的处理过程中，在罪数形态的认定上具有较大的黏连性。《"套路贷"意见》第4条规定："实施'套路贷'过程中，未采用明显的暴力或者威胁手段，其行为特征从整体上表现为以非法占有为目的，通过虚构事实、隐瞒真相骗取被害人财物的，一般以诈骗罪定罪处罚；对于在实施'套路贷'过程中多种手段并用，构成诈骗、敲诈勒索、非法拘禁、虚假诉讼、寻衅滋事、强迫交易、抢劫、绑架等多种犯罪的，应当根据具体案件事实，区分不同情况，依照刑法及有关司法解释的规定数罪并罚或者择一重处。"虽然《"套路贷"意见》第4条对套路贷案件的罪数认定作出了相应的规定，但究竟什么情形下应当数罪并罚、什么情形下是应当择一重罪处罚，以及择一重罪处罚是因为构成想象竞合犯还是以牵连犯或吸收犯为依据也并不明确，进而使得司法实践中对于套路贷犯罪罪数认定存在较大的困惑。

---

① 参见陈志君、梁健：《论"套路贷"的打击与防范》，载《法律适用》2019年第20期。

② 参见杨柳：《"套路贷"案件法律适用探索》，载《检察调研与指导》2019年第3期。

对于套路贷案件罪数认定的标准,学界存在不同的观点。有学者提出应当坚持全面评价原则,在准确认定罪名的基础上,全面评价其他情状,贯彻"宽严相济"刑事政策。[①]有的学者则提出应当依据"套路贷"手段不同采取不同的罪数适用规则,对于以侵财型手段实施催讨的,视对象不同分别择一重处或数罪并罚,而对于以非侵财型手段实施催讨的,一般应数罪并罚。[②]还有学者提出从套路贷行为的"行为数量""非法占有为目的""侵害法益数量"三方面进行数罪与否的认定。[③]正因为对套路贷案件罪数认定标准众说纷纭,导致在司法实践中不断出现罪数认定差异、量刑的轻重不一、同案不同判等问题。

(三)刑法的过度介入

在对套路贷行为的刑法规制方面,目前刑法表现出过度介入的状态。由于套路贷犯罪行为具有严重的社会危害性,还通常与黑恶势力相结合,给公民、社会、国家带来严重的损害,因此,严厉打击套路贷犯罪的政策目的使得套路贷行为犯罪化的趋势越来越明显,尤其是受扫黑除恶刑事政策的影响,对于套路贷犯罪的打击越来越严厉。无论是理论界还是司法实务中,对于套路贷行为的刑法规制,俨然出现了"不定罪不罢休、不打击不罢休"的情况。

在司法实践中,只要存在一定的套路就认定为套路贷犯罪,以诈骗罪或敲诈勒索罪论处的情形常有出现。这就导致了一些高利贷、非法讨债等行为被当作套路贷犯罪打击的问题。事实上,套路贷犯罪与高利贷、非法讨债行为存在本质的区别。即使出借人的行为具有一定的套路特征,但出借人如果不具有非法占有他人财物的目的或者仅存在非法讨债情形的,都不应作为套路贷犯罪处理。对于涉套路贷行为性质的判断,必须结合"套路贷"犯罪的本质特征,从整体上予以把握,不能以偏概全。即使是虚增债务,也要判断是否是套路贷犯罪意义上的虚增债务,不能仅以犯罪嫌疑人的某些行为或手段符合套路贷犯罪的某些形式特征,就直接按照套路贷犯罪予以打击。这种只要有套路就是诈骗,只要是套路贷行为就是诈骗

---

① 参见孟祥金:《"套路贷"行为模式及其司法认定》,载《安徽大学学报(哲学社会科学版)》2019年第5期。

② 参见陈志君、梁健:《论"套路贷"的打击与防范》,载《法律适用》2019年第20期。

③ 参见梅传强、张嘉艺:《"套路贷"犯罪罪数认定问题探析》,载《浙江工商大学学报》2020年第2期。

或者敲诈勒索犯罪的错误理念,使得当下刑法对于套路贷行为存在过度介入的问题,这实际上是有违罪刑法定原则的。总而言之,对于套路贷犯罪的打击,不仅要打得狠,更要打得准,如此才能符合刑事法治的要求。

如上所述,在套路贷案件的处理中,存在着各种司法困境与难点,这是目前套路贷犯罪治理不力的重要原因之一。下文将对这些问题进一步予以分析与论述,尝试对这些问题的解决提出笔者自己的见解。

第二节　套路贷犯罪的司法认定问题

关于套路贷案件的司法认定问题,虽然 2018 年以来,最高人民法院、最高人民检察院、公安部、司法部陆续发布了《关于办理黑恶势力犯罪案件若干问题的指导意见》《"套路贷"意见》等法律文件,以提高套路贷案件的办案质量和办案效率,但就目前套路贷案件的司法实践来看,这些司法规范性文件的规制并未达到预期,关于套路贷犯罪行为的刑民界分、罪名认定以及犯罪数额认定等方面,还存在理解和适用上的争议甚至误区。

一、套路贷行为罪与非罪的界分

（一）套路贷犯罪与民间借贷中其他借贷行为的区别

就套路贷行为的法律性质而言,首先要解决的是行为的罪与非罪的问题。套路贷行为罪与非罪界分的问题在于将套路贷犯罪行为与民间借贷中的其他行为,尤其是其他借贷违法行为予以准确的界分。套路贷行为是假借民间借贷的合法外衣,行非法占有他人财物之实,其行为的表面与普通的民间借贷行为,尤其是职业放贷行为、高利贷行为以及非法讨债行为等之间有着相似之处,但又有本质的区别。因此,要对套路贷行为的法律性质予以准确认定,首先应当明确套路贷行为与其他借贷行为之间的界限。

1. 套路贷犯罪与职业放贷的区别

近年来,随着民间借贷市场的活跃,民间借贷的职业化特征越来越显著。民间大量闲散资金及资本的逐利性催生了职业放贷行为。一些放贷人经常、反复地实施放贷行为,并从中获取高额利息以牟利。这种反复的放贷行为已经呈现职业化或半职业化的特征,进而产生了职业放贷行为。职业放贷行为是指放贷人在未取得国家有关部门的批准资格的情形下,反复多次从事民间借贷活动进行牟利的行为。由于我国金融业长期以来一直实行特许经营制,大部分职业放贷人没有经过有权机关依法批准,因而其并没有从事发放贷款业务的合法资格,放贷人在利益的驱动下,在放贷过程中可能掺杂非法集资、套路放贷、暴力催收等乱象,严重违反了民事活动的自愿、诚信原则,扰乱了金融管理秩序。职业放贷行为与套路贷犯罪虽然可能产生交集但两者不可等同,职业放贷虽然具备行政违法性,却不必然具备刑事违法性。在实践中,应当对两者仔细加以区分,以防止混淆。

一般情形下,民间借贷行为是为解决资金困难或生产急需而偶然为之的,如果同一出借人在一定期限内多次反复从事有偿民间借贷行为,一般可以认定为职业放贷人。对于未经有权机关依法批准而擅自从事发放贷款业务的机构或以发放贷款为日常业务活动的个人或者企业可能会被认定为职业放贷人。我国目前对于职业放贷人还没有统一的法律进行明确规定,但最高人民法院授权了民间借贷比较活跃的地方的高级人民法院或者经其授权的中级人民法院可以根据本地区的实际情况制定具体的认定标准。浙江省高级人民法院、浙江省人民检察院、浙江省公安厅、浙江省司法厅、国家税务总局浙江省税务局、浙江省地方金融监督管理局共同发布了《关于已发严厉打击与民间借贷相关的刑事犯罪 强化民间借贷协同治理的会议纪要》的通知,里面明确了职业放贷人的认定标准。根据该职业放贷人认定标准的规定可知职业放贷行为与套路贷犯罪的区别主要体现在以下几个方面。一是行为目的不同,这也是二者的本质区别所在。职业放贷行为是以营业为目的,以高息为利从事民间放贷活动;套路贷犯罪的行为人则具有非法占有的目的,通过欺诈胁迫等方式获取被害人借款金额以外的其他财产。二是行为的主体不同,职业放贷行为的主体是职业放贷人,对于职业放贷人,司法实践对职业放贷人的认定有一定的标准,并建立了"职业放贷人名录",而套路贷犯罪在主体上则并无特别要求。三是二者放贷的频次要求不同,根据职业放贷人认定的标准,职业放贷行为在放贷频次上具有频次较高的特征,而套路贷犯罪在放贷频次上则并无此要求。四是合同类型不同,职业放贷的借款合同采用的是高度格式化的合同,除借款人、借款金额及借款时间等个别条款外,其余合同条款均为事先拟好的格式条款,而套路贷犯罪所涉及的借贷合同则未必具有格式化合同的特征。五是行为后果不同,一般的职业放贷行为通常违反的是民事法律和行政法规,借款合同的本金和期间合理利息受到法律保护,而套路贷犯罪则是需要刑法手段的介入,承担相应的刑事责任。

2. 套路贷犯罪与高利贷的区别

高利贷是指超出法定利率索取高额利息的贷款行为。随着民间借贷市场的活跃和发展,高利贷行为除了具有高额利息的特征之外,也逐渐演变出各种套路,比如将高额利息改头换面冠以违约金、逾期利息等名目予以收取,在之后还常伴有暴力催收等现象,使其与套路贷犯罪活动的区分难度也越来越大。但是,高利贷行为与套路贷犯罪也依然有着本质上的区别,司法实践中需要仔细进行界分,以防止混淆。

高利贷行为与套路贷犯罪之间的区别主要体现在以下两个方面。第一,二者主观上是否具有非法占有的目的不同,是否具有非法占有目的是区分套路贷犯罪与民事高利贷的重要标志之一。套路贷犯罪通常是假借民事合同的名义掩盖其非法侵占被害人财产之事实,因此行为人主观上以非法占有被害人的财产为目的;而高利贷行为则不同,行为人的目标则是为了赚取高额利息,主观上不具有非法侵占他人财产的故意。第二,二者在行为手段上有所区别。虽然套路贷犯罪和高利贷行为时常都伴有非法催收的现象,但二者在具体的行为手段上有着较大的差别,其差别的关键主要体现在犯罪分子设立债权的阶段。一方面,在债权的设立过程中,高利贷的借款人对合同超出法定利率的利息和违约金等各项条款均是知情且同意的,双方基于真实的意思表示签订借贷合同。而套路贷犯罪的行为人则是采取虚假宣传等方式引诱、欺骗被害人,被害人对合同的标的、利息等主要事项是不知情的。另一方面,高利贷通常不会刻意制造银行流水痕迹、也不期望借款人违约,而套路贷犯罪的行为人在转账时则要故意留痕,在合同履行中故意制造违约陷阱,并要求被害人支付高额违约金。

(二)界分关键因素——非法占有目的的准确认定

将套路贷与职业放贷、高利贷等行为相混淆,是当前一些司法实务部门对套路贷犯罪不能予以准确定性的重要原因之一。为此,《"套路贷"意见》第2条明确规定:"'套路贷'与平等主体之间基于意思自治而形成的民事借贷关系存在本质区别,民间借贷的出借人是为了到期按照协议约定的内容收回本金并获取利息,不具有非法占有他人财物的目的,也不会在签订、履行借贷协议过程中实施虚增借贷金额、制造虚假给付痕迹、恶意制造违约、肆意认定违约、毁匿还款证据等行为。司法实践中,应当注意非法讨债引发的案件与'套路贷'案件的区别,犯罪嫌疑人、被告人不具有非法占有目的,也未使用'套路'与借款人形成虚假债权债务,不应视为'套路贷'。因使用暴力、威胁以及其他手段强行索债构成犯罪的,应当根据具体案件事实定罪处罚。"该条规定重点从主客观两个方面明确了应当如何区分套路贷与民间借贷,并强调非法占有目的是区分二者的关键要素,具有界分二者的重要功能。

1. 套路贷中非法占有目的认定的司法现状及困境

从2016年套路贷活动开始频发至今,司法实务部门已经处理了大量的套路贷犯罪案件。通过对套路贷案件公开的裁判文书进行梳理可以发现,作为套路贷犯罪案件是否构成犯罪,控辩双方的争议多数都集中在非法占有目的这一问题上。从已公开的法律文书来看,在司法实践中,就行为人主观上是否具有非法占有目的这一问题,控辩双方及裁判方在司法实践中都存在一定的问题或困境。

首先,就套路案件的控诉而言,控方具有以客观行为特征代替主观认定的倾向。非法占有目的作为犯罪认定的主观内容,无法像犯罪行为的客观特征一样能够留下物理痕迹,在案件事实中往往难以发现和探究。因此,对于非法占有目的的认定往往是根据犯罪行为客观方面的特征予以推断,也即不可避免需要客观行为以及行为结果等客观要素的佐证。然而,通过对已公开套路贷案件裁判文书的分析可以发现,套路贷犯罪中控方对于非法占有目的的判断存在以行为特征代替主观认定的问题,一定程度上忽视了对非法占有目的认定的充分说理。具体来说,控方主要通过对套路贷行为客观方面的具体表现进行分析或罗列就认定行为人构成套路贷犯罪,而对于行为人主观上是否具有非法占有目的往往缺乏详细的分析与有力的论证,也即,在司法实践中,控方存在以分析套路贷客观行为或列举套路贷行为方式代替主观目的认定的问题。

其次,就套路贷犯罪案件的辩护而言,由于控方具有以客观行为特征代替主观认定的倾向,也确实增加了辩护的难度。通过对公开的套路贷案件的裁判文书的梳理可以发现,司法实践中犯罪嫌疑人或辩护人关于不具有非法占有目的的抗辩多数都是停留在仅提出犯罪嫌疑人不具有非法占有目的,而缺乏相应的论证;或者是通过对实施过套路贷行为的否定来否认犯罪嫌疑人主观上存在非法占有的目的。在辩护过程中,辩方也常常难以针对控方所提出的事实主张而提出相反的证据,或者无法提出具有实质证明力的证据来进行积极抗辩,只是辩称行为人的行为属于民间借贷纠纷,不符合套路贷行为的特征,主观上不具有非法占有目的,并提出其他有利于自己的证据。从而使得套路贷犯罪案件的辩护理由确实存在难以查证的问题。

在套路贷案件中,非法占有目的的认定确实存在困境。非法占有目的的认定作为司法实践中的争议焦点,《"套路贷"意见》虽然明确了非法占有目的是套路贷犯罪与民事借贷关系之间的本质区别,但是该意见并没有明确列举出推定主观故意的具体情形,使得套路贷案件的裁判过程缺乏直接的判断依据,这就导致了控辩双方各自为政的场面。为了避免司法实践中因认定标准缺失而导致裁判不一的问题,浙江省公检法联合出台的《关于办理"套路贷"相关刑事案件若干问题的纪要》首次对套路贷犯罪主观方面的认定问题,即如何认定"非法占有目的"作出了规定。该纪要规定:"在套路贷案件中,只要有套路,就可以认定非法占有目的。"这一规定的出台很快受到各种质疑,这一规定将套路的行为方式与特点直接用于认定犯罪的主观要件,也即将套路贷的概念直接用于认定犯罪的构成要件,具有违反罪刑法定原则之嫌。这一规定的出台也一定程度上反映了目前对于套路贷犯罪案件的裁判存在以行为特征代替主观认定的问题。司法实践中,对于套路贷犯罪案件的裁判,以罗列套路贷犯罪手段及方式来代替行为人主观目的认定的情形确实十分常见。

2. 套路贷案件中非法占有目的的特殊性

套路贷案件具有一定的特殊性,其犯罪行为通常披着合法借贷的外衣,行非法占有目的之实。因此,套路贷行为中非法占有目的在界分罪与非罪、此罪与彼罪时具有重要的作用。要准确区分套路贷犯罪与高利贷或其他民间借贷活动,离不开非法占有目的的准确认定。犯罪目的作为一种主观要素，不同于犯罪行为、犯罪结果等一些客观因素，能够通过一定的媒介直观地展现出来，而是需要通过行为人的行为特征等客观方面的表现予以推定。在一般的财产犯罪中，司法机关对于非法占有目的的认定，多数是通过从客观行为中归纳出非法占有目的所具有的共性，形成一定的判断经验，然后根据相应的经验在具体案件中进行非法占有目的的认定。以诈骗罪为例，司法机关往往可以借助生活常识来辨别与识破诈骗，进而完成对非法占有目的的认定。套路贷案件中非法占有目的的特殊性主要体现在以下两个方面。一方面，在套路贷犯罪的认定中，由于套路贷行为都发生在民间借贷等金融领域，并与民商事活动紧密相关，因此，司法机关在认定非法占有目的时，很难像一般的财产犯罪一样仅通过生活经验进行推断。另一方面，套路贷行为总是与民间借贷交织在一起，套路贷犯罪行为与民间借贷中的民事欺诈共存，非法占有目的的准确认定较一般犯罪更加困难。在民间借贷过程中，关于贷款利息、归还期限或者其他借贷条件的约定，可能会出现一定的纠纷，在某些民间借贷纠纷中，也不排除出借人会存在一定的欺诈行为，但是，在民间借贷纠纷中，出借人的主观目的还是想要通过放贷获取利息的方式谋取利益，而不是直接非法占有借款人的财物。在这种情况下，即使在借贷过程中存在某种欺诈行为，也不能认定诈骗罪。由此可见，是否存在非法占有目的，是区分民间借贷过程中的民事欺诈与套路贷犯罪的重要根据。需要特别指出的是，在设立债权时的欺骗性和非法占有目的这两个要素并不是对应关系。也就是说，不能从设立债权时具有欺骗性就直接推导出非法占有目的。对于非法占有目的，要在具备欺骗行为的基础上，进一步考察行为人主观上是否具有非法占有目的，从而将以放贷为名的诈骗罪与民间借贷中的欺诈行为加以区分。因此，非法占有目的在套路贷犯罪的认定中具有独立的价值。司法实践中常见的一些认为凡是有"套路"就具有非法占有目的的观点过于片面地强调行为的不正当性，进而忽视了刑法中法益侵害风险与经济交往中正常风险的实质区别，从而容易导致以刑事责任代替民事、行政责任的不良后果。

3. 套路贷案件中非法占有目的的认定

如前文所述，在套路贷案件中，行为人主要的犯罪形式是诈骗罪、敲诈勒索罪等侵犯财产类的犯罪，但并不局限于侵犯财产类的犯罪，也可能涉及其他犯罪。放贷人主观上非法占有目的的准确认定是准确认定套路贷行为犯罪性质的重要一环。目前,司法实践中,常见的处理方式是凡是有"套路"就推定行为人主观上具有非法占有目的,这种观点与做法过于强调了行为的不正当性,忽视了刑法中法益侵害风险与经济交往中正常风险的实质区别,易导致以刑事责任代替民事、行政责任的后果。①同时,这种从套路贷行为中直接推导出非法占有目的的操作方式,实际上也否定了在套路贷认定中非法占有目的的独立价值。

所谓非法占有目的,是指排除权利人,将他人的财物作为自己的财物进行支配,并遵从财物的用途进行利用、处分的意思。关于套路贷行为中行为人是否具有非法占有目的,可以结合套路贷行为中虚假债权债务关系形成及虚假债权债务关系实现两个具体环节,从以下几个方面予以判断。

第一,债权债务关系的形成过程中,行为人是否存在欺诈、胁迫等不法行为,误导被害人签订虚假的借款协议。套路贷行为中,往往第一个环节就是缔结虚假的债权债务关系,如果行为人在与被害人签订借款协议时存在欺诈、胁迫等不法行为,则可以推定其主观上具有非法占有的目的。司法实践中,常见的有行为人以"小额贷款公司""投资公司""咨询公司""担保公司""网络借贷平台"等名义对外宣传,以低息、无抵押、无担保、快速放款等为诱饵吸引被害人借款,继而以"保证金""行规"等虚假理由诱使被害人基于错误认识签订金额虚高的"借贷"协议或相关协议。这种情形下行为人在与被害人签订借款时明显存在欺诈的行为,可以推定其主观上具有非法占有的目的。还有些情形下,行为人在与被害人签订贷款协议时,以各种理由迫使对方签订金额虚高的"借贷"协议。这种使用胁迫方法致使被害人签订虚假借贷协议的情形也可以推定行为人主观上具有非法占有的目的。司法实践中,为了进一步证明借贷协议的真实性,行为人往往还会要求被害人配合制造资金走账流水等虚假的给付事实。例如,犯罪嫌疑人、被告人按照虚高的"借贷"协议金额将资金转入被害人账户,制造已将全部借款交付被害人的银行流水痕迹,随后便采取各种手段将其中全部或者部分资金收回,被害人实际上并未取得或者完全取得"借贷"协议、银行流水上显示的钱款。这些具有欺诈性或胁迫性的行为,可以

① 参见刘仁文、刘文钊:《"套路贷"的概念辨析及相关疑难问题》,载《法治社会》2021年第4期。

推定行为人主观上具有非法占有的目的。

第二,在债权债务关系实现过程中,行为人有无采用刻意制造违约、恶意垒高债务等方式。在债权债务关系形成后,套路贷犯罪的行为人为了从被害人处获得更多的财产,往往会通过刻意制造违约、恶意垒高债务等方式蚕食被害人的财物。为了非法占有被害人更多的财物,行为人往往会通过设置违约陷阱、制造还款障碍等方式,故意造成被害人违约,或者通过肆意认定违约,强行要求被害人偿还虚假债务。例如,司法实践中常见的刻意制造违约方式有,在还款期限到达前,出借人故意不接电话、不告知还款账号,造成贷款人想还款但无处可还,等还款期限一过,行为人便立刻以违约为由要求被害人支付高额的违约金。[①]存在这种刻意制造违约而强行要求被害人偿还虚假债务的情形,则可以推定行为人主观上具有非法占有的目的。

当被害人无力偿还贷款时,有的行为人会安排其所属公司或者指定的关联公司、关联人员为被害人偿还"借款",继而与被害人签订金额更大的虚高"借贷"协议,通过这种"转单平账""以贷还贷"的方式不断垒高"债务"。在债务的实现过程中,如果行为人采用了刻意制造违约、恶意垒高债务等方式获得被害人的财物,则可以推定其主观上具有非法占有目的。当然,并非所有的垒高债务行为都是指向行为人的"非法占有目的",亦不能单纯由债务垒高的结果来判断其主观目的,而是应当判断债务的增加是否具有法定基础、合意基础,从而判断债务增加是否的确属于"虚增",进而才能把握行为人的主观目的,准确认定"非法占有目的"。在司法实践中,如果相互转单的出借人之间具有密切联系,在事前相互共谋,互相配合,在业务上相互衔接,进而实现对借款人债务的不断垒高。可见,行为人实施上述行为指向的并不是获取借款合同约定的本金及利息,甚至不满足于借款人承担刻意制造的违约责任,而是意图让借款人走向高额负债的深渊,进而侵占借款人的财产,实现非法收益的最大化,这就充分反映了行为人主观上的"非法占有目的"。

第三,是否具有其他可以排除非法占有目的认定的事实。非法占有目的作为行为人实施犯罪时的主观特征,其难以直接作出判断,而只能依据行为人客观行为

---

① 参见南俏俏:《"套路贷"诈骗犯罪常见问题初探》,载《中国检察官》2019 年第 8 期。

的表现来作出推定。综上所述,行为人客观方面具有上述两方面的行为,则往往可以被推定其主观上具有非占有的目的。但在认定行为人是否具有"非法占有目的"时,应当坚持主客观相一致的原则,应抓住套路贷诈骗犯罪中欺骗性的本质特征与虚增债务的行为特征,结合其认定的特殊性,避免简单机械地客观归罪,同时给予反证的机会,确立双向推论的认定方式,在有证据证明行为人主观上确实不具有"非法占有目的"时,则不能一味入罪。在债权债务关系形成时,那种认为凡是有"套路"就有非法占有目的的观点过于片面地强调行为的不正当性,忽视了刑法中法益侵害风险与经济交往中正常风险的实质区别,易造成以刑事责任代替民事、行政责任的后果。如果有证据证明在贷款时出借人并未侵害借款人的缔约自由、造成认识错误或者因恐惧而违背借款人意志时,就有可能排除行为人非法占有目的的认定。总之,在缔结虚高债务阶段没有侵害缔约自由,履行债务阶段暴力讨债没有显著超出债务范围的,一般都可以排除非法占有目的的认定。①

二、套路贷案件中罪名的准确适用

在套路贷案件中,由于套路贷行为往往具有一定的复杂性,对于犯罪行为的定性,应当结合其行为的具体事实,根据刑法所规定的犯罪构成来选择罪名的适用。关于套路贷行为性质的界定,《"套路贷"意见》第4条指出:"实施'套路贷'过程中,未采用明显的暴力或者威胁手段,其行为特征从整体上表现为以非法占有为目的,通过虚构事实、隐瞒真相骗取被害人财物的,一般以诈骗罪定罪处罚;对于在实施'套路贷'过程中多种手段并用,构成诈骗、敲诈勒索、非法拘禁、虚假诉讼、寻衅滋事、强迫交易、抢劫、绑架等多种犯罪的,应当根据具体案件事实,区分不同情况,依照刑法及有关司法解释的规定数罪并罚或者择一重处"。这一规定为套路贷案件相关罪名的认定与把握提供了准则。但在司法实践中,关于套路贷案件的执行,这一规定依然存在一些疑难问题,主要包括两个方面,一方面是不同罪名的准确适用,另一方面是复杂行为涉及多个罪名的情形下所涉及的罪数

---

① 参见刘仁文、刘文钊:《"套路贷"的概念辨析及相关疑难问题》,载《法治社会》2021年第4期。

问题。本部分拟重点解决不同罪名的准确适用问题,罪数问题将在下文具体予以论述。

（一）诈骗罪与敲诈勒索罪的界分

在套路贷案件中通常包含有较多的犯罪行为,涉及的罪名主要有诈骗罪、敲诈勒索罪、寻衅滋事罪、非法拘禁罪、抢劫罪、故意伤害罪等。其中诈骗罪与敲诈勒索罪因为同属于侵财犯罪、交付型犯罪,在定性时容易产生分歧。虽然《"套路贷"意见》对构成诈骗罪和敲诈勒索罪作了规定,但实践中敲骗交织的情形比较复杂,需要予以厘清。

敲诈勒索罪与诈骗罪作为财产犯罪,存在一定的共同之处,两罪在主观方面都要求具有非法占有目的,且都属于支付型财产犯罪。虽然两罪具有相同之处,但还是存在明显的差异。第一,两罪侵犯的客体不完全相同,敲诈勒索罪侵犯的是复杂客体,敲诈勒索罪一方面因为占有了他人财物而侵犯了他人的财产权,同时又因为采取威胁、恐吓等手段而侵犯了他人的人身权。诈骗罪则仅仅是侵犯了他人的财产权,属于单一客体。第二,两罪在客观上实现非法占有目的的手段不同,在敲诈勒索罪中,被害人因为被胁迫、要挟而失去了意志自由,被迫处分自己的财物。诈骗罪则不同,诈骗罪中行为人是采取虚构事实、隐瞒真相等方式欺骗被害人,被害人被骗时其并未丧失意志自由,交付财物的原因是意志被蒙蔽,错误地处分了财物。

在套路贷犯罪案件中,由于套路贷犯罪通常包含两个阶段的行为:一是以诱骗或者暴力、威胁等方式与被害人形成虚假的债权债务关系;二是通过诉讼、仲裁或者暴力、威胁等行为占有被害人财物。对套路贷行为性质的界定,需要综合两个阶段的行为进行判断。

首先,如果被害人没有陷入错误认识,或者虽然陷入错误认识而签订协议,但没有因此而交付财物,最终交付财物的原因主要是被威胁,则应当认定为敲诈勒索罪。例如,被害人与行为人签订了远高于实际本金的借款抵押合同,但没有因陷入错误认识而交付财物,而是因为抵押物被行为人强行搬走被迫交付财物,在这种情形下,行为人的行为应当以敲诈勒索罪论处更为合适。

其次,如果行为人因被诱骗而签订协议,形成虚假债权债务关系,在虚假债权债务关系实现过程中,行为人虽然采取了暴力、威胁等手段,但被害人并非因此而交付财物,而是因行为人提起虚假诉讼、仲裁,后被强制执行的,则行为人的行为应当以诈骗罪论处。例如,行为人以诱骗的方式,诱使被害人签订金额虚高的借款合同,被害人违约后,行为人通过软暴力等方式多次滋扰索要债务,但未索要到财物,后行为人提起民事诉讼,法院判决支持行为人的诉请,被害人财产被强制执行。该案中行为人获得被害人财物并非因为对被害人采取暴力或威胁等手段,而是因为提起虚假诉讼后被强制执行实现的,因此应当以诈骗罪认定。

最后,如果行为人通过暴力、胁迫手段迫使被害人签订协议形成虚假的债权债务法律关系,进而通过虚假诉讼等各种手段占有被害人财物的,应当认定为敲诈勒索罪。在这种情形中,被害人的财产损失在签订协议时已经现实发生,后续虚假诉讼等手段只是将财产损失变成现实,因此整个行为应当以敲诈勒索罪论处。例如,行为人以暴力威胁被害人签订虚假的借款合同,在被害人没有按合同要求按时"归还"合同所"约定"的"债务"时,行为人便提起民事诉讼,法院判决支持行为人的诉请,被害人财产被强制执行。该案中,行为人虽然通过虚假诉讼才实质取得被害人财物,但被害人的财产损失其实在被强迫签认虚假的借款合同时已经现实发生,因此,本案中行为人的行为应当以敲诈勒索罪论处更为合理。

(二)敲诈勒索罪与寻衅滋事罪的界分

套路贷犯罪案件中,行为人往往通过软暴力等手段逼迫被害人交付财物,此种行为应当认定为何种犯罪,实践中判决并不统一,特别是在行为人未实际取得财物的情况下,此种行为多数情形下以寻衅滋事罪论处。在套路贷犯罪案件中,准确区分敲诈勒索罪与寻衅滋事罪的关键在于判断行为人在犯罪时有无非法占有的目的,也即行为人通过软暴力方式索要财物是否具有合法的根据。如果确属实际借款的本金及利息的,则行为人不具有非法占有的目的,其软暴力的行为应当认定为寻衅滋事罪;如果没有合法的根据,则可以推定行为人主观上具有非法占有的目的,则该行为同时构成敲诈勒索罪与寻衅滋事罪,且属于想象竞合的关系,应当根据想象竞合处断的原则,择一重罪论处。一般而言,如果敲诈勒索罪犯罪数额达到数额较大的标准,其法定刑相对较高,因此应当以敲诈勒索罪论处。如果其犯罪数额未达较大标准,则应当将寻衅滋事和敲诈勒索的具体罪行进行比较,选择更为适当的罪名。在行为人未实际取得财物的情形下,应当将敲诈勒索犯罪(未遂)与寻衅滋事犯罪相比较,进而确定适用处罚更重的罪名。

（三）敲诈勒索罪与抢劫罪的界分

套路贷违法犯罪组织在实施敲诈勒索犯罪时,往往采取暴力、威胁等手段逼取被害人的财物,这一行为在某些情形下是否可以认定为抢劫犯罪,实践中存在争议。例如,行为人在诱骗被害人签订借款为5万元的虚假借款合同后,因被害人无力偿还债务,遂将其非法拘禁在车辆上,并对被害人进行多次殴打,逼迫被害人偿还5万元借款以及其他催讨费用、高额利息等共计8万元。后被害人被迫通知家人将8万元送给行为人,行为人拿到钱后才将被害人释放。行为人该行为是否应当认定为抢劫罪则存在争议。在套路贷案件中认定行为构成抢劫罪,需要从两个方面进行考量:一是行为人的行为是否具有当场性,即行为人是否当场使用暴力、威胁行为,以及是否当场取得财物。如果行为人的行为不具有上述当场性的特征,则一般不宜认定为抢劫罪;二是行为人暴力、威胁的行为应当具有一定的严重性,达到使被害人丧失意志自由,不得不当场交付财物的程度。在司法实践中,如果行为人只是在逼迫被害人签订虚假借款协议时使用了暴力、胁迫行为,不能简单地因为行为人使用了暴力、胁迫行为就认定构成抢劫罪,如果不具备当场取得财物的特征,则以敲诈勒索罪论处更为合理。有些情形下,行为人虽然对被害人实施了暴力讨债的行为,被害人也当场交付了财物,但行为手段的暴力程度不高,仅使用了轻微的殴打行为如扇耳光等,或短暂拘禁行为,一般不应以抢劫罪论处,否则极易造成罪刑不均衡的问题。

（四）诈骗罪与虚假诉讼罪的界分

最高人民法院、最高人民检察院2018年10月1日发布的《关于办理虚假诉讼刑事案件适用法律若干问题的解释》(下文简称《虚假诉讼解释》),将虚假诉讼犯罪界定为无中生有型的完全捏造民事法律关系事实,提起民事诉讼的行为。根据这一规定,如果行为人与被害人之间存在真实的债权债务关系,行为人只是捏造部分民事法律关系事实,进而提起民事诉讼的,不构成虚假诉讼罪。那么这种行为能否以诈骗罪论处则值得思考。根据《虚假诉讼解释》第7条的规定及相关解读的理解,部分篡改型的虚假诉讼行为一般不宜以诈骗罪、职务侵占罪等侵财型犯罪处理,如果手段行为构成犯罪的,依照刑法相关规定定性处理。[①]其主要理由是部分篡改型的虚假诉讼行为情况复杂,不能一概认定其主观上具有非法占有的目的,而且对此类行为可以通过承担败诉后果、给予司法处罚等进行制裁,故基于刑法谦抑性的立场,对此一般不宜按照侵财类犯罪予以处理。但套路贷案件有所不同,套路贷案件的行为人通常是以非法占有为目的而提起民事诉讼的,而且由于套路贷行为具有欺骗性和隐蔽性,司法处罚难以制裁,仅仅让其承担败诉后果不足以防范此类行为的发生。另外,从犯罪构成来看,套路贷案件中,虽然行为人与被害人存在真实的债权债务关系,但行为人通过一系列犯罪手段虚构法律关系,并以此提起民事诉讼,借助司法权力非法占有他人财物,客观上符合诉讼诈骗犯罪的构成要件,因此可以以诈骗罪论处。

三、套路贷案件中财产犯罪数额的认定

套路贷犯罪通常针对的是被害人的财产,因而犯罪数额的认定对行为人的定罪量刑来说至关重要。由于套路贷犯罪往往会与民间借贷杂合在一起,即通常表现为由行为人先给付被害人一定的本金,然后通过转单平账等各种套路方式不断垒高债务以达到非法占有他人财物的目的。套路贷这种特殊的情形使得套路贷犯罪数额的认定较一般犯罪更加复杂。同时,司法解释关于套路贷犯罪数额的相关规定在司法实践中也存在争议,给套路贷犯罪数额的认定带来一些变数。如何认定套路贷犯罪中财产犯罪数额是当前司法实践中的难点问题。

(一)《"套路贷"意见》相关规定及其理解

关于套路贷犯罪数额的认定,《"套路贷"意见》第6条规定:"在认定'套路贷'犯罪数额时,应当与民间借贷相区别,从整体上予以否定性评价,'虚高债务'和以'利息''保证金''中介费''服务费''违约金'等名目被犯罪嫌疑人、被告人非法占有的财物,均应计入犯罪数额。犯罪嫌疑人、被告人实际给付被害人的本金数额,不计入犯罪数额。已经着手实施'套路贷',但因意志以外原因未得逞的,可以根据

---

① 缐杰、吴峤滨:《〈关于办理虚假诉讼刑事案件适用法律若干问题的解释〉重点难点解读》,载《检察日报》,2018 年 9 月 27 日。

相关罪名所涉及的刑法、司法解释规定,按照已着手非法占有的财物数额认定犯罪未遂。既有既遂,又有未遂,犯罪既遂部分与未遂部分分别对应不同法定刑幅度的,应当先决定对未遂部分是否减轻处罚,确定未遂部分对应的法定刑幅度,再与既遂部分对应的法定刑幅度进行比较,选择处罚较重的法定刑幅度,并酌情从重处罚;二者在同一量刑幅度的,以犯罪既遂酌情从重处罚。"从这一规定可知,司法解释关于套路贷犯罪数额规定了"整体上予以否定评价""本金扣除""既遂未遂同时存在的处罚办法"等惩处原则。但是在实践中,对于这些规定应如何理解与操作仍然存在争议。

1. "整体上予以否定评价"及其理解

《"套路贷"意见》第 6 条第 1 款明确规定,在认定"套路贷"犯罪数额时,应当与民间借贷相区别,从整体上予以否定性评价,虚高债务和以利息、保证金、中介费、服务费、违约金等各种名目被犯罪嫌疑人、被告人非法占有的财物,均应计入犯罪数额。在司法实践中,对于套路贷案件犯罪数额的认定,当下主流的观点及做法是,除了被害人实际收到的本金外,虚高债务以及以利息、违约金、保证金、中介费、服务费等任何名目扣除或收取的额外费用均被认定为犯罪数额。由于套路贷犯罪中行为人本质上通过套路行为实现非法占有他人财物的目的,因此,除行为人给付被害人的本金之外,其他从被害人处收取的额外费用多数情况下是具有非法占有目的的,对其行为从整体上予以否定评价具有一定的合理性。但是,我们对于"整体上予以否定评价"的理解不能过于机械,应当结合套路贷的实际情况,尤其是套路贷案件的特殊性进行具体分析。

套路贷案件的特殊性在于,行为人通常是假借民间借贷行为实现非法占有之目的,也即套路贷犯罪通常与民间借贷行为交织在一起。如果机械地将所有套路贷案件中,除本金之外的所有其他名目所扣除的费用一律认定为犯罪数额,则存在不妥当之处。对于"整体上予以否定评价"的理解,我们应当留意以下几点。

第一,顾名思义,犯罪行为所获得的数额为犯罪数额,犯罪数额以行为构成犯罪为前提。套路贷是一系列违法犯罪行为的总称,既包括违反民事法律、行政法律的行为,也包括违反刑事法律的行为。因而,在套路贷案件中,可能只存在套路贷犯罪行为,也可能同时存在套路贷犯罪行为与套路贷违法行为,甚至还可能夹杂着部分合法的借贷行为。在套路贷犯罪数额的认定过程中,要准确对套路贷案件的具体行为的性质进行准确认定与区分,进而判断所涉利息等费用是否属于犯罪金额。涉及民事或行政违法的套路贷行为所涉及的数额不能认定为犯罪数额,只有套路贷犯罪行为所涉及的数额才能认定为犯罪数额。套路贷由于具有民间借贷的表象,且行为人主观上都以获取相关资金为目的,手段上也具有一定的欺诈、胁迫等性质,这导致其在民事违法行为与刑事犯罪行为之间往往较难区分。但是,司法机关不能因为难以区分就不予以区分,而是应当仔细甄别民事违法部分与刑事犯罪部分,从而决定能否"从整体上予以否定性评价"。①只有刑事犯罪部分所涉及的数额才能认定为犯罪数额,民事违法部分所涉及的数额不能认定为犯罪数额,即所谓从整体上予以否定性评价只能是指对于刑事犯罪部分整体上予以否定性评价。

第二,对于利息、违约金等是否一概认定为犯罪数额应审慎考虑。《"套路贷"意见》第6条第1款规定,虚高债务和以利息、保证金、中介费、服务费、违约金等各种名目被犯罪嫌疑人、被告人非法占有的财物,均应计入犯罪数额。然而,我们不能忽略的是,利息、违约金与保证金、中介费、服务费等本质上有所区别,前者具有合法性与非法性之别,后者则具有典型的非法性。如果一律将利息、违约金等认定为犯罪数额,则完全否定了套路贷中利息、违约金的合法性。如前所述,套路贷犯罪通常以民间借贷为载体,与民间借贷行为杂合在一起,也即套路贷案件中所涉及的资金可能同时存在合法的借贷资金、具有民事违法性的借贷资金及具有刑事违法性的借贷资金。其中合法借贷部分与具有民事违法性借贷部分所涉及的利息与违约金不具有犯罪属性,不应当一概计入犯罪数额。司法解释在规定本金扣除原则时实际上是排除了本金部分借贷行为的非法性,即认可了非虚高债务的合法性。如果认定非虚高债务具有合法性,则对应的这一部分债务所产生的利息与违约金也应当排除其非法性。司法解释在认定犯罪数额时,将利息、违约金等计入犯罪数额实质上肯定"套路贷"的整体犯罪性,将非虚高债务和本金排除在犯罪数额之外,等于承认"套路贷"之部分犯罪性,明显自相矛盾。②因此,我们在认定利息、违约金等是否计算为犯罪数额时,应充分判断这部分数额是否具有犯罪性,如不具有犯罪

---

① 参见何鑫:《套路贷的犯罪数额认定》,载《中国检察官》2019年第24期。
② 彭文华:《"套路贷"犯罪司法适用中的疑难问题研究》,载《法学家》2020年第5期。

性则不宜一律计入犯罪数额。

2."本金扣除"及其理解

虽然《"套路贷"意见》对于犯罪数额的认定规定了整体上予以否定评价的处罚原则,但同时也规定在犯罪数额认定时应当扣除行为人给付被害人的本金。在"套路贷"案件中,放贷人向被害人支付本金约定利息后,被害人一般会陆续还款付息,至案发时可能还清,也可能未还清。相关数额可以分为已经归还的本金、尚未归还的本金、已经归还的利息、尚未归还的利息四个部分。对于已归还的资金,有的明确约定为本金,有的明确约定为利息,也有的不明确是本金还是利息。基于这种复杂的情况,对于所归还的资金数额应如何理解与适用本金扣除的规定存在争议。有观点认为,《"套路贷"意见》规定的本金扣除是指将被害人获得的本金一律从既遂数额中扣除,也即无论是否能够查明或者约定归还资金是本金还是利息,都应当在既遂部分中整体扣除本金,归还数额低于本金的,继续在未遂部分扣除剩余本金。[1]也有观点认为,《"套路贷"意见》规定的本金扣除是指被害人获得的本金分别从既遂、未遂数额中扣除,而不是将所有本金一律从既遂数额中扣除。现有证据能够查明归还资金为本金或是利息的,若明确所归还资金为本金的,可以在既遂数额中予以扣除,如果归还数额低于本金的,继续在未归还部分扣除剩余本金,认定为未遂数额;若明确所还资金为利息的,则已经归还的利息应认定为既遂数额,不能作为本金予以扣除,尚未归还的利息作为未遂数额;对于不能查明归还资金是本金还是利息的部分,本着存疑有利被告的原则,应当将归还数额作为本金予以扣除后再认定既遂数额,对于未支付的数额认定未遂。如果归还数额低于本金的,继续在未归还部分扣除剩余本金,认定为未遂数额。[2]

对此,笔者认为第一种观点的理解更为妥当,理由在于,我们在认定诈骗罪、敲诈勒索罪等财产犯罪是否得逞时,是以被害人是否遭受了实际财产损失为标准的。因此,在"套路贷"案件中,所涉及的财产犯罪也应当以整体财产损失作为"套路贷"财产犯罪是否得逞的认定标准。就被害人支付的资金而言,无论所支付的是本金还是利息,被害人的整体财产损失只有在支付的欠款超过获得的本金时才受到侵

---

① 参见杨柳:《"套路贷"案件法律适用探索》,载《检察调研与指导》2019年第3期。

② 参见陈志君、梁健:《论"套路贷"的打击与防范》,载《法律适用》2019年第20期。

害,才能构成犯罪既遂,其中超出本金的部分作为犯罪既遂的数额。而对于被害人尚未归还的部分,如果放贷人实施索要行为,则可以认定为未遂部分,其索要的数额应认定为未遂数额。

3. 既遂未遂同时存在的处罚办法

如前所述,在"套路贷"案件中,由于被害人在获得放贷人的资金后,会陆续对放贷人还款付息,至案发时所还数额可能全部还清,也可能只归还一部分,即放贷人所意图非法占有财物可能全部得逞,也可能部分得逞,也即其财产犯罪可能同时存在既遂与未遂的情形。对此,《"套路贷"意见》第6条第3款规定:"已经着手实施'套路贷',但因意志以外原因未得逞的,可以根据相关罪名所涉及的刑法、司法解释规定,按照已着手非法占有的财物数额认定犯罪未遂。既有既遂,又有未遂,犯罪既遂部分与未遂部分分别对应不同法定刑幅度的,应当先决定对未遂部分是否减轻处罚,确定未遂部分对应的法定刑幅度,再与既遂部分对应的法定刑幅度进行比较,选择处罚较重的法定刑幅度,并酌情从重处罚;二者在同一量刑幅度的,以犯罪既遂酌情从重处罚。"根据该司法解释的规定可知,在同时存在既遂与未遂的情形下,如果既遂部分所对应的量刑幅度较重,或者既、未遂所对应的量刑幅度相同的,以既遂部分所对应的量刑幅度为基准酌情从重处罚。如果未遂部分对应的量刑幅度较重,则以该较重的量刑幅度为基准,酌情从重处罚。如果既遂、未遂部分都没有达到犯罪数额,但两部分犯罪数额的总和达到犯罪数额的,由于既未遂的本质都是犯罪行为,只是犯罪形态存在区别,因此可以按照总和数额未遂处理,其中既遂部分酌情从重予以处罚。

(二)套路贷犯罪中财产犯罪数额的具体认定

如前所述,套路贷是一系列违法犯罪行为的总称,既包括违反民事法律、行政法律的行为,也包括违反刑事法律的行为。套路贷中并非所有的套路都能够表明行为人具有非法占有目的,也并非所有套路都具有构成要件的符合性进而构成犯罪,有些套路仅涉及民事违法或行政违法。因此,在认定套路贷案件的犯罪数额时,先要认定套路贷行为是否构成犯罪,只有在构成犯罪的基础之上,才能将犯罪行为意图非法占有的相关资金计入犯罪数额。而且,并非一旦行为构成犯罪,行为人意图占有的资金都一律计入犯罪数额,尤其是对于民刑交叉的套路贷案件,由于这类案件存在事实上的借贷关系,那么对于民间借贷部分的合法的利息与违约金就应当从犯罪数额中予以扣除。正如《"套路贷"意见》第 6 条第 1 款所规定的,在认定套路贷犯罪数额时,应当与民间借贷相区别,在此基础上再从整体上予以否定性评价。

第一,对于以民间借贷之名,行非法占有他人财物的犯罪之实的"套路贷"犯罪行为,应肯定涉案全部财产的非法性。在司法实践中,有一种类型的套路贷案件不以借贷为目的,而是以非法占有抵押物等财产为目的,如借贷幌子型套路贷。对于此类套路贷案件,行为人通常是以借贷为幌子,诱使被害人签订借贷合同、买卖协议或抵押协议等,并非法占有被害人的抵押物、担保物等。在这类情形下,由于行为人本质上不以借贷为目的,主观上只有非法占有他人财物的意图,因此应肯定所有涉案财产的非法性,将一切债务、利息、保证金、中介费、服务费、违约金等一律计入犯罪数额。例如,行为人为被害人办理贷款 100 万元,欺骗被害人在贷款 100 万元的协议上签字,并通过银行走账 100 万元。后来行为人又以保证金 50 万、服务费 20 万、利息 30 万等名义,欺骗被害人将所收到的 100 万元予以返还。其后,行为人又以借款协议及银行流水为据向法院提起诉讼,要求被害人偿还 100 万元欠款。这此案中,行为人的犯罪数额应该将涉案的所有资金计入犯罪数额,以 100 万为犯罪数额。

第二,对于虚假债权债务与合法债权债务同时存在,即民刑交叉的场合,犯罪数额的认定应当以准确认定犯罪行为为前提。对于此类套路贷案件,由于民间借贷与套路贷交错,界限不清,所涉资金的性质较难界定。在这类案件中,由于所涉财产包括民事行为的财产和犯罪行为的财产,只有犯罪涉及的财产才能计入犯罪数额,民事行为涉及的财产不应计入犯罪数额。从司法实践来看,在民刑交叉的场合,通常存在两种实现非法占有他人财物的情形。一种是通过签订不合理的借款条款实现非法占有他人财物的目的。例如,行为人在民间借贷过程中,在与被害人签订借贷合同时约定超高的违约金以侵犯他人财产的。这种情形下,应将行为人意图非法侵占的财产(如超高的违约金等)认定为犯罪数额,不应包括正常借贷所形成的本金、利息等不具有刑事违法性的财产数额。第二种情形是在履约过程中,行为人以非法占有为目的,通过恶意违约或者恶意造成他人违约,并实施犯罪手段占有他人财产的,应将意图通过犯罪手段非法占有的财产数额认定为犯罪数额。例如,行为人借款 50 万元给被害人,约定年利率 20％。后行为人恶意制造被害人违约的情形,要被害人支付违约金 20 万元,并通过暴力、胁迫等手段逼迫被害人支付 20 万元违约金。则涉案的犯罪数额应为被害人意图非法占有,且采用犯罪手段实现非法占有的 20 万元,不包括借贷过程中形成的其他不具有刑事违法性的财产数额。

四、套路贷犯罪的罪数认定

套路贷犯罪的特殊之处就在于其在行为方式上具有一定的复合性,如前所述,一般包括虚假债权债务形成与实现两个环节。在虚假债权债务形成的环节中,行为人往往通过诈骗手段欺骗被害人签订虚假的债权债务关系,然后在下一个环节,则通过不法手段实现虚假债权债务关系。如果前后两个阶段只成立单纯一罪,则不存在罪数的问题。但当前后两个阶段均分别成立不同的犯罪时则存在罪数认定的问题。对于罪数认定的问题,《"套路贷"意见》第 4 条规定:"对于在实施'套路贷'过程中多种手段并用,构成诈骗、敲诈勒索、非法拘禁、虚假诉讼、寻衅滋事、强迫交易、抢劫、绑架等多种犯罪的,应当根据具体案件事实,区分不同情况,依照刑法及有关司法解释的规定数罪并罚或者择一重处。"这一司法解释的规定只是对套路贷犯罪中关于罪数关系的判断作出了一般性的规定,较为笼统与模糊,在司法实践中缺乏可操作性,甚至还有些不尽合理之处。

（一）套路贷犯罪罪数认定之司法困境

正因为《"套路贷"意见》关于罪数关系的规定较为笼统与模糊,所以在司法实践中,不同的司法机关在认定套路贷犯罪的罪数形态时,存在较大的分歧。主要表现在以下两个方面。

第一,对于是定一罪还是数罪存在分歧。在各地关于套路贷的司法裁判案件中,既有以一罪论处的情形,也有以两个以上罪名论处的情形,不甚统一。这一不统一的结果并非完全因犯罪事实情况不同而导致的,多数是由司法机关对于一罪与数罪认定标准不同所导致的。例如,同是上海的两个案件,在苏某某诈骗案中,行为人除前期"套路"具有蒙骗特征外,后续还实施了滋扰、恐吓、虚假诉讼等行为,法院认定行为人只构成诈骗罪一罪。①而在高某、蒋某等敲诈勒索案中,行为人除了前期实施了具有欺骗性的套路行为之外,后续还实施了滋扰、恐吓、非法拘禁等行为,法院认定行为人构成诈骗罪、敲诈勒索罪和非法拘禁罪。②

第二,对于涉及数罪的,应如何处断存在分歧。在司法实践中,只存在诈骗行为的套路贷犯罪案件较为少见,多数都在诈骗行为之后还伴有后续逼迫被害人偿还非法债务的行为。对于这种存在关联行为的套路贷犯罪案件,在前后关联行为的罪数认定上司法机关的处断方式也不甚统一。有学者统计过江苏省关于套路贷犯罪案件的一审刑事裁判文书,其中单纯以敲诈勒索罪和诈骗罪论处的分别有 27 份和 12 份,以诈骗罪和敲诈勒索罪数罪并罚的有 8 份,以敲诈勒索罪与其他犯罪(诈骗罪除外)数罪并罚的有 9 份,以诈骗罪与其他犯罪(敲诈勒索罪除外)数罪并罚的有 2 份,以诈骗罪、敲诈勒索罪之外的其他犯罪论处的有 4 份。③由此可见,对于存在前行为与后行为特定关系,且前行为与后行为都分别构成犯罪的情形下,最终应如何定罪,司法机关存在分歧,甚至不同的地区,对于如何定罪还有不同的倾向。

(二)套路贷犯罪罪数的认定路径

对于套路贷犯罪的罪数认定问题,应当根据行为人所实施行为的本质特征入手,对其构成一罪还是数罪进行相应的判断。套路贷犯罪案件中行为人往往出于非法占有目的,通过一系列套路行为实现非法占有目的。其中的套路行为可能只有一种,也可能是多种。在多种套路行为的情形下,可能不同的套路行为或其他实现非法占有目的的行为构成不同的犯罪,也即最后可能只涉及一个罪名,也可能涉及数个罪名。

第一,只涉及一罪的情形。在套路贷犯罪案件中,常见的套路是行为人先通过欺骗的行为与被害人之间形成虚假债权债务关系,并设法取得索取债务的形式证据,后续再想办法索取非法债务。如果行为人通过先前的欺骗行为形成了虚假债

---

① 参见上海市宝山区人民法院(2019)沪 0113 刑初 1030 号刑事判决书。
② 参见上海市金山区人民法院(2017)沪 0116 刑初 870 号刑事判决书。
③ 参见彭文华:《"套路贷"犯罪司法适用中的疑难问题研究》,载《法学家》2020 年第 5 期。

权债务关系后,没有通过其他的犯罪行为索取非法债务,则其行为只构成诈骗罪一罪,不存在构成数罪的情形。

第二,涉及数罪的情形。套路贷犯罪案件中,常见的套路是行为人先通过欺骗的行为与被害人之间形成虚假债权债务关系,并设法取得索取债务的形式证据,后续再通过威胁、要挟等方式索取非法债务,其中先前欺骗行为和后续索债行为都构成犯罪,则可能会出现罪名认定的问题。例如,先前通过诱骗、欺骗等行为获取非法债权债务凭据的行为构成诈骗罪,后续又以威胁的方法或虚假诉讼的方法索取非法债务的行为构成敲诈勒索罪或虚假诉讼罪,此时应以一罪论处还是数罪并罚则存在分歧。

对于此种情形,应当以非法占有目的支配下行为的本质特征为考量的基本原则,并以行为所侵害法益的数量考量为例外原则。第一,在进行罪数判断时,应把握行为人主观上的非法占有目的,并判断行为人所实施的犯罪行为是否都是在同一非法占有目的的支配下所展开的。在套路贷犯罪案件中,如果前行为欺骗被害人形成虚假的债权债务关系,之后又以敲诈、胁迫等行为索取意图非法占有的他人财物,则应将基于非法占有他人财物的主观目的下实施的先、后之行为视为一个不可割裂的整体行为,骗取行为与索债行为分别属于手段行为与目的行为,前后行为之间具有牵连关系。例如,在欺骗行为人签订虚假债权债务协议之后,通过暴力相威胁索取债务时,欺诈行为与敲诈勒索行为共同指向非法占有他人财物的同一目的,欺诈行为只是敲诈勒索行为的手段行为,前后两行为相互合作、配合才能实现非法占有的主观目的。这种情形下应当构成牵连犯,择一重罪论处。如果将手段行为与目的行为分别定罪后数罪并罚的话,则会导致对行为人的行为重复评价的后果,进而导致罪刑不均。当然,如果前面的欺诈行为与之后的索债行为存在不同的主观故意,或者行为人在索债阶段又产生了新的犯意并且实施了相应的犯罪行为,则无论是否有新的危害结果发生,均应适用数罪并罚。第二,在罪数判断时还应考量行为所侵害法益的数量。如果套路贷犯罪案件中,行为人在实施非法占有他人财物的行为时,又侵害了其他法益,则基于罪刑相适应原则,行为人需对不同的法益侵害结果承担相应的责任,即应适用数罪并罚,以保证量刑均衡。例如,在欺骗行为人签订虚假债权债务协议之后,采取暴力或软暴力等行为索取债务时,额外侵害了财产法益之外的人身权益、社会秩序,则此时欺骗行为与索债行为都独立成罪,并应当数罪并罚。例如,在欺骗行为人签订虚假债权债务协议之后,行为人通过提起虚假诉讼进行索债,行为人先后两个行为不仅侵害了被害人的财产权,也妨害了司法秩序的正常运行,因此应以诈骗罪与虚假诉讼罪定罪,并适用数罪并罚。

此外,还有一种情形,即前行为或后行为分别成立数罪的情形。前行为或后行为成立数罪的,主要包括三种情形:一是先前行为成立一罪,后续行为成立数罪;二是先前行为成立数罪,后续行为成立一罪;三是先前行为与后续行为均成立数罪。由于套路贷犯罪案件中,通常前行为与后行为之间存在牵连关系,如前所述应当择一重罪处罚,不宜实行数罪并罚。因此,对这种情形正确的做法是,若有法律规定则依照法律规定定罪量刑,若无法律规定则将前行为或后行为分别按一罪处罚或者数罪并罚,再按照牵连犯的处罚原则择一重罪处罚。例如,如果行为人前行为构成诈骗罪,后续索债的行为又构成敲诈勒索罪与非法拘禁罪,则应当将后行为构成的敲诈勒索罪与非法拘禁罪进行并罚后,再将并罚后的处罚与前行为的诈骗罪按照牵连犯的处罚原则择一重罪进行处断。当然,如果法律有明确规定的,依法律的规定。如《刑法》第 294 条第 4 款规定,"犯前三款罪又有其他犯罪行为的,依照数罪并罚的规定处罚"。因此,当黑社会性质组织实施套路贷犯罪时,应对各罪实行数罪并罚。例如,在行为人参加黑社会性质组织并从事套路贷犯罪活动的情形中,行为人的前行为构成参加黑社会性质组织罪和诈骗罪,之后在索债的过程中又构成敲诈勒索罪和非法拘禁罪,则对行为人应以参加黑社会性质组织罪、诈骗罪、敲诈勒索罪和非法拘禁罪实行数罪并罚。

第六章　涉民间借贷犯罪的刑民交叉问题

第一节　刑民交叉概述

刑民交叉是司法实践中因法律关系交错与法律事实错综复杂情形下导致的疑难问题。有关刑民交叉的表述还有"刑民交错""刑民交织""刑民互涉""刑民结合"等,这些表述本质上没有太大的差别,学界目前也没有对此作出统一规定。我国目前关于刑民交叉问题的研究较多,但因对刑民交叉内涵与外延没有统一的认识,导致了目前的研究还较为杂乱,未形成统一的观点。要科学、合理地探讨与研究涉民间借贷犯罪的刑民交叉问题,必须对刑民交叉的概念与特征有明确的理解与认识。

一、刑民交叉的概念与特征

(一)刑民交叉概念的明确

刑法与民法的分离以及某些案件法律关系的错综复杂,使得在司法实践中不断出现一些刑事犯罪与民事侵权关系交叉的案件。虽然理论界对于刑民交叉问题的研究较多,但对于刑民交叉这一概念的理解也一直处于模糊状态,缺乏统一的界定,这也是我国目前关于刑民交叉问题的研究较为混乱的重要原因之一。因为对刑民交叉案件概念的不同理解,使得刑民交叉案件的研究范围也不一致。刑民交叉案件本身已是司法实践中的疑难问题,概念的模糊不清,更可能导致刑民交叉案件的研究难以深入。因此,准确界定刑民交叉的概念与类型成为刑民交叉的首要问题。对于刑民交叉的概念,理论界大致包括以下几种观点。

第一种观点是广义的刑民交叉观点,持这种观点的学者认为,刑民交叉是指同一行为或具有一定关系的不同行为分别侵犯了刑事法律关系和民事法律关系的现象。这一观点应当属于刑民交叉概念中较为广义的概念,指出司法实践中案件存在刑法与民法互相交叉、牵连或者相互影响等关系的情形就属于刑民交叉案件。

第二种是较为狭义的观点,持这种观点的学者认为,"刑民交叉案件特指某种行为究竟应当被作为犯罪处理,还是认定为民事违法性质不明、难办的情形,也即指案件处于刑事和民事的临界点上,构成犯罪还是民事侵权、违约难以被决断的情形"①这种关于刑民交叉案件的理解比较狭窄,大大缩小了刑民交叉案件的范围。持这种观点的学者反对对刑民交叉使用广义的概念,并指出,如果仅仅在刑法和民法都对某种社会关系进行调整的情况下就讨论刑民交叉,那么几乎所有的刑事案件都涉及刑民交叉问题,在这种范围和意义上讨论刑民交叉的意义很有限。②

第三种观点是以法律事实为基础的观点,持这种观点的学者认为,"刑民交叉案件是指刑法与民法在法律事实上存在交叉的案件"③,或者有学者认为"刑民交叉案件是指刑事犯罪与民事不法存在竞合的案件"④,还有学者认为"刑民交叉是指刑事案件和民事案件由于特定因素的关联而出现交叉或者并存的现象"⑤。持这种观点的学者强调刑民交叉案件的本质是法律事实的交叉,而忽略了法律关系之间的交叉。

第四种观点是以法律关系为基础的观点,持这种观点的学者认为,"刑民交叉案件是指某些案件涉及的法律关系错综复杂,常常出现在民事和刑事上相互交叉或牵连、相互影响的案件"⑥,持这种观点的学者明确了刑民交叉本质上的特征是刑事与民事关系的相互交叉与杂糅,忽略了刑民交叉案件在法律事实上的交叉。

第五种观点是兼顾法律事实与法律关系的观点,持这种观点的学者又在概念

---

① 周光权:《"刑民交叉"案件的判断逻辑》,载《中国刑事法杂志》2020 年第 3 期。
② 参见周光权:《"刑民交叉"案件的判断逻辑》,载《中国刑事法杂志》2020 年第 3 期。
③ 毛立新:《刑民交叉案件的概念、类型及处理原则》,载《北京人民警察学院学报》2010 年第 5 期。
④ 陈兴良:《刑民交叉案件的刑法适用》,载《西北政法大学学报》2019 年第 2 期。
⑤ 魏东、钟凯:《论刑民交叉及其关涉问题》,载《四川警察学院学报》2009 年第 4 期。
⑥ 江伟、范跃如:《刑民交叉案件处理机制研究》,载《法商研究》2005 年第 4 期。

上有不同的侧重之处，还可以分为"法律关系侵害说""构成要件符合说"和"综合说"三种观点。"法律关系侵害说"认为"刑民交叉是指同一法律事实同时侵犯了刑事法律关系和民事法律关系的客观现象，从而造成案件在选择适用刑事诉讼法律规范和民事诉讼法律规范的时候产生交叉及冲突"。①"构成要件符合说"认为"刑民交叉是指在某一案件中当事人的部分或全部行为同时符合刑事犯罪构成要件和民事法律关系构成要素的客观现象"。②"综合说"认为"刑民交叉是指一个或者多个自然事实同时被刑法和民法评价之后，刑事法律事实和民事法律事实出现竞合或牵连，进而导致刑事法律关系和民事法律关系的竞合和牵连、刑事法律责任和民事法律责任聚合的现象，或者同一自然事实一时难以确定性质进而导致或者可能导致刑法规范和民法规范出现竞争性适用的现象"。③

上述五种观点都从不同的视角或者本质特征对刑民交叉案件的概念作出了界定，但有些观点没有抓住刑民交叉案件的实质，有些则缺乏外延的全面性。具体来说，第一种观点对刑民交叉的概念认定过于宽泛，几乎能包含所有刑民之间的问题，使得刑民交叉案件的范围被无限扩大，从而失去了进行专题研究的意义。第二种观点对于刑民交叉概念的理解又过于狭窄，只是包括了刑法与民法竞争性适用的情形，缩小了刑民交叉案件的范围，无法涵盖刑民交叉案件的全部情形，不利于刑民交叉案件研究的全面性。第三种观点以法律事实为基础，却忽略了法律关系的交叉也是刑民交叉案件的本质。第四种观点则是以法律关系为基础，忽略了刑事、民事法律事实的交叉，事实上法律关系的产生与交叉来自法律事实，因此法律事实的交叉不容忽略。第五种观点则是兼顾了法律事实与法律关系两者。笔者认为，对于刑民交叉案件的概念的理解应当兼顾法律事实的交叉与法律关系的交叉。其中"法律关系侵害说"和"构成要件符合说"的问题在于，其侧重对法律关系的侵犯或者构成要件要素的符合，只涵盖了刑民交叉案件的单数行为的情形，而对于复数行为同时涉及刑法与民法以及刑事犯罪与民事纠纷性质一时难以判断的案件则

---

① 张晓明：《对刑民交叉案件处理机制的思索》，德衡商法网，http://www.deheng.cn/dhbbs_shou.asp?id=995，访问时期：2019年2月4日。

② 童可兴：《刑民交错案件的司法界定》，载《人民检察》2004年第6期。

③ 刘宪权、李振林：《集资案件中的刑民交错现象及其归宿》，法律出版社2017年版，第30页。

无法涵盖其中,具有一定的局限性。"综合说"则不存在这一缺陷,不仅包括了刑事法律关系与民事法律关系交叉的情形,还包含了刑事犯罪与民商事纠纷存在刑法与民法竞争适用的现象,即刑法与民法适用的辨别与判断。这一概念在外延上相对于其他两种学说更加充分与合理,因此,笔者认为这一概念更为可取,本书将在这一概念的基础上进行相关研究。

(二)刑民交叉案件的特征

从上述可知,综合说观点下的刑民交叉概念更为合理,从该概念就可以看出,刑民交叉案件应当具备三个方面的特征:一是存在法律事实上的交叉;二是存在法律关系上的交叉;三是法律责任上的聚合。以下对三个方面的特征作进一步的论述。

1. 法律事实的交叉

法律事实不同于自然事实,法律事实的形成是对客观存在的自然事实进行的法律判断,相同的自然事实,可能因法律的不同而形成不同意义上的法律事实。法律事实是法律规范所规定的、能够引起法律关系产生、变更和消灭的客观情况或现象①,也即法律事实是法律判断之下的自然事实。在同样的自然事实之下,因不同的法律判断会形成不同的法律事实,也即同样的自然事实之下,因民法的判断而形成民事法律事实,又因刑法的判断而形成刑事法律事实。基于同一自然事实,两种不同的法律难免会出现竞合或者牵连的情形,也就为形成刑民交叉案件提供了事实基础。法律事实之间的民事法律事实与刑事法律事实的交叉关系在刑民交叉案件中起到了基础性的作用,因为法律事实是对自然事实进行法律判断的首要环节,也即法律事实的交叉是对刑民交叉案件中自然事实进行法律判断的逻辑起点,之后的法律关系以及法律责任的形成都是由法律事实所引起的,只有在法律事实出现竞合或牵连等交叉关系之后,才能进一步引起法律关系的竞合以及法律责任的交叉。②

关于法律事实的交叉包括法律事实的竞合与法律事实的牵连两种情形。这两种情形的界分主要是以自然事实的类型不同作为划分标准的。对于刑事法律事实

① 张文显:《法理学》,高等教育出版社、北京大学出版社 2001 年版,第 118 页。
② 刘宪权、李振林:《集资类案件中的刑民交错现象及其归宿》,法律出版社 2017 年版,第 31 页。

与民事法律事实以同一自然事实为基础的情形下,刑事法律事实与民事法律事实都是对同一自然事实进行法律判断,此时刑事法律事实与民事法律事实之间就是一种竞合关系。而如果自然事实不是同一事实,而是具有相关性的自然行为的复合,对其中两个或多个自然行为分别进行刑法、民法判断而形成刑事法律事实与民事法律事实,则其中的刑事法律事实与民事法律事实之间则往往会存在牵连关系。

2. 法律关系的交叉

法律事实的交叉首先引起的就是法律关系的交叉,在刑事交叉案件中,即体现为民事法律关系与刑事法律关系的交叉。法律关系是指在法律规范调整社会关系的过程中所形成的人与人之间的权利和义务关系。①法律关系的形成、变更和消灭,需要同时具备法律规范和法律事实两个条件。民事法律关系是由民事法律规范所调整的,以公民、法人或其他组织等为主体的,以民事主体所享有的权利和所承担的义务的社会关系。刑事法律关系是指由刑事法律规范所调整的,因犯罪行为所引起的控罪主体与犯罪主体之间为解决犯罪构成与刑事责任而形成的一种社会关系。

由于刑事法律关系与民事法律关系之间存在显著的区别,在刑民交叉案件中,虽然刑事法律事实与民事法律事实可能存在竞合或者牵连的关系,但在刑事法律关系与民事法律关系之间却只存在牵连关系一种情形。在刑民法律事实竞合的情形下,因只有一个法律事实,只产生一个刑事法律关系与一个民事法律关系,而且二者因行为人而形成牵连关系。例如,在合同诈骗案件中,行为人因诈骗行为与国家形成刑事法律关系,同时又因为签订合同行为和被害人形成民事法律关系,且其中刑事法律关系与民事法律关系以行为人为牵连点而形成牵连。又如在故意伤害、故意杀人案件中,行为人因其故意伤害或故意杀人行为与国家形成刑事法律关系,同时又因伤害或杀人这一侵权行为与受害人或受害人家属形成民事法律关系,且其中刑事法律关系与民事法律关系以行为人为牵连点形成牵连。在法律事实牵连的情形下,因为法律主体的复合性,牵连情形也较为复杂。对于双主体刑民法律事实牵连的案件中,只有一个刑事法律关系与民事法律关系,二者也因行为人而形

---

① 张文显:《法理学》,高等教育出版社、北京大学出版社 2001 年版,第 110 页。

成牵连关系。对于多主体刑民法律事实牵连的案件中,难免形成多重法律关系,牵连点也较为复杂,既可能仅围绕行为人形成刑民法律关系的牵连,也可能同时围绕行为人和被害人甚至第三人形成法律关系之间的牵连。

3. 法律责任的聚合

法律责任是由特定法律事实所引起的对损害予以赔偿、补偿或接受惩罚的特殊义务,亦即由于违反第一性义务而引起的第二性义务。[①]民事责任是指当事人不履行民事义务所应承担的民法上的后果。民事责任包括侵权责任、违约责任等责任形式。根据我国民法的规定,民事责任的主要责任形式包括以下几种:停止侵害、排除妨害、消除危险、返还财产、恢复原状、赔偿损失、恢复名誉、赔礼道歉等。刑事责任是刑法所规定的,因实施犯罪行为而引起的,由司法机关强制犯罪行为人承担的刑事惩罚或者单纯否定性的法律评价的不利后果。刑事责任的主要承担方式是对犯罪行为人予以定罪量刑。

在刑民交叉案件中,法律责任与法律事实有所不同,如前所述,法律事实往往会存在竞合或牵连的关系,与刑事法律关系与民事法律关系相同,但刑事责任与民事责任之间是不可能出现竞合或牵连关系,而只能出现责任聚合的情形,也即刑事责任与民事责任不能择一承担,只能分别承担,既要承担刑事责任,也要承担民事责任。具体来说,行为人的同一自然行为,在刑法与民法的评价下,不仅侵犯了刑法所保护的社会关系,也侵犯了他人的合法权利,如人身权、财产权等,进而既需要向国家承担刑事法律责任,又同时需要向作为平等主体的他人承担相应的民事责任,如赔偿损失、恢复原状等。

二、刑民交叉案件的表现形式

从上文所述可知,在刑民交叉案件中,自然行为单复数情况不同,可能出现的交叉情况也有所不同。不同自然行为法律判断与结果的不同也会产生不同类型的刑民交叉案件。因此,根据自然行为的单复情况以及对自然行为法律判断与结果

---

① 张文显:《法理学》,高等教育出版社、北京大学出版社 2001 年版,第 122 页。

的不同,可以对刑民交叉案件予以分类,具体可以分为过渡型刑民交叉案件、竞合型刑民交叉案件以及牵连型刑民交叉案件三种情形,以下简要对这三种情形进行介绍。

（一）过渡型刑民交叉案件

过渡型刑民交叉案件是指刑法规范与民法规范竞争适用的刑民交叉案件。如前所述,对于单一的自然行为,只能进行单一的法律判断,要么进行刑法判断,要么进行民法判断,但到底应当适用哪一种法律进行判断一时难以确定时,刑法与民法在适用上就形成了竞争性。这种竞争性的存在主要是由刑法规范与民法规范之前存在一定范围的"过渡地带"所导致的,因此将这种类型的刑民交叉案件称为过渡型刑民交叉案件。这种过渡主要表现为,我国法律既定性又定量,在量的规定上难免存在一些交叉或者过渡的范围,以借贷纠纷为例,如果行为人具有非法占有的目的,则可能构成刑法中诈骗型的犯罪,如果行为人不存在非法占有的目的,则可能属于民法中的借贷纠纷。此时,行为是否具有非法占有目的成为认定行为是否构成犯罪,也即判断应当适用何种法律的关键。然而,非法占有目的是行为人主观方面的要素,无法直接作出判断,需要通过行为人的一些外在因素来进行推断,在司法实践中往往难以作出精确的判断,因而使诈骗犯罪与贷款纠纷之间存在过渡地带。

过渡型刑民交叉案件主要表现为刑法规范与民法规范的竞争性适用,也可能同时引起民事程序与刑事程序的竞争性适用。刑事法律规范与民事法律规范所规定的内容有所不同,刑事法律规范主要是以法益保护为内容的,包括个人法益(如人身、财产等)和超个人法益(如国家安全、公共利益、社会秩序等)。民事法律规范主要包括人身权、财产权和其他综合性的权利等。根据刑事法律规范与民事法律规范所规定的具体内容,可以将过渡型刑民交叉案件归纳为经济纠纷与经济犯罪之间的过渡型刑民交叉案件、财产纠纷与财产犯罪之间的过渡型刑民交叉案件、人身纠纷与人身犯罪之间的过渡型刑民交叉案件以及过度维权行为与犯罪之间的刑民交叉案件。刑法分则第三章专门规定了破坏社会主义市场经济犯罪,这一章所规定的罪名与相关经济纠纷之间存在过渡型的刑民交叉问题,在司法实践中最为常见的是金融纠纷与金融诈骗犯罪、合同纠纷与合同诈骗犯罪之间的过渡型交叉。财产纠纷与财产犯罪之间的过渡型交叉在司法实践中主要表现为刑法分则第五章所规定的财产犯罪与民事纠纷之间的刑民交叉。侵犯人身权利犯罪与人身纠纷之间的过渡型交叉在司法实践中主要表现为刑法分则第四章中所规定的人身权利犯罪与人身民事侵权纠纷之间的刑民交叉。此外，过度维权行为与犯罪之间的交叉主要体现为敲诈型犯罪与维权行为之间的刑民交叉。

（二）竞合型刑民交叉案件

竞合型刑民交叉案件是指行为存在刑事法律关系与民事法律关系竞合的情形。根据案件中行为的单复数情形不同，又可以将竞合型刑民交叉案件划分为完全竞合型刑民交叉案件与部分竞合型刑民交叉案件。在只具有单一行为的情形下，其行为可以同时进行刑法和民法判断，但判断之后即出现刑事法律事实与民事法律事实的完全竞合，此即完全竞合型刑民交叉案件。对于复合行为而言，在进行法律判断时，一方面需要就全部行为进行民法或刑法判断，另一方面还需要就其中的手段行为或结果行为进行刑法或民法判断，从而表现出刑事法律事实与民事法律事实之间的部分竞合，此即部分竞合型刑民交叉案件。

完全竞合的交叉，往往是以单一行为为前提的，单一行为同时被评价为犯罪和民事侵权行为时即为完全竞合的交叉。按照民事权利的内容与刑法中的法益内容重合的可能性可知，刑民交叉中完全竞合的交叉包括侵犯公民人身权利、侵犯财产权利和侵害超个人法益且有具体被害人三种情形。部分竞合的交叉是以复合行为为前提的，这类案件的全部行为及其中的手段行为或结果行为需要分别进行民法或刑法判断。这种部分竞合的刑民交叉案件主要包括交易加害型的复行为犯（如金融诈骗犯罪等）、行为人以民事行为的假象实现犯罪目的的犯罪（如故意造成被保险人伤亡而进行保险诈骗的行为等）、行为人以犯罪为手段实现民事目的行为（如行贿后签订民事合同等）以及其他犯罪行为中涉及民事关系等情形（如行贿后反悔，所送财物的返还问题等）。

（三）牵连型刑民交叉案件

牵连型刑民交叉案件是指在行为复数时，对行为同时进行刑法与民法的判断，使得出现刑事法律事实与民事法律事实的牵连，进而引起刑法与民法意义上的法律关系、法律责任以及法律程序出现牵连的情形。对于牵连型刑民交叉案件，根据案件所涉法律主体数量的不同，可以将其划分为双主体牵连型刑民交叉案件和多主体牵连型刑民交叉案件。

双主体牵连型刑民交叉案件是指涉案的复数行为只涉及行为人和被害人这两个主体的刑民交叉案件。例如,行为人欠债后,为逃避债务而又偷回欠条的行为。多主体牵连型刑民交叉案件指复数行为除了涉及行为人和被害人之外,还涉及其他人的刑民交叉案件。例如,行为人与被害人存在借贷纠纷与诈骗犯罪的刑民交叉关系的同时,借贷行为中又存在担保的问题,进而将担保人作为民事主体又牵涉到整个案件中。

三、刑民交叉案件的处理原则

所谓刑民交叉案件的处理原则即指适用于所有刑民交叉案件,且在司法实践中必须遵守的规则。在刑民交叉案件中,因为民法与刑法不论是在概念、理论上,或是在法律思维方式上,还是在案件的审理程序上都存在一些差异,但法律事实的特殊性又使得两个法律在具体适用上存在一些关联性。民法是形式上的思维,强调法律关系,因此在民法中注重法律关系的分析方法,在民事诉讼法中也是根据证据形式进行事实认定,但刑法则与之不同,强调行为,具有实质判断的性质。①虽说民事法律与刑事法律在各方面都有所差异,但在刑民交叉案件中,刑事法律与民事法律二者之间则有相互补充、相互协调的关系。基于刑事法律与民事法律的上述关系,在同时产生刑事法律关系与民事法律关系的案件中,我们应当做到既明确刑法与民法的区别,又充分认识二者之间的关联性,综合运用刑事与民事法律规定的各种原则或法律原理对案件进行观察、分析,并进而解决案件的问题。在刑民交叉案件的处理上应当遵循法秩序统一原则、刑法的谦抑原则以及罪刑法定原则等。下文将对三个基本原则予以展开论述。

(一)法秩序统一原则

法秩序统一原则是处理不同部门法之间的矛盾时应遵守的基本原则,具有不可动摇的性质,所有部门法的执行都应当贯彻该原则。刑民交叉案件因为同时涉

---

① 陈兴良:《刑民交叉案件的刑法适用》,载《法律科学(西北政法大学学报)》2019 年第 2 期。

及不同部门的法律,因此在处理时,必须遵循法秩序统一原则。如果法律体系内部出现不可调和的矛盾时,会导致法律体系本身的难以统一,从而难以实现规范社会中行为人的不法行为或犯罪行为的目的。因此,法秩序统一原则至关重要,尤其是在刑民交叉案件中更要注重法秩序统一原则的指导与贯彻。法秩序统一原则是指在法律体系中存在的刑法、民法或者其他法律等各个部门法之间形成的法秩序不能产生矛盾,也即在法律体系中各个领域之间的司法解释或者其他的解释不应相互矛盾、冲突。例如,当某一行为在某一法领域中被规定为合法,那么在其他的法律领域就不能将该行为规定为违反法律对其禁止,或者不能在其他法律领域的规定中出现这样的事态,即与之前已经被法律认定为合法行为相反。①概括地说,法秩序统一性要求在处理某一件事情时,所有的规范秩序不能相互矛盾。

对于法秩序统一性的理解也并不完全一致,也有观点上的争议。第一种观点是"严格的违法一元论"。该理论认为,涉案行为人实施的行为在某一法领域被评价为违法行为,那么在其他法领域就不会被认为是属于合法的。反之,如果某一行为在民事领域被认定为合法,那么该行为在刑事领域也应该被认定为合法。第二种观点是"缓和的违法一元论"。该理论认为,依据刑事法规,某一行为被其认定为违法,那么该行为在民事领域运用民事法律规定进行评价也应被认定为违法。但是如果当某一行为在民法上被评价为不法行为,而在刑事法律规定的领域却不一定会违法。第三种观点是"违法的相对论"。该理论认为,法秩序存在多义性的特征,对行为人的行为在刑事上进行违法性判断,在与其他的法领域之间是不相关联的,各法领域是相互独立的。对于以上各种观点,笔者认为"严格的违法一元论"过于绝对,如果某一行为在民法领域被认定为不法行为就可以推导出其在刑事领域也构成违法犯罪行为,这样的观点容易导致行为人责任承担过于严重。而"违法的相对论"则割裂了法律体系中各个法领域之间的联系,会造成某一行为在民事领域被认定为合法,在刑事领域却有可能被认定为犯罪的这种刑法与民法之间相矛盾的结论。相对来说,笔者更赞同第二种观点,即缓和的违法一元论,即作为前置法的民法认为不具有违法性的,该行为在刑事法上也不应评价为犯罪,而如果作

---

① 王骏:《违法性判断必须一元吗?——以刑民实体关系为视角》,载《法学家》2016 年第 3 期。

为前置法的民法认为具有违法性时,行为人的行为在刑事法上也不具有违法的必然性。

在刑民交叉案件中,要遵循法秩序的统一性,就要防止将被作为前置法的民法认为不具有违法性的行为,在刑法上认定为犯罪,如果民法上合法的行为在刑法上被认定为犯罪,公众就不知道该如何行事。法秩序原则在刑民交叉案件中提出了以下不能偏离的规则:在民商法上合法的行为,不可能成为刑法上的犯罪;唯有民商法所要反对的行为,才有可能成为犯罪行为。在刑法与民法规范的保护目的相一致的场合,刑法应当绝对从属于民法,这是法秩序统一性的当然要求。①换言之,在刑民交叉案件的司法实践中,当民事违法不存在时,应当断然否定待处理案件中行为的犯罪性,如此说来,如果某一个行为的选择在民商法上有争议,甚至该行为在民商法上是被允许或容忍的,那该行为就可能因此而"出罪"。

（二）刑法的谦抑原则

刑法的谦抑性,是指立法机关与司法机关只有在其他规范难以实现规制目的,没有其他可以代替刑罚的适当方法存在的条件下,才能将某种违反法律秩序的行为规定为犯罪或者认定为犯罪,予以刑罚处罚。换句话说,在必需压制某些犯罪行为和保护合法权益时,只要适用较轻的惩罚方法就足以惩罚犯罪行为人,此时就没有必要再通过法律规定的重罚方法惩罚犯罪行为人,或者当适用其他法律法规可以制止某些违法行为并保护合法权益时,法官就不需要将案件行为人的行为界定为犯罪。在刑民交叉案件中就体现为,如果适用民法足以实现对合法权益的保护和对违法行为的制裁,则不需要将所有的涉案行为评价为犯罪,并予以惩处。刑法的谦抑性包括刑法的宽容性与刑法的补充性等要求。

在刑民交叉案件中,首先应当体现刑法宽容性,避免刑法适用过于宽泛。在法律规范体系中,刑法属于第二次调整,是当属于第一次法律规范的民法与行政法等无法通过追究案件行为人的责任对社会中的各种关系进行第一次调整的,就需要刑法进行第二次调整。②由此可知,刑法作为"第二次法",其应在民法"第一次法"没有办法解决案件时,才得以适用,发挥其应有的作用。在刑法与民法相互交叉的

---

① 于改之:《法域冲突的排除:立场、规则与适用》,载《中国法学》2018 年第 4 期。
② 梁根林:《扩张和线索》,法律出版社 2005 年版,第 48 页。

区域,由于刑法与民法的适用界限并非十分的明确,当司法工作人员面对刑民交叉案件时,该如何合理地选择和适用刑事法律和民事法律成为至关重要的问题。此时,刑法的宽容性作为刑法谦抑原则的重要内容,要求司法工作人员在处理刑民交叉案件时要严格把握适用刑法的范围,从宽对民法作出解释,避免刑法的过度适用。尤其是在"先刑后民"观念的影响下,更容易导致刑法的过度适用。因此在刑民交叉案件中一定要树立刑法宽容性的司法理念,在一些刑民交叉案件的处理中,应首先从民法角度对案件进行分析,若案件中当事人的行为并未违反民事法律的规定,是合法行为,那么从根本上就不需要再进行刑事评价。例如,涉案行为人的行为只是违反了民事法律规定,则属于民事不法行为,那么就应适用民法对该行为进行评价,不需要适用刑法。

谦抑原则是处理刑民交叉案件所必须遵循的,主要是因为刑事法律规定是最后一道防线,也就是说当其他法律难以保护被侵害的法益,才会适用刑法。这也就体现出了刑法所应当具备的补充性特征。刑法所规定的刑罚相对于其他法律规定的法律责任来讲,相对严格,惩罚性较大。刑罚是对公民的财产、自由或者生命的剥夺,是非常严酷的制裁犯罪的手段,如果将刑罚的手段放到某个人身上,这个人的行为有可能被抑制,受到相应的处罚,可是有时候也可能发生刑罚过于严重的情况,与行为人的行为危害性不相对应,而过分限制行为人的自由,从而对行为人造成难以磨灭的不利影响。因此刑法应当扮演的是补充性的角色。在审理刑民交叉案件时,应当慎用刑罚措施,如若放宽作为最后手段的刑法的适用范围,就容易造成刑法的肆意性。所以面对刑法,我们不能轻易的适用刑法对涉案行为人的行为进行评价。

总而言之,通过民事途径是否足以妥善处理纠纷。在刑民交叉案件的处理过程中必须遵循刑法的谦抑性原则,充分认识到刑法的最后手段性,只有在民事、行政等其他制裁手段的保护力度不充分或不足以保护法益时,才能加以使用。在民法、行政等其他制裁手段的保护已经足够时,刑法必须保持克制和谦抑。

(三)罪刑法定原则

在处理刑民交叉案件的实体性问题时,最主要的内容就是准确判断行为的罪与非罪,要做到准确划分罪与非罪行为,必然离不开罪刑法定原则的指导与贯彻。

罪刑法定原则指法律明文规定为犯罪行为的,依照法律的规定定罪处刑;法律没有明文规定为犯罪行为的,不得定罪处刑。在研究和处理刑民交叉案件的实体问题时,如果刑事法律规定对涉案行为人的行为没有作出任何的限制规定,即审理该案件没有刑法上的处理依据,在这种情况下应该依据罪刑法定原则,不能对案件当事人进行刑事判决,只能依据民事法律规定进行民事案件的处理。然而,如果涉案行为人的行为触犯了刑法的明文规定,也即符合刑法所规定的犯罪构成要件,则对该行为只能按照犯罪论处,不能作为民事案件予以处理。然而,在司法实践中经常会发生公安机关插手经济纠纷的现象,这些司法机关要么以可能构成刑事犯罪为由插手经济纠纷,要么认为是经济纠纷而拒绝刑事立案。针对经济纠纷与经济犯罪的刑民交叉案件该如何区分? 经济纠纷应由民事法律规定进行评价,遵循法律没有作出明确规定就不可以实施相关行为的原则理念,即只要相关的法律没有作出明确的法律条文规定禁止,行为人实施的经济行为就是合法的。在处理这类案件时,要遵守罪刑法定原则,行为人的行为有刑法上的依据进行评价的,则可以被评价为刑事犯罪。罪刑法定原则作为原则性的规定,必须在刑民交叉案件中予以贯彻,并且在刑民交叉案件的处理时一再被强调,其目的在于防止一些司法机关在司法实践中出于地方保护主义等需要,而不顾刑法的明文规定,要么以涉嫌犯罪为由插手经济纠纷,或者以经济纠纷为由拒绝刑事立案。[①]

除了上述三个基本原则之外,理论界也还存在其他一些关于刑民案件的处理原则。例如,整体协调裁判原则,该原则指出无论是事实认定,还是法律归责,均应将刑民两个部分作为整体观察考量,作出相互照应、彼此相宜的认定与裁判。充分合理救济原则,该原则提出在刑民交叉案件中,对于当事人遭遇损害的合法权益,既要依法给予充分保护或救济,又要审慎畛域、遵循填平和过错责任原则,保持合理限度。诉讼经济便民原则,该原则要求刑事、民事诉讼程序的启动与推进,既要瞄准实现司法目的,也要贯彻诉讼经济、便民原则,尽量使用最少的司法资源,达到最佳的保护救济效果。相比于前文的三个基本性的原则,这些原则更加的具体,在司法实践中也能指导刑民交叉案件的处置更加科学、合理。

---

① 参见汪明亮:《刑民交叉案件的处理规则与原则》,载《法律适用》2019 年第 16 期。

第二节　涉民间借贷犯罪刑民交叉案件的司法现状及困境

民间借贷行为是产生于自然人或企业之间的借贷，体现为平等主体之间的财产关系，因此必然受到民事法律的调整。同时，由于我国对银行借贷业存在较多的管制措施，民营企业从银行融资困难，因而出现了大量的民间融资现象，所谓民间融资就是指企业或自然人向多数人通过签订借贷合同进行借款的行为，也即一种集合性的民间借贷行为。由于这种集合性的民间借贷行为是游离在国家正规金融体系之外的金融行为，存在较大的金融风险，因此刑法通过非法吸收公众存款罪、集资诈骗罪等罪名予以规制。可见，民间融资行为同时受到民法与刑法的调整，难免会引起民法与刑法的交叉，这也是目前涉民间借贷犯罪案件在审理过程中遇到的主要难题之一。

一、涉民间借贷犯罪刑民交叉案件的成因

民间借贷行为是受到刑法与民法的规制使得该类案件极易出现刑民交叉的现象。涉民间借贷犯罪刑民交叉案件及其审理过程中各种难题的形成原因主要在于该类案件中刑事与民事实体法之间存在竞合以及刑事与民事诉讼程序之间存在差异。

（一）刑事与民事实体法之间的竞合

刑事与民事实体法之间的竞合是民间借贷犯罪案件出现刑民交叉现象的主要原因。刑法与民法是相对独立的两个部门法，两个部门法都分别对各种行为进行法律规制，因其所保护的社会关系存在竞合的情形，因此法律规范也不可避免地形成竞合的现象，涉民间借贷犯罪的法律规制亦是如此。民间借贷行为作为平等主体之间的财产关系，首先受到民法的调整，而对于民间借贷中的非法集资或非法放贷行为，又可能受到刑法的规制。因此，涉民间借贷犯罪极可能同时符合民法和刑法的相关规定而导致刑民交叉现象的出现。所以说，刑事与民事实体法之间的法规竞合是产生涉民间借贷犯罪刑民交叉现象的根本原因。

（二）刑事与民事诉讼程序间的差别

虽说实体法上的竞合是出现涉民间借贷犯罪刑民交叉现象的根本原因，但并不是唯一的原因。诉讼活动本身的复杂性也是导致刑民交叉现象的重要原因。诉讼活动是严肃而严谨的活动，需要科学合理的制度作为保障。诉讼活动是一种复杂的程序活动，而且不同的诉讼活动有不同的制度与程序。民事诉讼活动与刑事诉讼活动由于所要解决的利益冲突存在差异性，因此两者在证据制度及具体的诉讼程序上存在较大的差别，在刑民交叉案件中很难进行统一，这也是刑民交叉案件在诉讼过程中存在诸多问题的原因。

一方面，民事诉讼案件与刑事诉讼案件的立案标准有所不同。民间借贷案件在民事诉讼中主要是合同纠纷的解决，也即主要是合同双方当事人因违约行为而产生的矛盾，这类案件的立案标准相对较低。只要符合《民事诉讼法》第122条的规定就可以提起诉讼。根据《民事诉讼法》第122条的规定，符合下列条件的就可以起诉：（一）原告是与本案有直接利害关系的公民、法人和其他组织；（二）有明确的被告；（三）有具体的诉讼请求和事实、理由；（四）属于人民法院受理民事诉讼的范围和受诉人民法院管辖。而对于涉民间借贷案件的刑事诉讼案件立案标准就不一样了。以涉民间借贷最常见的两个罪名非法吸收公众存款罪与集资诈骗罪的立案标准为例，对于非法吸收公众存款罪的立案标准，2010年12月13日最高人民法院《非法集资解释》（2021年12月30日修改）第3条规定："非法吸收或者变相吸收公众存款，具有下列情形之一的，应当依法追究刑事责任：（一）非法吸收或者变相吸收公众存款数额在100万元以上的；（二）非法吸收或者变相吸收公众存款对象150人以上的；（三）非法吸收或者变相吸收公众存款，给存款人造成直接经济损失数额在50万元以上的。非法吸收或者变相吸收公众存款数额在50万元以上或者给存款人造成直接经济损失数额在25万元以上，同时具有下列情节之一的，应当依法追究刑事责任：（一）曾因非法集资受过刑事追究的；（二）二年内曾因非法集资受过行政处罚的；（三）造成恶劣社会影响或者其他严重后果的。"对于集资诈骗罪的立案标准，2010年5月7日最高人民检察院和公安部《关于公安机关管辖的刑事案件立案追诉标准的规定（二）》第49条规定："集资诈骗，涉嫌以下情形之一的，应予以立案追诉：（一）个人集资诈骗，数额在10万元以上的；（二）单位集资诈骗，数额在 50 万元以上的。"由此可见,刑事诉讼的立案标准更加严格,对行为人的要求也更高。由于立案标准不同,在司法实践中对于涉民间借贷的案件到底应当如何选择诉讼程序成为需要考虑的问题,以及选择民事或刑事某一个诉讼程序后,另一诉讼程序是否还能提起或启动成为刑民交叉案件需要解决的问题。

另一方面,民事诉讼程序与刑事诉讼程序立案之后的处理方式也有所不同。对于涉民间借贷刑民交叉的案件,如果民事与刑事诉讼程序都已立案,但法院的最终处理方式也有所不同。目前存在的处理方式主要有三种,即刑事优先原则、民事优先原则及刑民并行原则。在司法实践中,涉民间借贷刑民交叉案件的处理过程中选择哪一种处理模式并不统一。原因在于关于具体处理方式的相关法律与司法解释的规定不统一。例如,1985 年 12 月 9 日最高人民法院《关于审理经济纠纷案件发现犯罪必须严肃执法的通知》,1987 年 3 月 11 日最高人民法院、最高人民检察院、公安部《关于在审理经济纠纷案件中发现经济犯罪必须及时移送的通知》等都明确规定了在处理案件中刑事优先的原则。而《关于适用〈中华人民共和国刑事诉讼法〉的解释》则指出被告人已赔偿被害人物质损失的,人民法院可以作为量刑情节予以考虑,同时最高人民法院在 2010 年 9 月 13 日《人民法院量刑指导意见(试行)》中也明确了这一指导思想,这些司法解释的规定说明民事判决可以优先于刑事判决,同时也说明了民事判决结果可以对刑事判决产生一定程度的影响,体现了民事优先的原则。另外,1998 年最高人民法院《关于审理经济纠纷案件中涉及经济犯罪若干问题的规定》又明确规定经济纠纷与经济犯罪可以分开审理,2005 年 7 月 25 日最高人民法院《关于银行储蓄卡密码被泄露导致存款被他人骗取引起的储蓄合同纠纷应否作为民事案件受理问题的批复》规定了民事审理可以和刑事分开审理。可见,这些司法解释又体现了刑民并行的原则。正是由于这些司法解释规定的不统一,导致了刑民交叉案件在立案后处理方式的不统一。

二、涉民间借贷犯罪刑民交叉案件的实体法司法现状与困境

涉民间借贷犯罪之所以存在刑民交叉的问题,正是由于我国的刑法、民法、诉讼法等其他法律规范从不同的领域与角度对于民间借贷行为作出了不同的规定。

各不同法律规范之间规定的不统一与不协调使得司法实践中关于民间借贷案件的办理难度有所增加。这些不同的法律规定既包括实体法上的不同规定也包括程序法上的不同规定,下文将区分实体法与程序法分别论述涉民间借贷犯罪刑民交叉案件,在实体法与程序法上的司法现状与目前遭遇的各种司法困境,为下文进一步论述如何应对作铺垫。

(一)涉民间借贷刑民交叉案件的实体法规定

1. 各部门法中的相关规定

对于涉民间借贷的刑法规定,前文已经介绍过刑法规定了非法吸收公众存款罪、集资诈骗罪、擅自发行股票、公司、企业债券罪等一系列罪名,具体规定表现为《刑法》第176条"非法吸收公众存款罪"规定:"非法吸收公众存款或者变相吸收公众存款,扰乱金融秩序的,处三年以下有期徒刑或者拘役,并处或者单处罚金;数额巨大或者有其他严重情节的,处三年以上十年以下有期徒刑,并处罚金。数额特别巨大或者有其他特别严重情节的,处十年以上有期徒刑,并处罚金。单位犯前款罪的,对单位判处罚金,并对其直接负责的主管人员和其他直接责任人员,依照前款的规定处罚。有前两款行为,在提起公诉前积极退赃退赔,减少损害结果发生的,可以从轻或者减轻处罚。"《刑法》第179条规定:"擅自发行股票、公司、企业债券罪"规定:"未经国家有关主管部门批准,擅自发行股票或者公司、企业债券,数额巨大、后果严重或者有其他严重情节的,处五年以下有期徒刑或者拘役,并处或者单处非法募集资金金额百分之一以上百分之五以下罚金。单位犯前款罪的,对单位判处罚金,并对其直接负责的主管人员和其他直接责任人员,处五年以下有期徒刑或者拘役。"《刑法》第192条"集资诈骗罪"规定:"以非法占有为目的,使用诈骗方法非法集资,数额较大的,处三年以上七年以下有期徒刑,并处罚金;数额巨大或者有其他严重情节的,处七年以上有期徒刑或者无期徒刑,并处罚金或者没收财产。单位犯前款罪的,对单位判处罚金,并对其直接负责的主管人员和其他直接责任人员,依照前款的规定处罚。"这三个罪名是涉民间借贷案中较常使用的三个罪名,其余罪名的具体规定在此不赘述。

除了刑法分则关于一系列罪名的规定之外,关于民间借贷刑法与民法交叉问题,刑法还作了一些规定。如《刑法》第36条规定了"赔偿经济损失与民事优先原则",规定"由于犯罪行为而使被害人遭受经济损失的,对犯罪分子除依法给予刑事处罚外,并应根据情况判处赔偿经济损失。 承担民事赔偿责任的犯罪分子,同时被判处罚金,其财产不足以全部支付的,或者被判处没收财产的,应当先承担对被害人的民事赔偿责任"。此外,《刑法》第64条关于"犯罪物品的处理"的规定也涉及刑民交叉案件的具体处理问题,该条规定:"犯罪分子违法所得的一切财物,应当予以追缴或者责令退赔;对被害人的合法财产,应当及时返还;违禁品和供犯罪所用的本人财物,应当予以没收。没收的财物和罚金,一律上缴国库,不得挪用和自行处理。"

对于民间借贷行为,我国民法也作出相应的规定。首先,我国民法以明文规定的形式对民间借贷行为及民间借贷法律关系进行了肯定,使民间借贷行为成为受法律保护的民事行为和法律关系。其次,我国民法又从合同关系的角度,对民间借贷关系中的债权债务关系作出了规定,并赋予了借款人相应的债权请求权利。最后,我国民法还从物权保护的角度规定了善意第三人善意取得的权利。总的来说,我国民法关于民间借贷的相关法律规定是较为完备的,条文规定的复杂性反而会使得刑民交叉案件在处理过程中因刑法条文与民法规定之间的复杂关系而面临更大的挑战。

2. 司法解释中的相关规定

由于刑民交叉案件具有复杂性,在司法实践中存在各种疑难问题,因此为了更好地处理涉民间借贷刑民交叉案件,最高人民法院、最高人民检察院作出了一系列的司法解释规定。司法机关针对非法集资行为是构成刑事犯罪还是属于民事纠纷作出了规定。例如2010年12月13日最高人民法院《关于审理非法集资刑事案件具体应用法律若干问题的解释》(2021年12月30日修改)第1条规定:"违反国家金融管理法律规定,向社会公众(包括单位和个人)吸收资金的行为,同时具备下列四个条件的,除刑法另有规定的以外,应当认定为刑法第一百七十六条规定的'非法吸收公众存款或者变相吸收公众存款':(一)未经有关部门依法许可或者借用合法经营的形式吸收资金;(二)通过网络、媒体、推介会、传单、手机短信等途径向社会公开宣传;(三)承诺在一定期限内以货币、实物、股权等方式还本付息或者给付回报;(四)向社会公众即社会不特定对象吸收资金。未向社会公开宣传,在亲友或者单位内部针对特定对象吸收资金的,不属于非法吸收或者变相吸收公众存款。"第 3 条规定:"非法吸收或者变相吸收公众存款,具有下列情形之一的,应当依法追究刑事责任:(一)非法吸收或者变相吸收公众存款数额在 100 万元以上;(二)非法吸收或者变相吸收公众存款对象 150 人以上的;(三)非法吸收或者变相吸收公众存款,给存款人造成直接经济损失数额在 50 万元以上的。非法吸收或者变相吸收公众存款数额在 50 万元以上或者给存款人造成直接经济损失数额在 25 万元以上,同时具有下列情节之一的,应当依法追究刑事责任:(一)曾因非法集资受过刑事追究的;(二)二年内曾因非法集资受过行政处罚的;(三)造成恶劣社会影响或者其他严重后果的。"2014 年 3 月 25 日最高人民法院、最高人民检察院、公安部《关于办理非法集资刑事案件适用法律若干问题的意见》第 4 条规定:"为他人向社会公众非法吸收资金提供帮助,从中收到代理费、好处费、返点费、佣金、提成等费用,构成非法集资共同犯罪的,应当依法追究刑事责任。能够及时退缴上述费用的,可依法从轻处罚;其中情节轻微的,可以免除处罚;情节显著轻微、危害不大的,不作为犯罪处理。"

（二）刑民交叉案件处理的实体法规则

在刑民交叉案件中,因为涉及两种不同的部门法,并且刑法与民法两种法律关系之间呈现相互交叉的状态。在处理刑民交叉案件时,刑法与民法之间的关系的处理关键在于对民事不法行为与刑事犯罪进行区分。因此,在实体法方面,刑民交叉案件所要重点解决的问题是行为罪与非罪的区分。要做到准确区分行为的罪与非罪,必须遵循上文所述法于刑民交叉案件的处理原则,即在法秩序统一原则、罪行法定原则、刑法谦抑原则的指导下对行为的性质作出准确的判断。在司法实践中,刑民交叉案件可以分为真性交叉与假性交叉两种情形。在这两种情形下,实体法的具体适用问题情形不同,应对方法也有所不同。下文将从两个方面具体分析刑民交叉案件的实体法规则。

所谓假性竞合是指案件中当事人之间的行为从形式上看似乎是民事法律行为,存在民事法律关系,但实际上行为属于刑事犯罪行为的情形。对于假性竞合的刑民交叉案件,应当打破行为表面的虚假现象,进而寻求行为的本质特征。这类案件最常见的就是"套路贷"行为。"套路贷"行为是指以非法占有为目的,假借民间借贷之名,诱使或迫使被害人签订"借贷"或变相"借贷""抵押""担保"等相关协议,通过虚增借贷金额、恶意制造违约、肆意认定违约、毁匿还款证据等方式形成虚假债权债务,并借助诉讼、仲裁、公证或者采用暴力、威胁以及其他手段非法占有被害人财物的行为。对于这种假性竞合的刑民交叉案件,行为人形式上的实行行为只是表面现象,在司法实践中,我们应当从实质上对案件中存在的法律关系进行分析与评价。因为在假性竞合的案件中,行为人都是假借民事行为来隐藏犯罪的目的。因此,在处理假性竞合刑民交叉案件时需要揭掉该行为形式上的"面纱",透过现象看本质。实践中,这种以合法的民事手段掩饰犯罪行为的形式常有发生,尤其是在经济领域更为常见。在这类案件的处理中,主要可以从以下三个方面予以认定。一是从案件行为人所实施行为的本质特征出发进行认定;二是要从主观与客观两个方面进行全面分析;三是要通过刑事实质刺破民商事外观,也即用实质上具有真实性的证据把案件中不具有真实性的证据推翻的证明过程。总之,对于这类案件就是要坚持形式判断与实质判断相统一,用刑事实质刺破民事外观。在司法实践中就要求司法工作人员综合考虑案件所涉及的各种事实,对行为的性质进行综合性的评价。

所谓真性竞合是指在案件确实存在刑事法律关系与民事法律关系的竞合问题,或者在案件的处理过程中,究竟是应当由民事法律进行评价还是构成刑事犯罪,确实存在很大争议的情形。在这类案件的处理过程中,首先要坚持法秩序统一原则,避免造成刑法部门法与民事部门法之间的矛盾。理论界对于法秩序统一原则的理解存在三种观点,即严格的违法一元论、缓和的违法一元论以及违法的相对论。对这三种观点前文已作出评析,严格的违法一元论过于绝对,容易导致行为人责任承担过于严重的不良后果;违法的相对论完全割裂了法律体系中各个法领域之间的联系,会造成某一行为在民事领域和刑事领域违法性认定不一致的结果。因此,缓和的违法一元论相对更为合理。按照该理论,对于真性竞合的刑民交叉案件,如果行为人的行为在民法上不具有违法性,也即该行为是合法的民事行为,那么就不能在刑事法律规范上被评价为犯罪行为。同时,在审理此类案件时还应遵守罪刑法定原则,如果该行为在刑法上并没有明文规定为犯罪,即使该行为造成严重的损害后果,也不能用刑事法律规范予以规制。

（三）涉民间借贷犯罪刑民交叉案件的实体法困境

如上文所述，涉民间借贷犯罪刑民交叉案件关于实体法的规定涉及刑法与民法，两个部门法对于民间借贷行为作出了不同的规定，因此法律适用方面存在不少棘手的问题。在实体法上，关键问题主要有以下两个方面：一是涉民间借贷行为的罪与非罪的界限较为模糊，导致民法与刑法适用时存在冲突；二是涉民间借贷犯罪的刑罚畸重，导致刑法与民法对于涉民间借贷行为的规制脱节。

1. 非法集资行为罪与非罪界限模糊

关于涉民间借贷行为由于刑法规定与适用存在一些不合理的地方，从而使得相关行为罪与非罪的界限模糊。在我国的司法实践中，由于刑法对集资行为一直采取较为严格的规制，因此多数非法集资行为往往都被认定为非法吸收公众存款罪。在对集资案件的刑事处理中，我国刑法对非法吸收公众存款罪中"社会公众"含义界定的不合理，以及在非法吸收公众存款罪的认定中，对直接融资行为与间接融资行为没有进行合理区分，导致了我国对集资行为构成非法吸收公众存款罪的门槛极低，也就使得合法的民间借贷行为与非法吸收公众存款罪之间的界限十分模糊。一方面，刑法对于"社会公众"这一区分集资行为罪与非罪关键要素的含义及界定标准认定不合理。在我国，涉民间借贷行为在现有的法律框架下往往包括合法的民间借贷行为及构成犯罪的非法集资行为，缺乏一种违法但又不构成犯罪的非法集资行为。正是因为在合法的民间借贷行为与非法集资犯罪行为之间缺少缓冲区域，司法实务部门在对民间借贷行为进行界定时以集资对象是否是"社会公众"作为区分，当借贷对象特定时，借贷行为属于合法的借贷，如果借贷对象不特定的话，借贷行为则构成非法吸收公众存款罪。如此一来"社会公众"成了判断非法集资行为是否构成犯罪的标准。为了严惩非法集资行为，司法实务部门又经常以吸收存款对象的多少作为判断"社会公众"的标准，进而判断行为人的行为是否构成犯罪，这就导致了非法吸收公众存款罪入罪门槛特别低，使得很多针对特定亲友或是单位内部人员集资的民间借贷行为被司法机关不当地认定为非法吸收公众存款罪。也正是如此，集资行为罪与非罪之间的界限在司法实践中仍较为模糊。

另一方面，我国刑法关于非法吸收公众存款罪的认定，还存在混淆直接融资行为与间接融资行为的问题，从而导致集资行为的罪与非罪界限不清。在集资行为中存在直接融资与间接融资的区分,所谓直接融资是指行为人进行集资并将集资款用于商业、生产运营,所谓间接融资是指行为人进行集资并将集资款用于资本、货币经营等。从我国关于非法吸收公众存款罪的立法初衷来看,该罪所要惩治的应当是间接融资行为而非直接融资行为。非法吸收公众存款罪属于行政犯,具有二次违法性,因此非法吸收公众存款行为要构成犯罪必须以违反相应的行政法规为前提。我国《商业银行法》第11条规定,"设立商业银行,应当经国务院银行业监督管理机构审查批准。未经国务院银行业监督管理机构批准,任何单位和个人不得从事吸收公众存款等商业银行业务,任何单位不能在名称中使用'银行'字样"。这一规定是对商业银行市场准入制度的规定。同时《商业银行法》第81条第1款规定,"未经国务院银行业监督管理机构批准,擅自设立商业银行,或者非法吸收公众存款、变相吸收公众存款,构成犯罪的,依法追究刑事责任;并由国务院银行业监督管理机构予以取缔"。可见,我国刑法设立非法吸收公众存款罪所要规制的非法集资行为应当仅指属于商业银行业务的吸收存款行为,即以资本、货币经营为内容的间接融资行为。如果非法吸收公众存款罪将入罪门槛降低至直接融资行为,就与该罪的立法初衷相背离。"孙大午非法集资案"是对直接融资予以刑法规制的典型案例,在该案中,被告人孙大午将直接募集的资金用于企业的发展经营而非放贷经营,其行为属于典型的直接融资行为,但人民法院最终判处其行为构成非法吸收公众存款罪。在司法实践中,类似于孙大午案的案件还有很多,司法机关在案件办理过程中,由于对非法吸收公众存款罪的立法初衷缺乏理性与全面的认识与理解,而常把直接融资行为认定构成非法吸收公众存款罪。可见,对直接融资与间接融资行为的混淆,导致了集资行为罪与非罪的混淆。

2. 刑法与民法对非法集资行为的规制脱节

集资类犯罪的刑罚都比较重,使得刑法与民法对非法集资行为规制之间存在脱节的情形,也即对于非法集资行为,要么不构成犯罪,一旦构成犯罪就可能面临较重的刑罚。一方面,从集资类犯罪的立法来看,我国关于集资类犯罪都规定了较高的刑罚。例如,根据刑法的规定,非法吸收公众存款罪最高可判处10年以上有期徒刑;擅自发行股票、公司、企业债券罪最高可达5年有期徒刑;在《刑法修正案(九)》生效之前,集资诈骗罪最高可达死刑,虽然《刑法修正案(九)》取消了集资诈骗罪的死刑规定,但最高刑仍可达无期徒刑。另一方面,从司法实践来看,由于集资类犯罪往往具有涉案数额较大,被害人人数众多的特点,因此一旦认为构成犯罪,往往都会因此而处以较重的刑罚。造成这一现象的原因主要在于,我国立法与司法实务部门对非法集资行为应受严惩观念的影响,对非法集资犯罪设定轻重的法定刑并在司法实践中大量适用重刑。非法集资犯罪属于涉众型犯罪,往往容易引发群体性事件,这可能是我国立法与司法部门对非法集资犯罪适用重刑的重要原因。但是民法对于非法集资行为的不法后果则只是不受法律保护。可见,刑法与民法对非法集资行为的规制之间脱节较为严重,不利于对非法集资行为进行平等与合理的规制。

三、涉民间借贷刑民交叉案件的程序法规定及处理规则

(一)涉民间借贷刑民交叉案件的程序法规定

1.各部门法的相关规定

对于涉民间借贷案件处理的程序法规定,我国民事诉讼法与刑事诉讼法都作出了相关的规定。刑事诉讼法主要针对刑事附带民事诉讼的提起、财产保全以及刑事附带民事诉讼的审理作出了相关规定。例如《刑事诉讼法》第101条规定:"被害人由于被告人的犯罪行为而遭受物质损失的,在刑事诉讼过程中,有权提起附带民事诉讼。被害人死亡或者丧失行为能力的,被害人的法定代理人、近亲属有权提起附带民事诉讼。 如果是国家财产、集体财产遭受损失的,人民检察院在提起公诉的时候,可以提起附带民事诉讼。"第102条规定:"人民法院在必要的时候,可以采取保全措施,查封、扣押或者冻结被告人的财产。附带民事诉讼原告人或者人民检察院可以申请人民法院采取保全措施。人民法院采取保全措施,适用民事诉讼法的有关规定。"第104条规定:"附带民事诉讼应当同刑事案件一并审判,只有为了防止刑事案件审判的过分迟延,才可以在刑事案件审判后,由同一审判组织继续审理附带民事诉讼。"

对于涉民间借贷案件的民事程序法规定,《民事诉讼法》主要针对财产保全问题作出了规定,《民事诉讼法》第103条第1款规定:"人民法院对于可能因当事人一方

的行为或者其他原因,使判决难以执行或者造成当事人其他损害的案件,根据对方当事人的申请,可以裁定对其财产进行保全、责令其作出一定行为或者禁止其作出一定行为;当事人没有提出申请的,人民法院在必要时也可以裁定采取保全措施。"第 104 条第 1 款规定:"利害关系人因情况紧急,不立即申请保全将会使其合法权益受到难以弥补的损害的,可以在提起诉讼或者申请仲裁前向被保全财产所在地、被申请人住所地或者对案件有管辖权的人民法院申请采取保全措施。申请人应当提供担保,不提供担保的,裁定驳回申请。"第 153 条第 1 款第 5 项规定"(五)本案必须以另一案的审理结果为依据,而另一案尚未审结的,应中止诉讼"。从刑事诉讼法与民事诉讼法的规定可知,两个部门法分别为司法机关办理刑民交叉案件提供了法律依据,在处理刑民交叉案件中发挥着重要的作用,但由于涉民间借贷民刑交叉案件具有特殊性,对于这类案件应当一并审理还是分开审理,以及司法机关应当采以刑民并行、刑事优先还是民事优先的原则等程序方面的问题依然没有相关的法律依据,因此对于上述问题至今没有形成统一的处理方法,还需要进一步研究与探讨。

2. 司法解释中的相关规定

在涉民间借贷案件的司法程序方面,一些司法解释对于涉民间借贷刑民交叉案件在审理过程中的具体方式与路径作出了规定。例如,最高人民法院《关于在审理经济纠纷案件中涉及经济犯罪嫌疑若干问题的规定》第 1 条规定:"同一自然人、法人或其他经济组织因不同的法律事实,分别涉及经济纠纷和经济犯罪嫌疑的,经济纠纷案件和经济犯罪嫌疑案件应当分开审理。"第 10 条规定:"人民法院在审理经济纠纷案件中,发现与本案有牵连,但与本案不是同一法律关系的经济犯罪嫌疑线索、材料,应将犯罪嫌疑线索、材料移送有关公安机关或检察机关查处,经济纠纷案件继续审理。"第 11 条规定:"人民法院作为经济纠纷受理的案件,经审理认为不属经济纠纷案件而有经济犯罪嫌疑的,应当裁定驳回起诉,将有关材料移送公安机关或检察机关。"第 12 条规定:"人民法院已立案审理的经济纠纷案件,公安机关或检察机关认为有经济犯罪嫌疑,并说明理由附有关材料函告受理该案的人民法院的,有关人民法院应当认真审查。经过审查,认为确有经济犯罪嫌疑的,应当将案件移送公安机关或检察机关,并书面通知当事人,退还案件受理费;如认为确属经济纠纷案件的,应当依法继续审理,并将结果函告有关公安机关或检察机关。"最高人民法院《关于适用〈中华人民共和国刑事诉讼法〉的解释》第 176 条规定："被告人非法占有、处置被害人财产的，应当依法予以追缴或者责令退赔。被害人提起附带民事诉讼的，人民法院不予受理。追缴、退赔的情况，可以作为量刑情节考虑。"

（二）刑民交叉案件处理的程序法模式

刑民交叉案件处理的程序问题也是刑民交叉案件处理的重要问题之一。在审理刑民交叉案件时，关于案件审理的程序主要存在三种模式，即"先刑后民"模式、"先民后刑"模式以及"民刑并行"模式。

1. "先刑后民"模式

在司法实践中，审理刑民交叉案件时最常适用的程序模式是"先刑后民"，在刑民交叉案件的理论研究与司法实践中出现最多的词汇也是"先刑后民"。不同的学者对"先刑后民"的概念理解不同。有观点认为先刑后民是指案件中存在两种行为事实，由此形成了刑事法律关系和民事法律关系两种法律关系。同时必须根据刑民的不同法律规定分别进行处理，最终的解决办法是首先处理民事纠纷或首先处理犯罪。即使进行联合审判，也只要求在民事审判之前遵循刑事审判的审判原则。[1] 有学者认为"先刑后民"这一原则，是指当司法工作人员在民事诉讼程序中依据民事法律规定进行审理时，发现涉案行为人实施的行为涉嫌刑事犯罪的时候，法院应先停止对民事纠纷的审理，等待侦查机关进一步查清案件事实后，法院的法官依据查清的事实进行刑事程序审理，在刑事案件审理结束后，再对民事纠纷进行审理。[2] 也有学者认为，所谓"先刑后民"，广义是指在以刑代民的历史阶段中，作为调整社会关系的刑事法律手段和民事法律手段，无论是在立法领域还是在司法领域，都体现为刑事优先、重刑轻民、重刑主义的思维定式；狭义的"先刑后民"，是指在刑事犯罪与民事纠纷交叉，或者经济犯罪与经济纠纷交叉时，或者全部按照刑事犯罪处理，或者以刑事处理为民事处理前置条件的模式。[3] 还有学者认为，"先刑后民"是指行为人实施的某一违法行为，同时触犯了刑事法和民事法规范，引起刑事责任

---

① 杨兴培：《刑民交叉案件中"先刑观念"的反思与批评》，载《法治研究》2014 年第 9 期。

② 肖建国、宋春龙：《责任聚合下民刑交叉案件的诉讼程序——对"先刑后民"的反思》，载《法学杂志》2017 年第 3 期。

③ 曹守晔：《从先刑后民到刑民并用的嬗变（一）》，载《法制日报》，2006 年 2 月 28 日。

和民事责任竞合或并存的情况下,应当先对引起责任的违法行为进行刑事诉讼,在判断其是否构成犯罪以及应否承担刑事责任以后,再视刑事责任和民事责任是竞合还是并存的情形,决定是否对该行为进行民事诉讼。①笔者认为,在上述关于先刑后民概念的不同阐述中,最后一种观点最为完备与合理,因为前面几种概念都只是对先刑后民的基本适用程序进行了概括与归纳,并未对刑民交叉案件中所涉及的实质问题,也即责任竞合这一本质问题进行阐述。而最后一种观点对先刑后民的概括较为全面,即涉及其基本适用程序也归纳了其责任竞合这一本质特征。

先刑后民是司法实践中较为常见与普遍的模式,该模式的适用不仅有相关法律与司法解释的明确规定,也有较为充分的适用法理基础与依据。在法律依据方面,我国已经有不少相关的法律规范规定先刑后民的处断模式。如最高人民法院《关于审理存单纠纷案件的若干规定》第3条第2款规定:"人民法院在受理存单纠纷案件后,如发现犯罪线索,应将犯罪线索及时书面告知公安或检察机关。如案件当事人因伪造、变造、虚开存单或涉嫌诈骗,有关国家机关已立案侦查,存单纠纷案件确须待刑事案件结案后才能审理的,人民法院应当中止审理。对于追究有关当事人的刑事责任不影响对存单纠纷案件审理的,人民法院应对存单纠纷案件有关当事人是否承担民事责任以及承担民事责任的大小依法及时进行认定和处理。"最高人民法院《关于在审理经济纠纷案件中涉及经济犯罪嫌疑若干问题的规定》第11条规定:"人民法院作为经济纠纷受理的案件,经审理认为不属经济纠纷案件而有经济犯罪嫌疑的,应当裁定驳回起诉,将有关材料移送公安机关或检察机关。"第12条规定:"人民法院已立案审理的经济纠纷案件,公安机关或检察机关认为有经济犯罪嫌疑,并说明理由附有关材料函告受理该案的人民法院的,有关人民法院应当认真审查。经过审查,认为确有经济犯罪嫌疑的,应当将案件移送公安机关或检察机关,并书面通知当事人,退还案件受理费;如认为确属经济纠纷案件的,应当依法继续审理,并将结果函告有关公安机关或检察机关。"2014年3月25日最高人民法院、最高人民检察院、公安部《关于办理非法集资刑事案件适用法律若干问题的意见》第7条规定:"对于公安机关、人民检察院、人民法院正在侦查、起诉、审理的非

---

① 刘宪权、李振林:《集资类案件中的刑民交错现象及其归宿》,法律出版社2017年版,第138—139页。

法集资刑事案件,有关单位或者个人就同一事实向人民法院提起民事诉讼或者申请执行涉案财物的,人民法院应当不予受理,并将有关材料移送公安机关或者检察机关。 人民法院在审理民事案件或者执行过程中,发现有非法集资犯罪嫌疑的,应当裁定驳回起诉或者中止执行,并及时将有关材料移送公安机关或者检察机关。

公安机关、人民检察院、人民法院在侦查、起诉、审理非法集资刑事案件中,发现与人民法院正在审理的民事案件属同一事实,或者被申请执行的财物属于涉案财物的,应当及时通报相关人民法院。人民法院经审查认为确属涉嫌犯罪的,依照前款规定处理。"最高人民法院《关于审理民间借贷案件适用法律若干问题的规定》第5条规定:"人民法院立案后,发现民间借贷行为本身涉嫌非法集资等犯罪的,应当裁定驳回起诉,并将涉嫌非法集资等犯罪的线索、材料移送公安或者检察机关。公安或者检察机关不予立案,或者立案侦查后撤销案件,或者检察机关作出不起诉决定,或者经人民法院生效判决认定不构成非法集资等犯罪,当事人又以同一事实向人民法院提起诉讼的,人民法院应予受理。"以上规定,都体现了先刑后民的处理模式。

在法理依据方面,先刑后民模式存在以下几个方面的法理基础。第一,先刑后民模式有利于实现对社会公共利益的维护。在刑民交叉案件中,由于行为人的行为同时引起了民事与刑事两种责任,其中民事责任的承担倾向于保护公民或法人的私人利益,而其中刑事责任的承担则在于社会公共利益与秩序的保护。在司法实践中,民事纠纷的当事人只关心自己的民事权益,而往往会忽略社会公共利益,从而导致在刑民交叉案件的处理过程中,当事人或法院只关注对民事纠纷的处理和民事权益的保护,而忽略甚至放弃对犯罪行为的追究。如此一来,容易造成犯罪行为人逃避制裁以及社会公共利益保护不利的后果。而先刑后民模式则能够避免发生为实现民事权益的保护而忽略公共利益保护的不利后果。因此,在符合一定条件的情形下确保先刑后民模式的适用既有利于保护民事权益,也能够实现追究犯罪行为人刑事责任,保护公共利益的目的。第二,刑事诉讼与民事诉讼证明标准的不同也决定了刑事诉讼程序优先于民事诉讼程序有利于案件事实的还原。由于刑事责任的承担比民事责任的承担更具惩罚性,往往会带来更为严重的后果,例如刑罚除了有财产刑之外,多数体现为对自由的限制甚至生命的剥夺,因此,在案件审判决时,刑事证明标准要远远高于民事证明标准。根据最高人民法院《关于民事诉讼证据的若干规定》第73条的规定,我国民事诉讼证据证明标准为"高度盖然性"标准,而刑事诉讼证据标准为"案件事实清楚,证据确实、充分",也即刑事诉讼采用了较高的"排除合理怀疑"标准。这样一来,先刑后民模式中的刑事案件优先可以为之后的民事判决提供比民事审判更为客观的事实依据,从而能更好地处理其中的民事纠纷。可见,先刑后民模式有利于还原案件的真实情况,准确地对案件予以正确合理的处断。第三,先刑后民模式有利于提高司法效率。正如前文所说,刑事审判的证明标准要比民事审判的证明标准高,适用先刑后民模式后,刑事判决在先,民事判决在后,由于先采用较高证明标准查明行为人的行为是否构成刑事犯罪,刑事判决认定的事实理所当然可以直接作为证明标准较低的民事判决的依据,既有利于节约司法成本,也有利于提高司法效率。

2."先民后刑"模式

虽然先刑后民模式在我国长期存在,并且在司法实务中一般会更倾向于适用先刑后民模式,但是在有些案件中,行为人的行为是否构成犯罪取决于其是否有此民事权利,因此,在这类案件中应当适用先民后刑模式,才能有效地解决案件中的刑事责任问题与民事责任问题。典型的有关于侵犯商业秘密的刑民交叉案件,行为人的行为是否构成犯罪依赖于涉案商业秘密的权利归属及侵权能否成立等民事问题的明确。对于这类案件,如果依然采用先刑后民的模式,则可能无法很好地对案件予以处理,甚至可能引发刑事诉讼与民事诉讼的冲突,也即如果对这类案件适用先刑后民模式,则商业秘密是否存在交由刑事诉讼判断,而刑事审判庭可能会忽视商业秘密权属及侵权成立与否等问题的认定,注重对犯罪行为及结果的审查,导致在没有确认权属及侵权成立与否的情况下就作出有罪判决。若在后续的民事诉讼中,民事审判庭认定商业秘密不存在,则会导致两个判决之间的冲突,甚至产生刑事错案。[①]因此,在某些刑民交叉案件中先刑后民模式反而更有优势。

所谓先民后刑是指在某些刑民交叉案件当中,为了实现对当事人权益的保护,防止侵权行为的继续性,即使行为人的行为涉嫌刑事犯罪,也依然先审理民事纠

---

① 肖建国、宋春龙:《责任聚合下民刑交叉案件的诉讼程序——对"先刑后民"的反思》,载《法学杂志》2017年第3期。

纷,等待民事纠纷作出判决结果后再审理刑事案件。在刑民交叉案件中,适用"先民后刑",当事人可以自愿选择优先解决民事问题,让被告人承担民事责任后再解决刑事问题。如在刑事犯罪中告诉才处理的犯罪,当事人可以自由决定是否先提起民事诉讼解决相关的赔偿问题,之后再考虑是否要求行为人承担刑事责任。所以这种处理方式可以提高诉讼效率,赋予当事人自由选择权。先民后刑模式可以更好地维护当事人的利益。例如在刑民交叉案件中,涉及告诉才处理的刑事犯罪时,民事案件的处理结果会直接影响到刑事案件是否开始以及审理结果。因此,先民后刑模式也有存在的必要性。实践中适用先民后刑处理模式的主要有两类案件:第一类是刑民交叉案件中涉及知识产权的案件。因为知识产权的相关法律知识极具专业性,所以必须要先在民事上对知识产权的权属进行判断,之后才可以确认是否构成刑事犯罪,由此能够减少不必要的程序。第二类是确权案件。因为此类案件的民事审理结果对刑事判决具有直接的影响。例如由财产权引起的刑民交叉案件,法官在审理此类案件时,只有在民事诉讼活动过程中确认案件中被侵犯对象的权属,才能进一步确定行为人的行为是否符合刑事犯罪的构成要件,以及需要启动刑事诉讼程序,还是民事诉讼程序。

3. "民刑并行"模式

除了先刑后民模式和先民后刑模式之外,在司法实务中,有些情形下还需要适用民刑并行的模式。在刑民交叉案件中,有些案件如果民事行为与刑事行为所涉及的不是同一法律事实,但民事法律事实与刑事法律事实之间具有一定的牵连关系。对于这种牵连型刑民交叉案件往往不存在刑事程序与民事程序先后的问题,其中刑事法律关系与民事法律关系可以同时成立,互不影响。所以处理此类案件,即不存在适用先刑后民或先民后刑的问题,而是分别处理,也即适用民刑并行模式。民刑并行的运行基础在于多个法律事实之间的相互独立性,刑事审判结果和民事审判结果之间并不存在必然的联系。

对于此类牵连型的民刑交叉案件,适用"民刑并行"模式更有利于维护当事人的权利。在民刑并行模式之下,受害人可以选择直接通过民事诉讼程序解决问题,并且在民刑并行模式下,民事案件的审判不会受到刑事案件的约束,从而提高诉讼效率。另外,"民刑并行"的处理原则对改善我国近长期以来存在的"重刑轻民"的思想具有一定程度上的积极作用。在"先刑后民"模式下,往往会出现刑事案件一日不解决,民事赔偿的问题也无法得到解决的困境,不利于当事人权益的保护,也不利于提高诉讼效率。民刑并行模式也存在相应的法律依据,早在1984年最高人民法院《关于在审理经济纠纷案件中涉及经济犯罪嫌疑若干问题的规定》中就明确规定了经济纠纷与经济犯罪可以分开审理,该司法解释第10条规定:"人民法院在审理经济纠纷案件中,发现与本案有牵连,但与本案不是同一法律关系的经济犯罪嫌疑线索、材料,应将犯罪嫌疑线索、材料移送有关公安机关或检察机关查处,经济纠纷案件继续审理。"2005年最高人民法院《关于银行储蓄卡密码被泄露导致存款被他人骗取引起的储蓄合同纠纷应否作为民事案件受理问题的批复》中规定:"因银行储蓄卡密码被泄漏,他人伪造银行储蓄卡骗取存款人银行存款,存款人依其与银行订立的储蓄合同提起民事诉讼的,人民法院应当依法受理。"可见,在某些刑民交叉案件中,民事和刑事是可以分开审理的,即适用民刑并行的模式。

(三)涉民间借贷犯罪刑民交叉案件的程序法困境

涉民间借贷犯罪案件的复杂性使得我国司法机关在该类案件的办理过程中常出现民事处理与刑事处理不协调甚至混乱的情形,这也是由我国涉民间借贷犯罪刑民交叉案件审理模式的选择不统一造成的。如上所述,关于刑民交叉案件的处理包括"先刑后民""先民后刑"及"民刑并行"三种模式,在涉民间借贷犯罪刑民交叉案件的司法实践中,这三种模式都有相应的法律依据并具有一定的适用基础,不同情形下的刑民交叉案件需要适用不同的处理模式,但司法实践中,涉民间借贷犯罪刑民交叉案件在处理过程中对于处理模式的选择没有形成统一的操作方式。正是因为如此,也就导致了针对刑民交叉案件不同的法律规范作出的规定有所不同的情况。例如最高人民法院《关于在审理经济纠纷案件中涉及经济犯罪嫌疑若干问题的规定》第11条规定:"人民法院作为经济纠纷受理的案件,经审理认为不属经济纠纷案件而有经济犯罪嫌疑的,应当裁定驳回起诉,将有关材料移送公安机关或检察机关。"而我国《民事诉讼法》第153条第5项则规定,本案必须以另一案的审理结果为依据,而另一案尚未审结的,应中止诉讼。可见《关于在审理经济纠纷案件中涉及经济犯罪嫌疑若干问题的规定》与《民事诉讼法》关于这类刑民交叉案件处理的规定不一致。此外，根据《最高人民法院关于在审理经济纠纷案件中涉及经济犯罪嫌疑若干问题的规定》和《公安机关办理经济犯罪案件的若干规定》对于司法机关应当分别审理刑民交叉案件中的犯罪行为以及民事债权债务纠纷，还是一并处理，主要是判断这类案件中是否存在"同一法律事实"或是"同一法律关系"。但是，对于何谓"同一法律事实"，相关法律文件并没有明确地作出规定，从而导致司法机关在处理这类案件时对"同一法律事实"认定不一，进而使得有的司法机关将这类案件作为民事案件继续审理，有的司法机关则将案件移送公安机关立案侦查，又导致处理方式的不一致。正是因为如上所述，不同法律规范规定存在差异及法律对某些问题的规定不明确两种原因导致了我国司法机关常见的处理方式不一致。常见的处理方式主要包括四种：一是终止审理，驳回起诉；二是中止审理；三是继续以民事程序审理案件；四是刑事判决。在涉民间借贷案件的具体处理中，司法机关各行其是，没有形成统一的处理方式，上述四种处理方式都有出现。这种处理方式不统一的情形使得案件中的行为人对于如何救济自身受损的权益也将无所适从，这无疑需要我们进一步反思与研究并予以完善。

第三节　涉民间借贷犯罪刑民交叉案件的刑事法应对

涉民间借贷犯罪刑民交叉案件的法律事实复杂，涉及的法律关系也是错综复杂，使得这类案件不论在行为的性质认定上还是在案件的审理程序上都比一般案件更具有复杂性。对于涉民间借贷犯罪刑民交叉案件，从刑事法的角度而言，应当构建合理、科学的刑事法处置理念与规则，以实现对涉民间借贷犯罪刑民交叉案件的合理处置。

一、涉民间借贷犯罪刑民交叉案件处置理念的构建

对于涉民间借贷犯罪刑民交叉案件，要构建合理、科学的刑事法处置规则，前提是要摒弃司法实践中已经形成的一些不合理的处置理念，重新建立科学合理的处置理念。

（一）摒弃优先适用某种法律的理念,建立具体案情具体分析的理念

对于刑民交叉案件的处理,存在民事优先或刑事优先处理的两种不同观点。持民事优先理念的学者认为在处理刑民交叉案件时,应该先对引起责任的违法行为进行刑事判断,在确定其是否承担刑事责任及该承担什么样的刑事责任后,再决定是否对该行为进行民事审判。①此外,持这种理念的学者还指出,如果某种行为一旦纳入刑法体系,就应当根据罪刑法定原则,在综合考量罪质入法规定性和罪量入法必要性的基础上,对这种行为进行定罪量刑,相关民事损失可以通过刑事附带民事诉讼解决。在目前涉民间借贷刑民交叉案件处置的司法实践中,刑事优先观点被广泛接受,司法实践中先刑后民的处置情形也出现较多。刑事优先理念就司法公正与效率的价值选择角度而言,有利于对公正的价值追求。在审理刑民交错案件特别是经济犯罪涉及民事纠纷案件时,往往需要考虑被害人权益所受到的损害及其程度,进而理顺民事法律关系。由于刑事诉讼的证明标准远高于民事诉讼,刑事程序中所确认的事实一般也可直接作为民事判决认定事实的依据。因而"先刑后民"有利于民事裁判的公正作出。但是,由于司法解释对司法机关审查、移送此类案件的具体程序未作明确规定,公安、司法机关推诿、扯皮现象屡有发生,极易造成审判的拖延,直接影响了民事案件的审理时间和当事人的赔付能力。②"迟来的正义是非正义",现代司法理应兼顾公正与效率,充分考虑实现公正的周期和成本。因此,在涉民间借贷犯罪刑民交叉案件中,对各种情况都简单地贯彻刑事优先的处理理念,不可能保证所有集资类刑民交错案件能够得到公正、及时和有效的处理。社会生活的复杂性决定了对某些情况下的涉民间借贷犯罪刑民交叉案件可以而且也应当适用民事优先、先民后刑或者刑民并行的处理原则。因此,刑事优先适用的理念应当受到限制。

现阶段,由于宽严相济的刑事政策与刑法谦抑性理论的指引,对于涉民间借贷犯罪刑民交叉案件,也有观点倾向于优先适用民事法律,排除刑事法律关系讨论的必要,持这一理念的学者认为在司法实践中,出现刑民交叉情形时,应该坚持私权

---

① 左静鸣:《完善刑民交叉案件处理机制初探》,载《上海审判实践》2006 年第 7 期。

② 参见王瑞峰、程哲明:《涉嫌诈骗的合同纠纷是否必须"先刑后民"——对一起刑民交叉合同纠纷案件适用法律的分析》,载《中国审判》2006 年第 9 期。

优先的原则,刑事优先的做法会剥夺当事人的选择权。因为刑事优先确立的背景是打击经济犯罪,但是当当事人的权利受到侵害时,法律的根本目的是保护当事人的合法权利。然而,现有的刑事附带民事诉讼仅处理针对人身、财产权益的侵权责任,并不能保护基于合同约定的债权利益。因此,我们对于涉民间借贷犯罪民刑交叉案件的处理时不能机械地持某一种法律优先的理念,究竟优先适用何种法律规范,先要确定某个具体的刑法与民法规范调整的是否为同一行为,要求的是否为同一构成要件,赋予的法律后果是否为同类型责任。如果相同,那么优先适用刑法;如果不相同,则刑法与民法平行适用。以盗窃罪为例,民事上行为人侵犯了受害人的所有权和占有权,我国原《物权法》《侵权责任法》等相关法律针对该行为设置了相应了侵权责任,赋予所有权人要求返还原物、赔偿损失等民事请求权;刑事上犯罪人侵害了被害人的财产法益并且达到了严重的程度,刑法即将该行为规定为犯罪,追究行为人一定的刑事责任,并要求犯罪人退还赃物以恢复原状。因此,盗窃罪的刑事、民事规范针对的都是同一客观行为,赋予的法律后果也大致重合,应当优先适用刑法规定。但对于非法经营罪则并非如此,民事规范调整的是交易双方的合同缔结、效力、履行及违约责任,但刑事规范惩罚的则是经营者违反国家规定从事无权或者不应从事的经营行为。在这种情况下,两种规范并非调整同一社会关系,相应的法律责任也完全不同。这样的刑事、民事规范就应当可以平行适用且互不冲突,因而也不存在所谓的"刑事优先"或"民事优先"的问题。①

(二)摒弃公权优先的理念,建立私权与公权同等保护的理念

如前所述,刑事优先理念及刑事优先原则在刑民交叉类案件贯彻与适用的情形较多,从法益冲突时,优先保护哪方权益这一角度来看,"先刑后民"实际上体现的是公权优先的价值理念。刑法保护的法益是社会公共利益,而民法保护的是私人权利。当两者发生冲突时,"先刑后民"原则优先选择公权,旨在维护公权的前提下保护私权。持这一观点的学者认为,若社会公共利益得不到维护,个体利益也几无可能得以实现。从这个角度来看,"先刑后民"具有一定的合理性。然而,随着法治社会的发展,私权逐渐被认可为现代社会的基础权利和本源权利,公权实则是为

---

① 参见刘宪权、翟寅生:《刑民交叉案件中刑事案件对民事合同效力的影响研究——以非法集资案件中的合同效力为视角》,载《政治与法律》2013年第5期。

私权的实现和维护所设定,对私权的张扬和公权的抑制成为主流观念。因此,对仍存在司法救济可能性的涉民间借贷犯罪刑民交叉案件,应当摒弃公权优先的理念。

在确保私权不受侵犯并努力创建和谐社会的今天,以公权优先的司法理念已不符合时代的发展要求。建立在权利本位基础上的现代法治理念强调的是对公民权利的保障,在处理涉民间借贷犯罪刑民交叉案件过程中,对于当事人权利的保障应当给予优先考虑。一方面,在涉民间借贷刑民交叉案件中,当事人的财产权极有可能受到了侵害,公权的介入对于惩罚犯罪,追究犯罪嫌疑人的刑事责任无疑是具有积极的意义,但是刑法作为社会公正和秩序保障的最后一道屏障,其适用应当具有一定的滞后性。因为一旦发生错误,对当事人利益的影响就更加广泛和深刻,不仅不利于当事人间纠纷的解决,还有可能造成矛盾的复杂化。另一方面,调整利益冲突是司法活动所要实现的一项重要功能,我们在司法实践中有必要认真权衡具体个案的社会价值和利益关系,在个体公正与社会公正之间寻求有机的平衡。对刑民交叉案件而言,从案件处理程序的选择来看是两大诉讼程序之间的协调问题,实则是实体上对不同法律利益的不同保护,也即个体公正与社会正义之间的协调。虽然司法公正的终极目标是实现社会公正,但绝不能忽略个体公正的实现,因为个体公正是社会公正的前提和基础,社会公正是个体公正的聚合和叠加。因此,司法要实现社会公正,就应当将当事人的权益保障放在优先位置,实现个体的公正。在涉民间借贷犯罪刑民交叉案件中,不能仅注重对社会秩序的维护,还应当兼顾对当事人民事权益的保护。随着我国经济的发展,民主、文明程度的提高,依法治国进程的加快,打击刑事犯罪应从国家本位向个人本位转换,从"公权优先"向"私权优先"转换,突出加强对当事人民事权益的保障。特别是在司法实践中,司法工作要做到法律效果、政治效果和社会效果的统一,既要注重对公共秩序的维护,更应当追求对当事人利益关系的平衡和恢复。

(三)摒弃以认定合同无效作为犯罪人否定性评价的理念

在涉民间借贷犯罪刑民交叉案件中,犯罪行为人作为民事主体,不可避免地存在于民间借贷的民事关系之中,犯罪过程也往往伴随借贷合同行为的进行,因此不能一牵涉到刑事责任,就一概认定当事人之间的借贷合同无效。在司法实践中,应当纠正刑事惩罚手段对应着民事合同归于无效这一理念。在司法实践中,如果对某一犯罪行为作出刑事处罚,经常出现对其相关民事行为进行无效认定的情况。这一理念潜移默化地影响着刑民交错案件中民事行为的处理。事实上,我们应当知道,刑事上的否定评价给予了犯罪人自由或财产上的惩罚,但民事上认定借贷合同无效并无法给予犯罪人相应的惩罚效果,同时民事上的无效认定也无法与刑罚手段相对应。例如,在非法吸收公众存款罪案件的整理中,在认定犯罪行为的同时认定合同无效对于惩罚罪犯没有任何作用,甚至会减轻罪犯的法定责任以及损害涉案其他人的合法利益。总而言之,刑事上对犯罪人科处刑罚与民事上认定犯罪人所订合同无效两者的惩罚功能完全不能对应,民事审判中给予犯罪人惩罚的方式既可以是要求其承担违约责任或缔约过失责任,也可以是要求犯罪人继续履行合同义务。认定合同无效不仅不是唯一的评价方式,更有可能造成适得其反的评价效果。因此,在涉民间借贷犯罪刑民交叉案件的处置过程中,要摒弃将认定合同无效视为在民事领域给予犯罪人否定性评价的理念。

(四)建立刑法规制限制性理念

在涉民间借贷犯罪刑民交叉案件的处置过程中,应当充分体现刑法的谦抑性,重视对此类案件刑法规制的必要性,进而限制刑法的适用,避免刑法适用的扩张。刑法的谦抑性是指刑法介入、干预社会生活应以维护和扩大自由为目的,而不应过多地干预社会。反映到刑罚的配置中,就是刑事干预力度的节制,也就是使用轻缓的刑罚。[①]其中,刑法的补充性是刑法谦抑性的重要内容。刑法的补充性是指刑法不是抑制犯罪的唯一手段,而是补充经济、教育、行政等其他手段而运用的最后手段。对此,日本刑法学者平野龙一也指出:“即使刑法侵害或威胁了他人的生活利益,也不是必须直接动用刑法。可能的话,采取其他社会统制手段才是理想的。可以说,只有在其他社会统制手段不充分时,或者其他社会统制手段(如私刑)过于强烈、有代之以刑罚的必要时,才可以动用刑法。这叫刑法的补充性或者谦抑性。”[②]因此,根据刑法的补充性原则,当一种现象的频繁出现和发生是由经济制度所直接引发,且只要通过经济、行政手段完善该制度就能防止时,我们就不能单纯或轻易

---

① 参见陈兴良:《刑事政策视野中的刑罚结构调整》,载《法学研究》1998 年第 6 期。
② [日]平野龙一:《刑法总论》,有斐阁 1972 年版,第 47 页;转引自陈兴良:《刑法谦抑的价值蕴含》,载《现代法学》2006 年第 3 期。

动用刑法,更不能依赖刑法。由于民间融资行为具有成本低、效率高等优势,能够弥补传统金融模式的不足,拓宽了中小微企业的融资渠道,为中小微企业的发展提供帮助,促进了多层次信贷市场的形成和发展,对我国市场经济的发展有所裨益。因此,刑法对于民间融资领域的介入需要十分谨慎,以避免刑法适用的不当扩大。虽然,我国当下对民间融资行为存在监管相对不足且救济手段较为欠缺的问题,使得民间融资行为还是具有一定的法律风险,但这种法律风险的首要规制方式应当是行政监管等前置性规范手段,而不是刑法的过度干预。所以说,在涉民间借贷犯罪刑民交叉案件中,应当建立起刑法规制限制性理念。

二、涉民间借贷犯罪刑民交叉案件刑事实体应对

就前文所述,涉民间借贷犯罪刑民交叉案件在刑事实体法方面的困境体现为两个方面,一是涉民间借贷行为中非法集资行为罪与非罪的界限较为模糊,导致的民法与刑法适用时存在冲突;二是涉民间借贷犯罪的刑罚畸重,导致刑法与民法对于涉民间借贷行为的规制脱节。对此,笔者认为刑事实体法应当针对性地从这两个方面对刑事立法及司法作出相应的完善。

(一)贯彻刑法谦抑原则准确界分民间借贷行为的行为性质

在司法实践中,集资类犯罪与民事侵权之间的区分具有一定的难度,因为犯罪与民事侵权之间并非非此即彼的关系,二者之间的区分是相对的而非绝对的。[1]前文关于涉民间借贷各犯罪的认定中已经详细分析各罪名的认定标准,也即分析了各罪名罪与非罪、此罪与彼罪之间的界限,此处不再重复论述各罪名的认定,而是试图从对涉民间借贷行为的民法规制与刑法规制之间的关系及界分标准的角度来探讨涉民间借贷刑民交叉案件的刑事实体应对。

在现代法治中,一个国家的法律体系是由多方面、多层次的法律规范组成,不同的法律规范担负着不同领域社会关系的调整责任,各具体的法律规范在法律功能的总和上,共同起着维护和保卫社会整体利益的作用。在一个完整的法律体系

---

① 刘宪权、李振林:《集资类案件中的刑民交错现象及其归宿》,法律出版社 2017 年版,第 132 页。

中,各具体法律规范之间存在一定的阶梯关系,其中刑法就是所有具体法律规范中的最后一道屏障,用于保障其他具体规范得以实施。刑法作为最后保障法,只有在法益受到严重的侵害时,或者说只有当其他措施不足以保护法益,值得用刑法来保护时,才发动刑法。① 由此可见,刑法在适用过程中存在其他前置法优先适用的原则,如果其他部门法对某种行为进行了相应的规定,而且根据该部门法行为具有合法性,则不能再认为该行为构成犯罪。如果刑法对某行为的规范与其他前置性法律存在冲突,且适用其他前置法对行为更有利时,一般应当优先适用其他前置性法律。在涉民间借贷刑民交叉案件中,刑法的规制如果超越作为前置法的民法,对涉民间借贷行为的介入过于靠前,不但会使民间借贷行为的民法规制无用武之地,还可能不利于金融市场监管体系的形成。因此,在这种情形下应当克服长期以来存在的刑事案件中不注重民事关系的思维定式,在涉民间借贷的刑民交叉案件中,刑事关系与民事关系往往是交织在一起的,案件的认定和处理离不开对民事关系的分析和判断。

在司法实践中,涉民间借贷刑民交叉案件,尤其是集资类案件中出资人与集资人之间往往存在借贷合同关系,集资人借款行为与出资人的出借行为均是双方自愿为之,属于正常的民事合同关系。但是司法实践中,通常出现以下情形,即一旦集资人因为经营不善等原因导致出借人的出资款项以及预期的利益无法收回,造成较大损失或不良影响,该集资行为人的集资行为就极易被认为是犯罪行为,这种司法实践中常见的判断逻辑其实是有问题的。从刑法的犯罪构成逻辑上说,刑法所规制的是特定的具有严重社会危害性的行为,是从行为本身的性质来判断是否构成犯罪的,而不应以某一行为所引起的结果作为判断构罪与否的标准。例如,行为人以非法占有为目的并以诈骗方式进行集资诈骗,其行为本身具有严重的社会危害性,不能因后续司法行为追回相应的集资款项而认为其未引起危害结果而不以犯罪论处。同样的,如果集资人与出资人之间属于合法的借贷关系,但因某种原因(如经营失败等)导致最终无法偿还出资人的资金,造成损失,这种情形下虽然引起了不良后果,但其借贷行为因具有合法性而不应以犯罪论处。我们对于行为是

① 张明楷:《法益初论》,中国政法大学出版社 2003 年版,第 202 页。

否构成犯罪的判断不是也不能以某一个行为所引起的结果论,在集资行为中,如果资金能够收回就不是犯罪行为,资金一旦无法收回了就是刑事犯罪,这样刑法就成了投资行为的保险阀,出资人稳赚不赔完全不承担资本市场风险,这明显有违市场经济规律。因此,集资类刑民交叉案件应当以民事关系的前置分析为基础来判断刑事关系,先确定案件各方的民事关系,是否存在担保关系、是否是一般的借贷关系等,以此为基础来进一步分析行为的社会危害性、是否符合相应的犯罪构成,据此认定是否构成刑事犯罪,这种做法体现了刑法的谦抑性原则。

涉民间借贷刑民交叉案件在刑法和民法方面的界限往往会比较模糊,司法实践中应坚持刑法的谦抑性原则,采用从严解释刑法、从宽解释民法的原则。在这种思想和观念的指导下,在处理民间借贷类刑民交叉案件时就要求在刑事法律和民事法律界限交叉、模糊不清的灰色地带,秉持刑法的谦抑性原则,尽量用民法去调整民间借贷行为。根据刑法的谦抑性原则,当一种现象的频繁出现和发生是由经济制度所直接引发,且只要通过经济、行政手段完善该制度就能防止时,我们就不能单纯或轻易动用刑法,更不能依赖刑法。民间借贷行为是民间经济活跃的重要表现,也是金融创新的源头,是一种为弥补金融体系缺陷、适应和满足不断发展的社会需求而产生的草根金融活动,刑法对于这一创新领域的介入就需要十分谨慎。相较于刑事法律的惩处打击,非刑事法律规范更着重于引导提升民间经济行为的效率,在规定非法行为的同时,通过对某一领域秩序的完善和重构来促进经济社会更为有效的运转。

（二）完善涉民间借贷犯罪的刑罚适用

就当下涉民间借贷犯罪案件的刑罚处置来看,无论是立法还是司法都呈现出一定的重刑主义特征。就目前我国对涉民间借贷犯罪的刑事处罚来看,虽然《刑法修正案（九）》取消了集资诈骗罪的死刑规定。但是,国家为了维护金融秩序和金融安全,近年来,对于集资类犯罪的刑罚规定与裁量总体来说,还是呈现出一个不断加重的趋势。以2021年1月生效的《刑法修正案（十一）》来说,其对非法集资类犯罪的修改主要集中在刑罚部分,主要表现为对量刑档次的修改及对法定刑的加重。例如,非法吸收公众存款罪增加一档法定刑,法定最高刑由原来的10年有期徒刑提升至15年有期徒刑;欺诈发行证券罪增加一档法定刑,法定最高刑由原来的5

年有期徒刑提升至15年有期徒刑;集资诈骗罪减少一档法定刑,法定最低刑由原来的拘役提升至3年有期徒刑。《刑法修正案(十一)》对于上述罪名法定刑的修改与调整,充分反映了国家从严惩处集资类犯罪的立法目的。严惩非法集资等涉民间借贷犯罪行为确实在一定程度上能够对潜在的犯罪分子起到一定的威慑作用,对于民间资本的保护及金融秩序的维持具有积极的作用。但是我们对于民间借贷行为的刑法规制并不能一味地依赖刑罚的加重。

在涉民间借贷犯罪的刑罚适用过程中应充分贯彻宽严相济的刑事政策。对于涉民间借贷犯罪的刑罚适用应当区分不同罪名,做到宽严有别。例如,对于构成集资诈骗罪的,在刑罚适用上应从严把握,依法适用法定量刑情节,谨慎适用酌定从宽情节。根据最高人民法院发布的《关于贯彻宽严相济刑事政策的若干意见》的规定,要从严惩处集资诈骗罪,包括从严适用主刑和附加刑。对于欺诈发行证券罪而言,其刑罚适用原则上也应从严把握。因为近年来证券制度的一系列改革体现了市场准入放宽的特征,在这种情形下,则应当突出证券市场中市场主体的自治,并强化经营过程中的监督,同时还应加大违法行为的处罚力度,以保护投资者的合法权益。也即,应当更加强调市场主体的责任,因为更大的自主性必须匹配更大的责任,这里的责任也包括刑事责任。因此,对于欺诈发行证券罪应当依法适用法定量刑情节,慎用酌定从宽情节。对于非法吸收公众存款罪而言,该罪的刑罚适用则应做到该宽则宽,当严则严。因为非法吸收公众存款罪中,投资者通常拥有更多的自主性,利益遭受损害的可能性相对更低,所以非法吸收公众存款罪的社会危害性一般会比集资诈骗罪和欺诈发行证券罪更小一些。因此,在某些非法吸收公众存款的案件中,对于情节较轻、社会危害性较小的非法吸收公众存款罪,刑罚裁量应该尽量宽缓。此外,对于涉民间借贷犯罪,在刑罚适用时应当区分同一罪名的不同情况,做到宽严有度也十分重要。总之,根据宽严相济的刑事政策对行为人的刑罚进行调节,有利于达到法律效果和社会效果的统一。

三、涉民间借贷犯罪刑民交叉案件刑事程序应对

如前文所述,对于涉民间借贷犯罪案件的刑事程序问题,主要在于我国涉民间

借贷犯罪刑民交叉案件审理模式选择的不统一，进而导致我国司法机关在该类案件的办理过程中常出现民事处理与刑事处理不协调甚至混乱的情形。在刑民交叉案件的相关司法实践中，"先刑后民""先民后刑"及"民刑并行"这三种模式都有相应的法律依据并具有一定的适用基础，不同情形下的刑民交叉案件需要适用不同的处理模式。但在目前的司法实践中，涉民间借贷犯罪刑民交叉案件在处理时对于处理模式的选择还没有形成统一的操作方式。正是如此，导致了不同的法律规范针对刑民交叉案件作出了有所不同的规定。因此，对于涉民间借贷犯罪刑民交叉案件刑事程序的完善，最关键的问题在于对同类案件统一相应的操作模式，避免程序的混乱。在涉民间借贷刑民交叉案件的处理中，"先刑后民"模式虽然在司法实践中较常被采用，但并不是一个普遍模式，"先民后刑"及"民刑并行"也具有一定的适用合理性和可行性。"先刑后民""先民后刑"以及"民刑并行"都是一种诉讼规则，都符合相应的诉讼原理或具有一定的法律依据。法院在涉民间借贷犯罪刑民交叉案件的处理过程中，不应简单地选择适用某一程序模式，而应根据个案的具体情境进行政策考量。就涉民间借贷犯罪刑民交叉案件而言，在大量民间借贷纠纷与非法吸收公众存款、集资诈骗等民间借贷犯罪存在交叉的形势下，对该类案件的处置，在程序上既要坚持不同性质的案件可以适用不同的诉讼模式，又要考虑案件不同性质的部分在认定事实和实体处理上是否相互依赖和相互影响等因素，进而形成民间借贷犯罪刑民交叉案件程序相对多元化的综合处理模式。也即区分不同情况，分别规定"先刑后民""先民后刑"及"民刑并行"的具体适用范围及其情形。

（一）"先刑后民"模式在涉民间借贷犯罪刑民交叉案件中的具体适用情形

在"先刑后民"模式中，刑事诉讼在程序上具有优先适用的特征，而民事诉讼则后行于或附带于刑事诉讼。需要明确的是，该模式的根本目的在于合理解决刑民程序的冲突，并非在于彰显公权优先的价值理念。具体而言，在集资类刑民交错案件中，应当适用"先刑后民"模式的主要有三种情形，即案件性质不明的情形；民事判决依赖于刑事判决的情形；被害人私权无法救济的情形。

首先，案件性质不明的情形应当适用"先刑后民"模式。在刑民交叉案件的处理中，如果无法明确排除刑事上认定的法律事实与民事法律事实不是同一法律事实，一般应当按照"先刑后民"的模式进行处理。对该类案件一般只能在确认刑事案件不成立的前提下才能进行民事案件的处理。因为刑事案件认定的法律事实的范围与民事案件认定的法律事实的范围有所不同，二者可能属同一法律事实，也可能不属于同一法律事实。而涉民间借贷犯罪案件中犯罪行为的认定可能对民事法律关系的性质认定和当事人双方责任的认定与分担产生影响，还可能因涉案赃款的返还而影响到民事诉讼标的之数额。在这种情况下，刑事案件的审理不仅直接决定着犯罪嫌疑人是否构成犯罪，也可能影响民间借贷纠纷中法律事实的认定，进而影响民事法律关系的性质及当事人双方责任的认定。

其次，在民事判决依赖于刑事判决的情形下应适用"先刑后民"模式。当刑民交叉案件引起的民事诉讼和刑事诉讼发生冲突，民事诉讼的处理结果必须以刑事诉讼的处理结果为前提时，应当实行"先刑后民"模式。对涉民间借贷犯罪刑民交叉案件而言，在这种情况下也是如此，采用先刑后民的模式。原因在于，刑事诉讼相比于民事诉讼而言，刑事诉讼过程中所查明的事实比民事诉讼所查明的事实更接近事实真相。因为刑事诉讼拥有更多民事诉讼所不具备的侦查和取证手段，从而使得刑事诉讼更能全面揭示案件事实真相，这也是为什么刑事裁判决定相比于民事裁判决定往往更处于优先地位的原因之一。在刑事诉讼中，侦查机关可以根据法定条件采取一些控制犯罪嫌疑人、被告人人身或者涉案物品的强制性措施，此外，侦查机关还拥有经验丰富的工作人员、先进的侦查手段和装备等民事案件当事人在调取证据时所不具备的有利条件，这些确保了刑事诉讼较之民事诉讼更易于全面揭示案件的事实真相，也就更有利于当事人通过司法途径保护自己的权利。在涉民间借贷犯罪刑民交叉案件中便是如此，如果刑事诉讼能够更全面地揭示案件的事实真相，则应当刑事诉讼优先，这样更有利于保护当事人的合法权益。

最后，在被害人私权无法救济的情形下也应当适用"先刑后民"模式。在刑民交叉类案件中，既涉及公权的保护又涉及私权的保护，在公权与私权同时受到侵害时，有学者提出公权优先的理念，并指出"先刑后民"模式就是公权优先理念的重要体现。笔者认为，虽然刑事诉讼与民事诉讼所保护公权与私权的不同而使得刑事诉讼较之民事诉讼更具社会意义，也即刑事诉讼在目的和内容上的重要性，决定了刑事诉讼在有些情形下在价值层面上具有某种优先性，但所谓公权优先理念或原则应当是发生在公权与私权发生冲突且需要进行价值选择的情形下。在"先刑后民"的刑民交叉案件处理模式中,并不必然出现公权与私权直接冲突的情形,也并非指为了追求保护公权就不允许当事人主张民事权利,两者应当是并行不悖的。公权的行使很多情形下也体现为私权的终极救济方式。例如,在涉民间借贷刑民交叉案件中,如果犯罪行为人通过隐匿财产、携款潜逃等方式想非法占有涉案资金时,被害人则无法通过民事途径主张和实现自己的权利,此时则需要通过"先刑后民"的司法程序来保障被害人的权利。

(二)"先民后刑"模式在涉民间借贷犯罪刑民交叉案件中的具体适用情形

在刑事与民事两种法律关系由同一法律事实决定,且民事案件的处理结果对刑事案件的定罪量刑具有至关重要的作用时,则应当适用"先民后刑"的模式。也即,在某些案件中,需要先对当事人之间的民事关系作出认定,再依据民事关系的认定来确定当事人是否构成犯罪,构成何种犯罪以及量刑的轻重。具体而言,对于以下两种情形应当实行"先民后刑"原则。

一是刑事审判依赖民事审判的情形。在司法实践中,财产确权纠纷结果等其他民事审判结果往往会影响犯罪认定的情况,因此,当刑事案件的定罪事实需要通过民事诉讼查明与认定时,则民事诉讼先行则成为必需。当刑事案件的处理有赖于民事问题的解决时,优先完成民事诉讼案件的审理,不仅有助于刑事诉讼的顺利进行,而且可以避免在刑事诉讼中附带民事诉讼,既能节约司法资源,又能减少当事人的讼累。所以,在民事审判的结果对刑事案件的准确定性可能产生决定性影响时,应当采用"先民后刑"模式。

二是在案件事实清楚,非法集资人逃逸,但有可供执行的财产的情形下,也应当适用"先民后刑"模式。在涉民间借贷犯罪刑民交叉案件中,经常会出现刑事诉讼长期无法进行的情形,例如当非法集资人长期逃匿,或者存在其他使案件侦查困难的原因。尤其是在非法集资人因对刑事责任的畏惧而选择潜逃的情况下,被害人的损害则会迟迟得不到赔偿。由于我国的刑事裁判中没有缺席判决的制度,在行为人逃匿的情形下往往使得刑事案件长期处于搁置状态,最终无法进入实体审理阶段。如果不采用"先民后刑"模式,对于被集资犯罪行为侵害的被害人而言,无法要求提出民事赔偿。可见,如果坚持"先刑后民"显然不利于对当事人合法权利的保护。特别是在行为人有财产可以执行的情形下,应当采用"先民后刑"模式,以确保被害人的损失得到及时、有效的赔偿。

（三）"民刑并行"模式在涉民间借贷犯罪刑民交叉案件中的具体适用情形

"民刑并行"模式有其适用的范围，这种模式主要适用于案件事实清楚、刑民之间无需以对方的审判结果作为自己判决依据的情形。在刑事判决与民事判决无需以对方的审判结果作为判断依据的情形下，当事人可以选择在刑事诉讼的过程中随时提起民事诉讼。在涉民间借贷犯罪刑民交叉案件中，适用"民刑并行"模式的案件一般需要满足以下两方面的条件。一是民事案件的处理不会影响刑事犯罪的处理，即在涉民间借贷犯罪刑民交叉案件中，民事法律关系与刑事法律关系分别为两个独立的法律事实时，分别处理的后果并不会发生冲突，也不会导致权利保护的不周时，则可以适用"民刑并行"模式。二是"民刑并行"模式的适用能够更有利地保护当事人的民事权益。在某些涉民间借贷刑民交叉案的处理上，虽然案件可能涉及犯罪，但如果双方当事人之间的民事关系的单独处理不受犯罪认定的影响，并且民事关系的处理有利于保护当事人的民事权益时，应当适用"民刑并行"模式。若因为案件可能涉及犯罪就不作为民事案件受理，或者直接移交刑事司法机关，民事案件不再处理，就难以及时、充分地保护当事人的民事权益。

附　录

涉民间借贷刑事法律及司法解释

一、法　　律

中华人民共和国刑法(节录)

(1979 年 7 月 1 日第五届全国人民代表大会第二次会议通过 1997 年 3 月 14 日第八届全国人民代表大会第五次会议修订,2020 年 12 月 26 日《中华人民共和国刑法修正案(十一)》修正)

第一百七十五条　【高利转贷罪】以转贷牟利为目的,套取金融机构信贷资金高利转贷他人,违法所得数额较大的,处三年以下有期徒刑或者拘役,并处违法所得一倍以上五倍以下罚金;数额巨大的,处三年以上七年以下有期徒刑,并处违法所得一倍以上五倍以下罚金。

单位犯前款罪的,对单位判处罚金,并对其直接负责的主管人员和其他直接责任人员,处三年以下有期徒刑或者拘役。

第一百七十六条　【非法吸收公众存款罪】非法吸收公众存款或者变相吸收公众存款,扰乱金融秩序的,处三年以下有期徒刑或者拘役,并处或者单处罚金;数额巨大或者有其他严重情节的,处三年以上十年以下有期徒刑,并处罚金;数额特别巨大或者有其他特别严重情节的,处十年以上有期徒刑,并处罚金。

单位犯前款罪的,对单位判处罚金,并对其直接负责的主管人员和其他直接责任人员,依照前款的规定处罚。

有前两款行为,在提起公诉前积极退赃退赔,减少损害结果发生的,可以从轻或者减轻处罚。

第一百九十二条 【集资诈骗罪】以非法占有为目的,使用诈骗方法非法集资,数额较大的,处三年以上七年以下有期徒刑,并处罚金;数额巨大或者有其他严重情节的,处七年以上有期徒刑或者无期徒刑,并处罚金或者没收财产。

单位犯前款罪的,对单位判处罚金,并对其直接负责的主管人员和其他直接责任人员,依照前款的规定处罚。

第二百条 【单位犯金融诈骗罪的处罚规定】单位犯本节第一百九十四条、第一百九十五条规定之罪的,对单位判处罚金,并对其直接负责的主管人员和其他直接责任人员,处五年以下有期徒刑或者拘役,可以并处罚金;数额巨大或者有其他严重情节的,处五年以上十年以下有期徒刑,并处罚金;数额特别巨大或者有其他特别严重情节的,处十年以上有期徒刑或者无期徒刑,并处罚金。

第二百二十五条 【非法经营罪】违反国家规定,有下列非法经营行为之一,扰乱市场秩序,情节严重的,处五年以下有期徒刑或者拘役,并处或者单处违法所得一倍以上五倍以下罚金;情节特别严重的,处五年以上有期徒刑,并处违法所得一倍以上五倍以下罚金或者没收财产:

(一)未经许可经营法律、行政法规规定的专营、专卖物品或者其他限制买卖的物品的;

(二)买卖进出口许可证、进出口原产地证明以及其他法律、行政法规规定的经营许可证或者批准文件的;

(三)未经国家有关主管部门批准非法经营证券、期货、保险业务的,或者非法从事资金支付结算业务的;

(四)其他严重扰乱市场秩序的非法经营行为。

二、司 法 解 释

最高人民法院关于审理民间借贷案件适用法律若干问题的规定(节录)

(2015 年 6 月 23 日最高人民法院审判委员会第 1655 次会议通过,根据 2020 年 8 月 18 日最高人民法院审判委员会第 1809 次会议通过的《最高人民法院关于修改〈关于审理民间借贷案件适用法律若干问题的规定〉的决定》第一次修正，根据 2020 年 12 月 23 日最高人民法院审判委员会第 1823 次会议通过的《最高人民法院关于修改〈最高人民法院关于在民事审判工作中适用《中华人民共和国工会法》若干问题的解释〉等二十七件民事类司法解释的决定》第二次修正）

为正确审理民间借贷纠纷案件，根据《中华人民共和国民法典》《中华人民共和国民事诉讼法》《中华人民共和国刑事诉讼法》等相关法律之规定，结合审判实践，制定本规定。

第一条 本规定所称的民间借贷，是指自然人、法人和非法人组织之间进行资金融通的行为。

经金融监管部门批准设立的从事贷款业务的金融机构及其分支机构，因发放贷款等相关金融业务引发的纠纷，不适用本规定。

......

第十二条 借款人或者出借人的借贷行为涉嫌犯罪，或者已经生效的裁判认定构成犯罪，当事人提起民事诉讼的，民间借贷合同并不当然无效。人民法院应当依据民法典第一百四十四条、第一百四十六条、第一百五十三条、第一百五十四条以及本规定第十三条之规定，认定民间借贷合同的效力。

担保人以借款人或者出借人的借贷行为涉嫌犯罪或者已经生效的裁判认定构成犯罪为由，主张不承担民事责任的，人民法院应当依据民间借贷合同与担保合同的效力、当事人的过错程度，依法确定担保人的民事责任。

第十三条 具有下列情形之一的，人民法院应当认定民间借贷合同无效：

（一）套取金融机构贷款转贷的；

（二）以向其他营利法人借贷、向本单位职工集资，或者以向公众非法吸收存款等方式取得的资金转贷的；

（三）未依法取得放贷资格的出借人，以营利为目的向社会不特定对象提供借款的；

（四）出借人事先知道或者应当知道借款人借款用于违法犯罪活动仍然提供借款的；

（五）违反法律、行政法规强制性规定的；

（六）违背公序良俗的。

......

第十八条 人民法院审理民间借贷纠纷案件时发现有下列情形之一的，应当严格审查借贷发生的原因、时间、地点、款项来源、交付方式、款项流向以及借贷双方的关系、经济状

况等事实,综合判断是否属于虚假民事诉讼:

(一)出借人明显不具备出借能力;

(二)出借人起诉所依据的事实和理由明显不符合常理;

(三)出借人不能提交债权凭证或者提交的债权凭证存在伪造的可能;

(四)当事人双方在一定期限内多次参加民间借贷诉讼;

(五)当事人无正当理由拒不到庭参加诉讼,委托代理人对借贷事实陈述不清或者陈述前后矛盾;

(六)当事人双方对借贷事实的发生没有任何争议或者诉辩明显不符合常理;

(七)借款人的配偶或者合伙人、案外人的其他债权人提出有事实依据的异议;

(八)当事人在其他纠纷中存在低价转让财产的情形;

(九)当事人不正当放弃权利;

(十)其他可能存在虚假民间借贷诉讼的情形。

……

最高人民法院、最高人民检察院、公安部关于办理非法集资刑事案件若干问题的意见(节录)

为依法惩治非法吸收公众存款、集资诈骗等非法集资犯罪活动,维护国家金融管理秩序,保护公民、法人和其他组织合法权益,根据刑法、刑事诉讼法等法律规定,结合司法实践,现就办理非法吸收公众存款、集资诈骗等非法集资刑事案件有关问题提出以下意见:

一、关于非法集资的"非法性"认定依据问题

人民法院、人民检察院、公安机关认定非法集资的"非法性",应当以国家金融管理法律法规作为依据。对于国家金融管理法律法规仅作原则性规定的,可以根据法律规定的精神并参考中国人民银行、中国银行保险监督管理委员会、中国证券监督管理委员会等行政主管部门依照国家金融管理法律法规制定的部门规章或者国家有关金融管理的规定、办法、实施细则等规范性文件的规定予以认定。

二、关于单位犯罪的认定问题

单位实施非法集资犯罪活动,全部或者大部分违法所得归单位所有的,应当认定为单位犯罪。

个人为进行非法集资犯罪活动而设立的单位实施犯罪的,或者单位设立后,以实施非法集资犯罪活动为主要活动的,不以单位犯罪论处,对单位中组织、策划、实施非法集资犯罪活动的人员应当以自然人犯罪依法追究刑事责任。

判断单位是否以实施非法集资犯罪活动为主要活动,应当根据单位实施非法集资的次数、频度、持续时间、资金规模、资金流向、投入人力物力情况、单位进行正当经营的状况以及犯罪活动的影响、后果等因素综合考虑认定。

……

四、关于主观故意的认定问题

认定犯罪嫌疑人、被告人是否具有非法吸收公众存款的犯罪故意,应当依据犯罪嫌疑人、被告人的任职情况、职业经历、专业背景、培训经历、本人因同类行为受到行政处罚或者刑事追究情况以及吸收资金方式、宣传推广、合同资料、业务流程等证据,结合其供述,进行综合分析判断。

犯罪嫌疑人、被告人使用诈骗方法非法集资,符合《最高人民法院关于审理非法集资刑事案件具体应用法律若干问题的解释》第四条规定的,可以认定为集资诈骗罪中"以非法占有为目的"。

办案机关在办理非法集资刑事案件中,应当根据案件具体情况注意收集运用涉及犯罪嫌疑人、被告人的以下证据:是否使用虚假身份信息对外开展业务;是否虚假订立合同、协议;是否虚假宣传,明显超出经营范围或者夸大经营、投资、服务项目及盈利能力;是否吸收资金后隐匿、销毁合同、协议、账目;是否传授或者接受规避法律、逃避监管的方法,等等。

五、关于犯罪数额的认定问题

非法吸收或者变相吸收公众存款构成犯罪,具有下列情形之一的,向亲友或者单位内部人员吸收的资金应当与向不特定对象吸收的资金一并计入犯罪数额:

(一)在向亲友或者单位内部人员吸收资金的过程中,明知亲友或者单位内部人员向不特定对象吸收资金而予以放任的;

(二)以吸收资金为目的,将社会人员吸收为单位内部人员,并向其吸收资金的;

(三)向社会公开宣传,同时向不特定对象、亲友或者单位内部人员吸收资金的。

非法吸收或者变相吸收公众存款的数额,以行为人所吸收的资金全额计算。集资参与人收回本金或者获得回报后又重复投资的数额不予扣除,但可以作为量刑情节酌情考虑。

六、关于宽严相济刑事政策把握问题

办理非法集资刑事案件,应当贯彻宽严相济刑事政策,依法合理把握追究刑事责任的范围,综合运用刑事手段和行政手段处置和化解风险,做到惩处少数、教育挽救大多数。要根据行为人的客观行为、主观恶性、犯罪情节及其地位、作用、层级、职务等情况,综合判断行为人的责任轻重和刑事追究的必要性,按照区别对待原则分类处理涉案人员,做到罚当其罪、罪责刑相适应。

重点惩处非法集资犯罪活动的组织者、领导者和管理人员,包括单位犯罪中的上级单位(总公司、母公司)的核心层、管理层和骨干人员,下属单位(分公司、子公司)的管理层和骨干人员,以及其他发挥主要作用的人员。

对于涉案人员积极配合调查、主动退赃退赔、真诚认罪悔罪的,可以依法从轻处罚;其中情节轻微的,可以免除处罚;情节显著轻微、危害不大的,不作为犯罪处理。

……

十一、关于行政执法与刑事司法衔接问题

处置非法集资职能部门或者有关行政主管部门,在调查非法集资行为或者行政执法过程中,认为案情重大、疑难、复杂的,可以商请公安机关就追诉标准、证据固定等问题提出咨询或者参考意见;发现非法集资行为涉嫌犯罪的,应当按照《行政执法机关移送涉嫌犯罪案件的规定》等规定,履行相关手续,在规定的期限内将案件移送公安机关。

人民法院、人民检察院、公安机关在办理非法集资刑事案件过程中,可商请处置非法集资职能部门或者有关行政主管部门指派专业人员配合开展工作,协助查阅、复制有关专业资料,就案件涉及的专业问题出具认定意见。涉及需要行政处理的事项,应当及时移交处置非法集资职能部门或者有关行政主管部门依法处理。

十二、关于国家工作人员相关法律责任问题

国家工作人员具有下列行为之一,构成犯罪的,应当依法追究刑事责任:

(一)明知单位和个人所申请机构或者业务涉嫌非法集资,仍为其办理行政许可或者注册手续的;

(二)明知所主管、监管的单位有涉嫌非法集资行为,未依法及时处理或者移送处置非法集资职能部门的;

(三)查处非法集资过程中滥用职权、玩忽职守、徇私舞弊的;

(四)徇私舞弊不向司法机关移交非法集资刑事案件的;

（五）其他通过职务行为或者利用职务影响，支持、帮助、纵容非法集资的。

最高人民法院关于依法妥善审理民间借贷案件的通知

各省、自治区、直辖市高级人民法院，解放军军事法院，新疆维吾尔自治区高级人民法院生产建设兵团分院：

民间借贷在一定程度上满足了社会多元化融资需求，促进了多层次信贷市场的形成和完善。与此同时，民间借贷纠纷案件也呈现爆炸式增长，给人民法院的审判工作带来新的挑战。近年来，社会上不断出现披着民间借贷外衣，通过"虚增债务""伪造证据""恶意制造违约""收取高额费用"等方式非法侵占财物的"套路贷"诈骗等新型犯罪，严重侵害了人民群众的合法权益，扰乱了金融市场秩序，影响社会和谐稳定。为充分发挥民商事审判工作的评价、教育、指引功能，妥善审理民间借贷纠纷案件，防范化解各类风险，现将有关事项通知如下：

......

二、严格区分民间借贷行为与诈骗等犯罪行为。人民法院在审理民间借贷纠纷案件中，要切实提高对"套路贷"诈骗等犯罪行为的警觉，加强对民间借贷行为与诈骗等犯罪行为的甄别，发现涉嫌违法犯罪线索、材料的，要及时按照《最高人民法院关于在审理经济纠纷案件中涉及经济犯罪嫌疑若干问题的规定》和《最高人民法院关于审理民间借贷案件适用法律若干问题的规定》依法处理。民间借贷行为本身涉及违法犯罪的，应当裁定驳回起诉，并将涉嫌犯罪的线索、材料移送公安机关或检察机关，切实防范犯罪分子将非法行为合法化，利用民事判决堂而皇之侵占被害人财产。刑事判决认定出借人构成"套路贷"诈骗等犯罪的，人民法院对已按普通民间借贷纠纷作出的生效判决，应当及时通过审判监督程序予以纠正。

......

最高人民法院、最高人民检察院、公安部关于
办理非法集资刑事案件适用法律若干问题的意见（节录）

各省、自治区、直辖市高级人民法院，人民检察院，公安厅、局，解放军军事法院、军事检察院，新疆维吾尔自治区高级人民法院生产建设兵团分院，新疆生产建设兵团人民检察院、公安局：

为解决近年来公安机关、人民检察院、人民法院在办理非法集资刑事案件中遇到的问

题,依法惩治非法吸收公众存款、集资诈骗等犯罪,根据刑法、刑事诉讼法的规定,结合司法实践,现就办理非法集资刑事案件适用法律问题提出以下意见:

一、关于行政认定的问题

行政部门对于非法集资的性质认定,不是非法集资刑事案件进入刑事诉讼程序的必经程序。行政部门未对非法集资作出性质认定的,不影响非法集资刑事案件的侦查、起诉和审判。

公安机关、人民检察院、人民法院应当依法认定案件事实的性质,对于案情复杂、性质认定疑难的案件,可参考有关部门的认定意见,根据案件事实和法律规定作出性质认定。

二、关于"向社会公开宣传"的认定问题

《最高人民法院关于审理非法集资刑事案件具体应用法律若干问题的解释》第一条第一款第二项中的"向社会公开宣传",包括以各种途径向社会公众传播吸收资金的信息,以及明知吸收资金的信息向社会公众扩散而予以放任等情形。

三、关于"社会公众"的认定问题

下列情形不属于《最高人民法院关于审理非法集资刑事案件具体应用法律若干问题的解释》第一条第二款规定的"针对特定对象吸收资金"的行为,应当认定为向社会公众吸收资金:

(一)在向亲友或者单位内部人员吸收资金的过程中,明知亲友或者单位内部人员向不特定对象吸收资金而予以放任的;

(二)以吸收资金为目的,将社会人员吸收为单位内部人员,并向其吸收资金的。

四、关于共同犯罪的处理问题

为他人向社会公众非法吸收资金提供帮助,从中收取代理费、好处费、返点费、佣金、提成等费用,构成非法集资共同犯罪的,应当依法追究刑事责任。能够及时退缴上述费用的,可依法从轻处罚;其中情节轻微的,可以免除处罚;情节显著轻微、危害不大的,不作为犯罪处理。

五、关于涉案财物的追缴和处置问题

向社会公众非法吸收的资金属于违法所得。以吸收的资金向集资参与人支付的利息、分红等回报,以及向帮助吸收资金人员支付的代理费、好处费、返点费、佣金、提成等费用,应当依法追缴。集资参与人本金尚未归还的,所支付的回报可予折抵本金。

将非法吸收的资金及其转换财物用于清偿债务或者转让给他人,有下列情形之一的,应当依法追缴：

（一）他人明知是上述资金及财物而收取的；

（二）他人无偿取得上述资金及财物的；

（三）他人以明显低于市场的价格取得上述资金及财物的；

（四）他人取得上述资金及财物系源于非法债务或者违法犯罪活动的；

（五）其他依法应当追缴的情形。

查封、扣押、冻结的易贬值及保管、养护成本较高的涉案财物，可以在诉讼终结前依照有关规定变卖、拍卖。所得价款由查封、扣押、冻结机关予以保管，待诉讼终结后一并处置。

查封、扣押、冻结的涉案财物，一般应在诉讼终结后，返还集资参与人。涉案财物不足全部返还的，按照集资参与人的集资额比例返还。

六、关于证据的收集问题

办理非法集资刑事案件中，确因客观条件的限制无法逐一收集集资参与人的言词证据的，可结合已收集的集资参与人的言词证据和依法收集并查证属实的书面合同、银行账户交易记录、会计凭证及会计账簿、资金收付凭证、审计报告、互联网电子数据等证据，综合认定非法集资对象人数和吸收资金数额等犯罪事实。

……

最高人民法院关于非法集资刑事案件性质认定问题的通知（节录）

各省、自治区、直辖市高级人民法院，解放军军事法院，新疆维吾尔自治区高级人民法院生产建设兵团分院：

为依法、准确、及时审理非法集资刑事案件，现就非法集资性质认定的有关问题通知如下：

一、行政部门对于非法集资的性质认定，不是非法集资案件进入刑事程序的必经程序。行政部门未对非法集资作出性质认定的，不影响非法集资刑事案件的审判。

二、人民法院应当依照刑法和最高人民法院《关于审理非法集资刑事案件具体应用法律若干问题的解释》等有关规定认定案件事实的性质，并认定相关行为是否构成犯罪。

三、对于案情复杂、性质认定疑难的案件，人民法院可以在有关部门关于是否符合行业技术标准的行政认定意见的基础上，根据案件事实和法律规定作出性质认定。

四、非法集资刑事案件的审判工作涉及领域广、专业性强，人民法院在审理此类案件当中要注意加强与有关行政主(监)管部门以及公安机关、人民检察院的配合。审判工作中遇到重大问题难以解决的，请及时报告最高人民法院。

最高人民法院关于审理非法集资刑事案件
具体应用法律若干问题的解释(节录)

为依法惩治非法吸收公众存款、集资诈骗等非法集资犯罪活动，根据《中华人民共和国刑法》的规定，现就审理此类刑事案件具体应用法律的若干问题解释如下：

第一条 违反国家金融管理法律规定，向社会公众(包括单位和个人)吸收资金的行为，同时具备下列四个条件的，除刑法另有规定的以外，应当认定为刑法第一百七十六条规定的"非法吸收公众存款或者变相吸收公众存款"：

(一) 未经有关部门依法许可或者借用合法经营的形式吸收资金；

(二) 通过网络、媒体、推介会、传单、手机信息等途径向社会公开宣传；

(三) 承诺在一定期限内以货币、实物、股权等方式还本付息或者给付回报；

(四) 向社会公众即社会不特定对象吸收资金。

未向社会公开宣传，在亲友或者单位内部针对特定对象吸收资金的，不属于非法吸收或者变相吸收公众存款。

第二条 实施下列行为之一，符合本解释第一条第一款规定的条件的，应当依照刑法第一百七十六条的规定，以非法吸收公众存款罪定罪处罚：

(一) 不具有房产销售的真实内容或者不以房产销售为主要目的，以返本销售、售后包租、约定回购、销售房产份额等方式非法吸收资金的；

(二) 以转让林权并代为管护等方式非法吸收资金的；

(三) 以代种植(养殖)、租种植(养殖)、联合种植(养殖)等方式非法吸收资金的；

(四) 不具有销售商品、提供服务的真实内容或者不以销售商品、提供服务为主要目的，以商品回购、寄存代售等方式非法吸收资金的；

(五) 不具有发行股票、债券的真实内容，以虚假转让股权、发售虚构债券等方式非法吸收资金的；

(六) 不具有募集基金的真实内容，以假借境外基金、发售虚构基金等方式非法吸收资金的；

（七）不具有销售保险的真实内容，以假冒保险公司、伪造保险单据等方式非法吸收资金的；

（八）以网络借贷、投资入股、虚拟币交易等方式非法吸收资金的；

（九）以委托理财、融资租赁等方式非法吸收资金的；

（十）以提供"养老服务"、投资"养老项目"、销售"老年产品"等方式非法吸收资金的；

（十一）利用民间"会""社"等组织非法吸收资金的；

（十二）其他非法吸收资金的行为。

第三条 非法吸收或者变相吸收公众存款，具有下列情形之一的，应当依法追究刑事责任：

（一）非法吸收或者变相吸收公众存款数额在 100 万元以上的；

（二）非法吸收或者变相吸收公众存款对象 150 人以上的；

（三）非法吸收或者变相吸收公众存款，给存款人造成直接经济损失数额在 50 万元以上的。

非法吸收或者变相吸收公众存款数额在 50 万元以上或者给存款人造成直接经济损失数额在 25 万元以上，同时具有下列情节之一的，应当依法追究刑事责任：

（一）曾因非法集资受过刑事追究的；

（二）二年内曾因非法集资受过行政处罚的；

（三）造成恶劣社会影响或者其他严重后果的。

第四条 非法吸收或者变相吸收公众存款，具有下列情形之一的，应当认定为刑法第一百七十六条规定的"数额巨大或者有其他严重情节"：

（一）非法吸收或者变相吸收公众存款数额在 500 万元以上的；

（二）非法吸收或者变相吸收公众存款对象 500 人以上的；

（三）非法吸收或者变相吸收公众存款，给存款人造成直接经济损失数额在 250 万元以上的。

非法吸收或者变相吸收公众存款数额在 250 万元以上或者给存款人造成直接经济损失数额在 150 万元以上，同时具有本解释第三条第二款第三项情节的，应当认定为"其他严重情节"。

第五条 非法吸收或者变相吸收公众存款，具有下列情形之一的，应当认定为刑法第

一百七十六条规定的"数额特别巨大或者有其他特别严重情节":

（一）非法吸收或者变相吸收公众存款数额在 5 000 万元以上的；

（二）非法吸收或者变相吸收公众存款对象 5 000 人以上的；

（三）非法吸收或者变相吸收公众存款,给存款人造成直接经济损失数额在 2 500 万元以上的。

非法吸收或者变相吸收公众存款数额在 2 500 万元以上或者给存款人造成直接经济损失数额在 1 500 万元以上,同时具有本解释第三条第二款第三项情节的,应当认定为"其他特别严重情节"。

第六条 非法吸收或者变相吸收公众存款的数额,以行为人所吸收的资金全额计算。在提起公诉前积极退赃退赔,减少损害结果发生的,可以从轻或者减轻处罚；在提起公诉后退赃退赔的,可以作为量刑情节酌情考虑。

非法吸收或者变相吸收公众存款,主要用于正常的生产经营活动,能够在提起公诉前清退所吸收资金,可以免予刑事处罚；情节显著轻微危害不大的,不作为犯罪处理。

对依法不需要追究刑事责任或者免予刑事处罚的,应当依法将案件移送有关行政机关。

第七条 以非法占有为目的,使用诈骗方法实施本解释第二条规定所列行为的,应当依照刑法第一百九十二条的规定,以集资诈骗罪定罪处罚。

使用诈骗方法非法集资,具有下列情形之一的,可以认定为"以非法占有为目的":

（一）集资后不用于生产经营活动或者用于生产经营活动与筹集资金规模明显不成比例,致使集资款不能返还的；

（二）肆意挥霍集资款,致使集资款不能返还的；

（三）携带集资款逃匿的；

（四）将集资款用于违法犯罪活动的；

（五）抽逃、转移资金、隐匿财产,逃避返还资金的；

（六）隐匿、销毁账目,或者搞假破产、假倒闭,逃避返还资金的；

（七）拒不交代资金去向,逃避返还资金的；

（八）其他可以认定非法占有目的的情形。

集资诈骗罪中的非法占有目的,应当区分情形进行具体认定。行为人部分非法集资行为具有非法占有目的的,对该部分非法集资行为所涉集资款以集资诈骗罪定罪处罚；非法集资共同犯罪中部分行为人具有非法占有目的,其他行为人没有非法占有集资款的共同故意和行为的,对具有非法占有目的的行为人以集资诈骗罪定罪处罚。

第八条 集资诈骗数额在 10 万元以上的,应当认定为"数额较大";数额在 100 万元以上的,应当认定为"数额巨大"。

集资诈骗数额在 50 万元以上,同时具有本解释第三条第二款第三项情节的,应当认定为刑法第一百九十二条规定的"其他严重情节"。

集资诈骗的数额以行为人实际骗取的数额计算,在案发前已归还的数额应予扣除。行为人为实施集资诈骗活动而支付的广告费、中介费、手续费、回扣,或者用于行贿、赠与等费用,不予扣除。行为人为实施集资诈骗活动而支付的利息,除本金未归还可予折抵本金以外,应当计入诈骗数额。

......

最高人民检察院、公安部关于印发《最高人民检察院、公安部关于公安机关管辖的刑事案件立案追诉标准的规定(二)》的通知(节录)

......

第二十六条 【高利转贷案(刑法第一百七十五条)】以转贷牟利为目的,套取金融机构信贷资金高利转贷他人,涉嫌下列情形之一的,应予立案追诉:

(一)高利转贷,违法所得数额在十万元以上的;

(二)虽未达到上述数额标准,但两年内因高利转贷受过行政处罚二次以上,又高利转贷的。

......

第二十八条 【非法吸收公众存款案(刑法第一百七十六条)】非法吸收公众存款或者变相吸收公众存款,扰乱金融秩序,涉嫌下列情形之一的,应予立案追诉:

(一)个人非法吸收或者变相吸收公众存款数额在二十万元以上的,单位非法吸收或者变相吸收公众存款数额在一百万元以上的;

(二)个人非法吸收或者变相吸收公众存款三十户以上的,单位非法吸收或者变相吸收公众存款一百五十户以上的;

(三)个人非法吸收或者变相吸收公众存款给存款人造成直接经济损失数额在十万元

以上的,单位非法吸收或者变相吸收公众存款给存款人造成直接经济损失数额在五十万元以上的;

（四）造成恶劣社会影响的;

（五）其他扰乱金融秩序情节严重的情形。

……

第四十九条 【集资诈骗案(刑法第一百九十二条)】以非法占有为目的,使用诈骗方法非法集资,涉嫌下列情形之一的,应予立案追诉:

（一）个人集资诈骗,数额在十万元以上的;

（二）单位集资诈骗,数额在五十万元以上的。

……

第七十九条 【非法经营案(刑法第二百二十五条)】违反国家规定,进行非法经营活动,扰乱市场秩序,涉嫌下列情形之一的,应予立案追诉:

（一）违反国家有关盐业管理规定,非法生产、储运、销售食盐,扰乱市场秩序,具有下列情形之一的:

1. 非法经营食盐数量在二十吨以上的;

2. 曾因非法经营食盐行为受过二次以上行政处罚又非法经营食盐,数量在十吨以上的。

（二）违反国家烟草专卖管理法律法规,未经烟草专卖行政主管部门许可,无烟草专卖生产企业许可证、烟草专卖批发企业许可证、特种烟草专卖经营企业许可证、烟草专卖零售许可证等许可证明,非法经营烟草专卖品,具有下列情形之一的:

1. 非法经营数额在五万元以上,或者违法所得数额在二万元以上的;

2. 非法经营卷烟二十万支以上的;

3. 曾因非法经营烟草专卖品三年内受过二次以上行政处罚,又非法经营烟草专卖品且数额在三万元以上的。

（三）未经国家有关主管部门批准,非法经营证券、期货、保险业务,或者非法从事资金支付结算业务,具有下列情形之一的:

1. 非法经营证券、期货、保险业务,数额在三十万元以上的;

2. 非法从事资金支付结算业务,数额在二百万元以上的;

3. 违反国家规定,使用销售点终端机具(POS机)等方法,以虚构交易、虚开价格、现金退货等方式向信用卡持卡人直接支付现金,数额在一百万元以上的,或者造成金融机构资金二十万元以上逾期未还的,或者造成金融机构经济损失十万元以上的;

4. 违法所得数额在五万元以上的。

(四)非法经营外汇,具有下列情形之一的:

1. 在外汇指定银行和中国外汇交易中心及其分中心以外买卖外汇,数额在二十万美元以上的,或者违法所得数额在五万元以上的;

2. 公司、企业或者其他单位违反有关外贸代理业务的规定,采用非法手段,或者明知是伪造、变造的凭证、商业单据,为他人向外汇指定银行骗购外汇,数额在五百万美元以上或者违法所得数额在五十万元以上的;

3. 居间介绍骗购外汇,数额在一百万美元以上或者违法所得数额在十万元以上的。

(五)出版、印刷、复制、发行严重危害社会秩序和扰乱市场秩序的非法出版物,具有下列情形之一的:

1. 个人非法经营数额在五万元以上的,单位非法经营数额在十五万元以上的;

2. 个人违法所得数额在二万元以上的,单位违法所得数额在五万元以上的;

3. 个人非法经营报纸五千份或者期刊五千本或者图书二千册或者音像制品、电子出版物五百张(盒)以上的,单位非法经营报纸一万五千份或者期刊一万五千本或者图书五千册或者音像制品、电子出版物一千五百张(盒)以上的;

4. 虽未达到上述数额标准,但具有下列情形之一的:

(1)两年内因出版、印刷、复制、发行非法出版物受过行政处罚二次以上的,又出版、印刷、复制、发行非法出版物的;

(2)因出版、印刷、复制、发行非法出版物造成恶劣社会影响或者其他严重后果的。

(六)非法从事出版物的出版、印刷、复制、发行业务,严重扰乱市场秩序,具有下列情形之一的:

1. 个人非法经营数额在十五万元以上的,单位非法经营数额在五十万元以上的;

2. 个人违法所得数额在五万元以上的,单位违法所得数额在十五万元以上的;

3. 个人非法经营报纸一万五千份或者期刊一万五千本或者图书五千册或者音像制品、电子出版物一千五百张(盒)以上的,单位非法经营报纸五万份或者期刊五万本或者图书一万五千册或者音像制品、电子出版物五千张(盒)以上的;

4. 虽未达到上述数额标准,两年内因非法从事出版物的出版、印刷、复制、发行业务受过行政处罚二次以上的，又非法从事出版物的出版、印刷、复制、发行业务的。

（七）采取租用国际专线、私设转接设备或者其他方法，擅自经营国际电信业务或者涉港澳台电信业务进行营利活动，扰乱电信市场管理秩序，具有下列情形之一的：

1. 经营去话业务数额在一百万元以上的；

2. 经营来话业务造成电信资费损失数额在一百万元以上的；

3. 虽未达到上述数额标准，但具有下列情形之一的：

（1）两年内因非法经营国际电信业务或者涉港澳台电信业务行为受过行政处罚二次以上，又非法经营国际电信业务或者涉港澳台电信业务的；

（2）因非法经营国际电信业务或者涉港澳台电信业务行为造成其他严重后果的。

（八）从事其他非法经营活动，具有下列情形之一的：

1. 个人非法经营数额在五万元以上，或者违法所得数额在一万元以上的；

2. 单位非法经营数额在五十万元以上，或者违法所得数额在十万元以上的；

3. 虽未达到上述数额标准，但两年内因同种非法经营行为受过二次以上行政处罚，又进行同种非法经营行为的；

4. 其他情节严重的情形。

最高人民法院关于印发《全国法院审理金融犯罪案件工作座谈会纪要》的通知（节录）

······

（二）关于破坏金融管理秩序罪

······

4. 关于非法吸收公众存款罪。非法吸收或者变相吸收公众存款的，要从非法吸收公众存款的数额、范围以及给存款人造成的损失等方面来判定扰乱金融秩序造成危害的程度。根据司法实践，具有下列情形之一的，可以按非法吸收公众存款罪定罪处罚：

（1）个人非法吸收或者变相吸收公众存款 20 万元以上的，单位非法吸收或者变相吸收公众存款 100 万元以上的；

（2）个人非法吸收或者变相吸收公众存款 30 户以上的，单位非法吸收或者变相吸收公众存款 150 户以上的；

（3）个人非法吸收或者变相吸收公众存款给存款人造成损失 10 万元以上的，单位非法吸收或者变相吸收公众存款给存款人造成损失 50 万元以上的，或者造成其他严重后果的；个人非法吸收或者变相吸收公众存款 100 万元以上，单位非法吸收或者变相吸收公众存款 500 万元以上的，可以认定为"数额巨大"。

……

（三）关于金融诈骗罪

1. 金融诈骗罪中非法占有目的的认定

金融诈骗犯罪都是以非法占有为目的的犯罪。在司法实践中，认定是否具有非法占有为目的，应当坚持主客观相一致的原则，既要避免单纯根据损失结果客观归罪，也不能仅凭被告人自己的供述，而应当根据案件具体情况具体分析。根据司法实践，对于行为人通过诈骗的方法非法获取资金，造成数额较大资金不能归还，并具有下列情形之一的，可以认定为具有非法占有的目的：

（1）明知没有归还能力而大量骗取资金的；

（2）非法获取资金后逃跑的；

（3）肆意挥霍骗取资金的；

（4）使用骗取的资金进行违法犯罪活动的；

（5）抽逃、转移资金、隐匿财产，以逃避返还资金的；

（6）隐匿、销毁账目，或者搞假破产、假倒闭，以逃避返还资金的；

（7）其他非法占有资金、拒不返还的行为。但是，在处理具体案件的时候，对于有证据证明行为人不具有非法占有目的的，不能单纯以财产不能归还就按金融诈骗罪处罚。

……

3. 集资诈骗罪的认定和处理：集资诈骗罪和欺诈发行股票、债券罪、非法吸收公众存款罪在客观上均表现为向社会公众非法募集资金。区别的关键在于行为人是否具有非法占有的目的。对于以非法占有为目的而非法集资，或者在非法集资过程中产生了非法占有他人资金的故意，均构成集资诈骗罪。但是，在处理具体案件时要注意以下两点：一是不能仅凭较大数额的非法集资款不能返还的结果，推定行为人具有非法占有的目的；二是行为人将大部分资金用于投资或生产经营活动，而将少量资金用于个人消费或挥霍的，不应仅以此便认定具有非法占有的目的。

4. 金融诈骗犯罪定罪量刑的数额标准和犯罪数额的计算。金融诈骗的数额不仅是定罪的重要标准,也是量刑的主要依据。在没有新的司法解释之前,可参照 1996 年《最高人民法院关于审理诈骗案件具体应用法律的若干问题的解释》的规定执行。在具体认定金融诈骗犯罪的数额时,应当以行为人实际骗取的数额计算。对于行为人为实施金融诈骗活动而支付的中介费、手续费、回扣等,或者用于行贿、赠与等费用,均应计入金融诈骗的犯罪数额。但应当将案发前已归还的数额扣除。

(四) 死刑的适用

刑法对危害特别严重的金融诈骗犯罪规定了死刑。人民法院应当运用这一法律武器,有力地打击金融诈骗犯罪。对于罪行极其严重、依法该判死刑的犯罪分子,一定要坚决判处死刑。但需要强调的是,金融诈骗犯罪的数额特别巨大不是判处死刑的惟一标准,只有诈骗“数额特别巨大并且给国家和人民利益造成特别重大损失”的犯罪分子,才能依法选择适用死刑。对于犯罪数额特别巨大,但追缴、退赔后,挽回了损失或者损失不大的,一般不应当判处死刑立即执行;对具有法定从轻、减轻处罚情节的,一般不应当判处死刑。

(五) 财产刑的适用

金融犯罪是图利型犯罪,惩罚和预防此类犯罪,应当注重同时从经济上制裁犯罪分子。刑法对金融犯罪都规定了财产刑,人民法院应当严格依法判处。罚金的数额,应当根据被告人的犯罪情节,在法律规定的数额幅度内确定。对于具有从轻、减轻或者免除处罚情节的被告人,对于本应并处的罚金刑原则上也应当从轻、减轻或者免除。

单位金融犯罪中直接负责的主管人员和其他直接责任人员,是否适用罚金刑,应当根据刑法的具体规定。刑法分则条文规定有罚金刑,并规定对单位犯罪中直接负责的主管人员和其他直接责任人员依照自然人犯罪条款处罚的,应当判处罚金刑,但是对直接负责的主管人员和其他直接责任人员判处罚金的数额,应当低于对单位判处罚金的数额;刑法分则条文明确规定对单位犯罪中直接负责的主管人员和其他直接责任人员只判处自由刑的,不能附加判处罚金刑。

参考文献

一、著 作

1. 刘宪权主编:《刑法学》(第六版),上海人民出版社 2022 年版。

2. 陈兴良:《教义刑法学》(第三版),中国人民大学出版社 2017 年版。

3. 周光权:《刑法各论》(第四版),中国人民大学出版社 2021 年版。

4. 刘宪权:《刑法学名师讲演录》(第三版),上海人民出版社 2021 年版。

5. 刘宪权:《金融犯罪刑法学原理》(第二版),上海人民出版社 2020 年版。

6. 刘宪权:《互联网金融犯罪研究》,上海人民出版社 2022 年版。

7. 刘宪权、李振林:《集资类案件中的刑民交错现象及其归宿》,法律出版社 2017 年版。

8. 张明楷:《刑法学》(第六版),法律出版社 2021 年版。

9. 何荣功:《刑法与现代社会治理》,法律出版社 2020 年版。

10. 唐新波:《集资型犯罪理论与实务问题研究》,辽宁人民出版社 2019 年版。

11. 廖斌主编、周琳副主编:《非法集资犯罪防控研究》,中国政法大学出版社 2018 年版。

12. 何建:《"套路贷"案件办理实务精要》,人民法院出版社 2020 年版。

13. 李永升、刘建主编:《金融刑法学教程》,法律出版社 2014 年版。

14. 蒋苏淮:《金融刑法立罪研究》,中国人民公安大学出版社 2016 年版。

15. 李玉萍主编:《金融领域刑事犯罪案件裁判规则》,法律出版社 2019 年版。

16. 邓小俊:《民间借贷中金融风险的刑法规制》,中国人民公安大学出版社2017年版。

17. 王海桥:《经济刑法基础理论》,中国政法大学出版社2021年版。

18. 王新:《刑法分论精解》,北京大学出版社2023年版。

19. 罗开卷:《新型经济犯罪实务精解》,上海人民出版社2017年版。

20. 马成主编、张自柱副主编:《金融诈骗罪疑难问题研究理论分析与实践展开》,法律出版社2023年版。

21. 蔡福华:《刑民关联案件的法理展开》,法律出版社2022年版。

22. 郝方昉、王拓、蔡可尚编著:《金融刑法规范指引》,法律出版社2023年版。

23. 朱贺:《刑事政策制度化研究》,法律出版社2022年版。

24. 李瑞生:《中国刑事政策前沿问题研究》,中国人民公安大学出版社2012年版。

25. 于佳佳:《民间借贷中高利贷的刑法规制原理:入刑与否、尺度何在》,法律出版社2022年版。

二、论　　文

1. 岳彩申:《民间借贷风险治理的转型及法律机制的创新》,载《政法论丛》2018年第1期。

2. 徐海波、童伟华:《民间借贷泛刑法化的危机及其化解路径》,载《学术论坛》2017年第8期。

3. 张雪樵:《当前民间借贷引发刑事犯的调查分析——以浙江省为样本》,载《中国刑事法杂志》2013年第9期。

4. 李云飞:《民间借贷从传统走向网络后的刑法规制选择——以信息保护模式为视角》,载《政治与法律》2017年第2期。

5. 王翠霞:《非法集资犯罪法律规制的逻辑展开——兼采与韩国刑事法律相比较的视角》,载《社会科学家》2021年第5期。

6. 黄祥青:《涉众型非法集资犯罪案件审判执行要点简析》,载《法律适用》2021

年第 9 期。

7. 刘仁文、刘文钊:《"套路贷"的概念辨析及相关疑难问题》,载《法治社会》2021 年第 4 期。

8. 何龙:《"套路贷"案件罪名适用的法释义学分析——以诈骗罪的认定为中心》,载《法学家》2022 年第 5 期。

9. 邱格屏、梁涛:《民间借贷领域的社会控制逻辑——基于高利贷和套路贷的考察》,载《江西社会科学》2021 年第 3 期。

10. 彭文华:《"套路贷"犯罪司法适用中的疑难问题研究》,载《法学家》2020 年第 5 期。

11. 叶良芳:《"套路贷"司法犯罪化:政策背景、适用难题与治理对策》,载《理论探索》2020 年第 5 期。

12. 彭新林:《论"套路贷"犯罪的刑事规制及其完善》,载《法学杂志》2020 年第 1 期。

13. 刘宪权:《金融犯罪最新刑事立法评论》,载《法学》2021 年第 1 期。

14. 刘宪权:《我国金融犯罪刑事立法的逻辑与规律》,载《政治与法律》2017 年第 4 期。

15. 李勤:《非法吸收公众存款罪与集资诈骗罪区分之问——以"二元双层次"犯罪构成理论为视角》,载《东方法学》2017 年第 2 期。

16. 司伟攀:《非法集资犯罪若干问题研究》,载《法律适用》2017 年第 2 期。

17. 张国琦:《规制非法集资犯罪的法律规范透析》,载《广西社会科学》2017 年第 1 期。

18. 刘伟:《集资诈骗罪的司法困境与罪群立法完善》,载《政治与法律》2021 年第 5 期。

19. 贾占旭:《集资诈骗罪"非法占有目的"要件的理论修正与司法检视》,载《法学论坛》2021 年第 1 期。

20. 李赪:《集资诈骗罪的保护法益探析》,载《中州学刊》2015 年第 2 期。

21. 罗洁:《民间借贷与集资诈骗罪的认定》,载《武汉理工大学学报(社会科学版)》2014 年第 1 期。

22. 赵秉志、徐文文:《民营企业家集资诈骗罪:问题与思考》,载《法学杂志》2014 年第 12 期。

23. 王新:《指导性案例对网络非法集资犯罪的界定》,载《政法论丛》2021 年第 1 期。

24. 卢建平:《完善金融刑法　强化金融安全——〈刑法修正案(十一)〉金融犯罪相关规定评述》,载《中国法律评论》2021 年第 1 期。

25. 敬力嘉:《非法集资犯罪共犯范围的过度扩张及其匡正》,载《法商研究》2020 年第 5 期。

26. 廖天虎:《论金融犯罪的刑事立法原则》,载《理论月刊》2016 年第 10 期。

27. 安曦萌:《金融犯罪概念之争》,载《河北学刊》2015 年第 5 期。

28. 王勇:《互联网时代的金融犯罪变迁与刑法规制转向》,载《当代法学》2018 年第 3 期。

29. 马春晓:《经济刑法中抽象危险犯入罪标准的类型化适用》,载《南京大学学报(哲学·人文科学·社会科学)》2020 年第 5 期。

30. 刘炯:《经济犯罪视域下的刑法保护前置化及其限度》,载《厦门大学学报(哲学社会科学版)》2020 年第 4 期。

图书在版编目(CIP)数据

涉民间借贷犯罪刑法理论与实务/龙敏著.—上海：
上海人民出版社,2023
(金融犯罪研究丛书)
ISBN 978 - 7 - 208 - 18529 - 6

Ⅰ.①涉…　Ⅱ.①龙…　Ⅲ.①民间借贷-金融犯罪-
刑法-研究-中国　Ⅳ.①D924.334

中国国家版本馆 CIP 数据核字(2023)第 170996 号

责任编辑　冯　静　宋子莹
封面设计　一本好书

金融犯罪研究丛书
涉民间借贷犯罪刑法理论与实务
龙　敏著

出　　版　上海人民出版社
　　　　　（201101　上海市闵行区号景路 159 弄 C 座）
发　　行　上海人民出版社发行中心
印　　刷　苏州工业园区美柯乐制版印务有限责任公司
开　　本　720×1000　1/16
印　　张　18.75
插　　页　4
字　　数　320,000
版　　次　2023 年 9 月第 1 版
印　　次　2023 年 9 月第 1 次印刷
ISBN 978 - 7 - 208 - 18529 - 6/D·4194
定　　价　88.00 元